三友仁志［編著］
Mitomo Hitoshi

大災害と情報・メディア

レジリエンスの向上と地域社会の再興に向けて

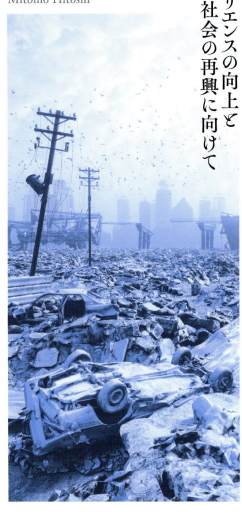

勁草書房

はじめに

　宮城県気仙沼市にあるリアス・アーク美術館に,「東日本大震災の記録と津波の災害史」という常設展示がある。ここには被災物と併せて多くの写真が展示されている。写真には,【東日本大震災を考えるためのキーワード】が添えられており, 被災地あるいは被災者として見えてきた課題や後世に伝えるべき教訓が記されている。

　キーワードのなかに,「情報」,「情報…ラジオ」,「情報…テレビ」,「情報…インターネット」といった, 本書に関連深い項目があり, その内容は示唆に富む。例えば,「情報…インターネット」には, 次のような解説が加えられている。

　　　インターネットを活用したコミュニケーション, 情報の活用が普及していたことにより, 東日本大震災では様々な難局が解消されたことだろう。ネットを利用した救難要請, 安否確認や, 被災地情報, 避難所情報, 物資情報の収集など, 様々な用途でインターネットが有効活用された。また多くの商店が被災したことで生活用品の購入が困難になった被災地ではネットにより通信販売等を利用する機会も増えている。
　　　インターネットの機能は, 今後さらに進化を続けるだろう。その進化の方向性の一つとして, 災害への対応能力をさらに強化してもらいたい。
　　　　　　　　　　　　（リアス・アーク美術館, 2013年10月5日訪問時に収集）

　そのほか, 現代人が情報に命を託しているという現実, しかし情報から行動を起こす機序の必要性, 震災の混乱のさなか最も信頼できる情報源であるはずのテレビが使えなかったこと, ラジオの重要性など, 震災の経験から得られた教訓には, 心を動かされる。

　大災害時に適切な情報の提供が重要であることは論を俟たない。テレビやラジオなどの伝統的なマスメディアおよび近年急速に利用が拡大しているソーシャルメディアから提供される情報は, 人びとの行動や認知に多大な影響を与

え，社会生活において必要不可欠なものとなっている。スマートフォンの普及に伴い，日常生活においてはソーシャルメディアあるいはパーソナルメディアがコミュニケーションの主流となり，情報の提供，伝達においてもそのウェイトはますます高くなっている。しかし，ソーシャルメディアは従前からあるマスメディアに対して必ずしも代替的ではなく，時には補完的にあるいは相乗的に利用者に情報を伝達する役割を果している。大災害時には，アクセス可能なメディアは限られていることが多く，また適切に情報が提供，伝達されるとは限らないので，どのように情報を得るか，あるいはどのような情報を得るかによって，ときに命運が左右される。

情報は災害の渦中にある人びとの意思決定と行動にとり決定的な役割を果たす。加えて，メディアによって拡散した情報は，ショックを伴って多くの人びとにインパクトを与える。その衝撃によって，その後のボランティア活動への参加や寄附などの援護活動，さらには新たな災害に備えるといった行動が惹き起こされる。

情報の必要性，重要性は，それを受け取る側にとっては「情報の価値」としてとらえられる。情報の価値はきわめて主観的であるが，主観的価値を客観的に評価することは重要である。同時に，情報の重要性は，その情報を提供するメディアの価値にも反映する。なぜならば，情報の伝達には媒介が必要であるから，重要な情報が伝達されたということは，すなわちそのメディアの重要性に通ずるのである。

東日本大震災は，防災・減災および大規模災害からの復興における情報通信およびメディアの役割を再考する大きなきっかけとなった。早稲田大学「通信とメディアが大災害からの復興と地域社会の再興に果たす役割の解明」プロジェクトでは，地域社会やコミュニティの役割に着目し，通信およびメディアの提供する情報が，大規模災害からの復旧・復興に果たす役割を解明することを目的として，2013年度から研究を続けてきた。災害に関しては，土木などの工学的な研究に注目が集まるが，発災後の人びとの的確な行動や，安心・安全を保つためには，情報をいかに適切に提供するかが重要であるとの認識に立ち，情報と人びとの行動の関係，情報を効率的にかつ的確に提供するための方

策，災害の記憶をとどめるための工夫に関する研究を推進してきた。

本書は，プロジェクトに参加する研究者が，上記の目標に向けて進めてきた研究に基づき，その成果の一部をとりまとめたものである。各研究者の興味は多様であるが，一致していることは，情報通信あるはメディアが災害時に社会において果たす役割を，社会科学的視点に基づいて研究を行っている点である。

ときに災害はわれわれの予想を超えて発生するが，それでも経験を科学的に分析し，今後起こりうる大災害やそれに伴う社会の混乱を適切に管理するための準備を進めることはきわめて重要である。発災時のみならず，その後の復旧・復興においても情報の適切な提供をロングテールで提供することが求められる。すなわち，的確な情報の提供とコミュニケーションの形成，コミュニティの活用を通じて，情報が市民のモチベーションを高め，再興に向けた動きを加速し，地域社会を活性化することが期待されているのである。本書は，そのための方向性を示すことを目指している。以下，各章の概略を示す。

第1章では，熊本地震，九州北部豪雨，西日本豪雨等の近年の大規模災害の教訓を踏まえて，地区防災計画，事業継続計画等の地域住民や企業によるボトムアップ型のコミュニティ防災・企業防災の手法に着目しつつ，社会の脆弱性を減少させているICTの役割について考察を行っている。ICTを活用して地域コミュニティの防災力を向上させていくにあたってのポイントとして，①人間の判断とICT・AIの融合，②身近な普段使いのアプリの多面的な活用，③災害を我が事と考えるためのICTの活用，④記憶の風化を防ぐためのICTの活用，⑤防災を意識させない防災（結果防災・生活防災）のためのICTの活用等がポイントであることを明らかにしている。

第2章では，災害時における自治体公衆無線LANの整備とその効果について分析している。全国の自治体が整備を進めている公衆無線LANは，平時の観光利用により地域経済へのプラス効果を期待する一方で，防災時には情報通信ネットワークの確保を担当するという2つの機能を1つの物理的設備で満たすというリバーシブル活用が志向され，設置箇所が増加している。しかし，設置後の維持・改善への取り組みは十分とはいえず，事業の維持に必要なPDCA

サイクルが十分に回せているとはいいがたい。2016年度以降，筆者が実施している公衆無線LANの実効品質調査，および全国地域情報化推進協会が2017年11月に実施したアンケート調査の結果を踏まえ，自治体公衆無線LAN提供の実態および問題点を明らかにし，有効活用のための戦略について提言している。

　第3章では，情報を受容する人びとの主観的評価に基づいて，情報がメディアを通じて人びとにどのようなインパクトを与え，災害後の行動に結びつくかを解明する。東日本大震災では，被害や影響が広域にわたったため，とりわけ情報の役割が大きくクローズアップされた。テレビの地デジ化がほぼ完了し，アナログ地上波テレビ放送が間もなく停波を迎えるタイミングであったことから，停電を免れた地域では，発災直後の生々しい被害の様子が高精細の映像によって家庭に配信され，人びとに強いインパクトを与えた。映像は，実際に経験したと同じほどの，あるいはそれ以上のインパクトを見る者に与えることがありうる。メディア情報の持つインパクトを実際の被災体験との対比から検証している。

　第4章では，マスメディアとインターネットメディアが統合されつつある今日のデジタル社会において，メディアは同質化あるいは異質化いずれの方向へ進みつつあるかという疑問に対し，2016年の熊本地震を事例に，メディア情報の受容者の視点から答えを求めている。メディア研究におけるメディアシステム依存と知覚されるイメージという概念に基づき，災害時の異なるメディア利用，異なるメディアによる災害報道を視聴者がどのように知覚するのか，さらには，知覚されるイメージは異なるメディア利用に関係しているのか否かという3つの視点から分析を行っている。

　第5章では，震災復興期における地域放送メディア，特に民放テレビの地方局の役割について検討を行い，利用者が復興期の民放テレビの地方局の役割にどれくらいの価値を見出しているかを考察する。東日本大震災や熊本地震などの震災に直面した際には，多くのメディアがその長所を活かして多面的な貢献

を行っている．なかんづく，震災復興期には，地域放送メディアすなわちテレビの地方局や地域ケーブルテレビはきめ細かい報道を行い，地域に根差した番組を放送することで，震災地域住民に対する「力づけ」となることが期待されている．本章では，復興期において地域放送メディアがどのように力づけの役割を果たしているかを考えるとともに，仮想的なシナリオを背景とした複数の価値測定結果を比較検討している．

第6章では，災害対応における「自助」の重要性，今後の巨大地震の発生確率と被害想定，大災害時の通信手段と通信各社によるサービス，およびビッグデータ利活用の意義と課題について述べ，「大震災時にビッグデータを活用したサービス利用に関する実証研究」の目的，先行研究，対象，研究方法を説明し，調査の概要と結果を詳述している．Contingent Valuation Method（CVM）を用いて，個人情報に対する支払意思額の推定結果と属性による影響の推定結果を示している．最後に，研究の課題とパーソナルデータ活用の事例を述べている．

第7章では，「災害時における個人情報利活用サービスにおいて，いかなる要因がプライバシーに対する懸念に影響を与えるか？」という点を明らかにする．地震等による災害が発生した場合，医療体制の整備やライフラインの確保が重要となるが，これらを効率的に実施するために，ICTの利活用が重要となる．例えば，避難経路の検索，避難場所の把握，不足物資の状況の把握，医療施設の状況の把握などでICTは非常に役に立つ．災害時には個人情報を利用したICTサービスが有効であるものの，プライバシーの侵害に対する懸念もあることから，サービスを展開するためには，個人のプライバシーに対する懸念を低減させる必要がある．研究を通じて，個人がプライバシーに関して懸念を抱かずに利用できるサービスが実現でき，災害時のサービス利用拡大に貢献できることを明らかにする．

第8章では，2011年の東日本大震災と2016年の熊本地震において，地元ローカル局が発災の一報から被災後の支援に至る各フェーズで果たした役割と機能

を，被災者への調査と事業者へのヒアリングなどから検証している．結論として，東日本大震災ではラジオ，熊本ではテレビがほぼすべてのフェーズ，情報分野において最も有用なメディアとして被災者から認識されており，信頼性も最も高いメディアであった．一方，今後の課題としては，不確かな情報が錯綜する大規模災害時に情報の信頼性を確保するシステムの構築や東日本大震災時の津波からの避難情報や悲惨な被害情報の伝え方のような，情報の効果的かつ適切な伝え方の問題などがあることを明らかにしている．

第9章では，東日本大震災に関するアーカイブの3つの事例を，インタビュー，参与観察および二次資料の分析に基づき，比較検討する．第1の事例である「311ドキュメンタリーフィルム・アーカイブ」（在山形市）をアカデミック・アーカイブ，第2の事例である「3がつ11にちをわすれないためにセンター」（在仙台市）をコミュニティ・アーカイブ，さらに第3の事例であるリアス・アーク美術館常設展示「東日本大震災の記録と津波の災害史」（在気仙沼市）をアヴァンギャルド・アーカイブとそれぞれ特徴付けることによって，多様なアーカイブ活動を許容する空間を保証することが，シビック・メディアとしてのアーカイブの役割であるという結論を導き出している．

第10章では，Lアラートを事例に，自治体におけるレジリエンス向上の方策について分析している．東日本大震災後にICT活用型の防災・減災のメカニズムの構築が進められ，その典型として，自治体が入力する警報・避難情報を自動的に複数のメディア等に伝送するシステムのLアラートが挙げられる．Lアラートでは，地上波テレビやラジオのほか，データ放送やネットニュース，モバイルアプリにも情報を伝達可能である．一方，官民データ活用推進基本法の成立により，自治体や企業の持つデータの公開と利用がさらに進むと見られる．ここでは，その仕組みづくりに向けた検討として，市民へのアンケート調査結果，Lアラートのメディア企業側へのアンケート調査結果，および自治体へのインタビューに基づき，データ・リテラシーの観点が必要であることを指摘するとともに，先進事例から得られる示唆をまとめている．

本研究は，早稲田大学を通じて国際メディア財団から得た研究助成金の成果の一つである。ここに記して，国際メディア財団および早稲田大学に感謝の意を表したい。本書が災害時における情報の重要性をあらためて認識する新たなきっかけとなり，情報提供の観点から将来起こりうる災害時に効果的に対処するための一助となれば幸いである。

2019 年 2 月

早稲田大学「通信とメディアが大災害からの復興と
地域社会の再興に果たす役割の解明」プロジェクト代表

三友　仁志

目　次

はじめに

第1章　コミュニティ防災とICT
　　　──熊本地震，九州北部豪雨，西日本豪雨等を踏まえて　　　3

　　　　　　　　　　　　　　　　林　秀弥・西澤　雅道・金　思穎

1. はじめに　3
2. 災害対策基本法改正と地区防災計画制度の創設　4
3. 地区防災計画制度と事業継続　7
4. 防災と「心の罠」　9
5. ICT×AI×防災・減災　11
6. 事例から考える防災とICT　17
7. おわりに　24

第2章　自治体公衆無線LANの有効活用戦略　　　27

　　　　　　　　　　　　　　　　　　　　　　　実積　寿也

1. はじめに　27
2. 自治体公衆無線LANとは　29
3. 熊本地震における活用状況　32
4. 自治体の状況　38
5. 望まれる改善策　42
6. おわりに　44

第 3 章　メディア情報と震災後の行動
　　　　──東日本大震災を例として　　　　　　　　　　　　　　51

　　　　　　　　　　　　　　　　　　　　　　　　三友　仁志

1. はじめに　51
2. メディア情報が与えた被災地外へのインパクト　52
3. 被災後におけるメディア情報と人びとの行動　57
4. 分析結果　61
5. 被災者年代別のインパクト　68
6. おわりに　70

第 4 章　2016 年熊本地震におけるマスメディアおよびインターネット
　　　　メディアの利用と知覚されるイメージ　　　　　　　　　77

　　　　　　　　　　　　　　　　　　　チェン・ジョン　ウィリアム

1. はじめに　77
2. 2016 年熊本地震　78
3. メディアシステム依存とメディアの知覚されるイメージ　81
4. 方法論とデータ　84
5. 分析結果　86
6. おわりに　94

第 5 章　地域放送メディアによる「力づけ」の価値　　　　　97

　　　　　　　　　　　　　　　　　　　　　　　　大塚　時雄

1. はじめに　97
2. 研究の背景　97
3. メディアにおける「力づけ」を調査する　101
4. 調査の実施と結果　108
5. おわりに　116

第6章　大震災時にビッグデータを活用したサービスの利用について
　　　　——災害対応における「自助力」強化のために　　　　　119
　　　　　　　　　　　　　　　　　　　　　　　　　櫻井　直子

1. はじめに：災害対応における社会の変化と研究の背景　119
2. 大震災時にビッグデータを活用したサービスの利用に関する実証研究　126
3. 調査結果　133
4. おわりに　141

第7章　災害時における個人情報利活用サービスに対する利用意向
　　　　——運営主体と個人情報の利用方法に着目した検討　　　　　145
　　　　　　　　　　　　　　　　　　　　　　　　　高口　鉄平

1. はじめに　145
2. 検討のねらい　147
3. 分析の方針と調査の概要　149
4. 分析結果　156
5. おわりに　159

第8章　大規模災害時における放送メディアの役割と機能
　　　　——東日本大震災，熊本地震，北海道胆振東部地震における
　　　　　検証と考察　　　　　　　　　　　　　　　　　　　161
　　　　　　　　　　　　　　　　　　　　　　　　　木村　幹夫

1. はじめに　161
2. 東日本大震災時のメディアの役割に関する調査　161
3. 熊本地震時のメディア利用行動　174
4. 北海道胆振東部地震　183
5. おわりに　191

第9章　シビック・メディアとしての震災アーカイブの多様な試み
　　　　——311ドキュメンタリーフィルム・アーカイブ，3がつ11にちを
　　　　わすれないためにセンター，およびリアス・アーク美術館常設
　　　　展示の事例から　193

中嶋　聖雄

1. はじめに　193
2. 311ドキュメンタリーフィルム・アーカイブ　196
3. 3がつ11にちをわすれないためにセンター　203
4. リアス・アーク美術館常設展示　210
5. あとがき：アーカイブが震災復興と地域社会の再生に果たす役割　218

第10章　官民データ連携時代のICT利活用によるローカルな
　　　　レジリエンス向上
　　　　——日米の災害情報伝達プラットフォームの社会的受容の観点から　223

田中　絵麻

1. はじめに：ICTによる情報伝達と社会のレジリエンス　223
2. アメリカにおけるICT活用型災害情報伝達システム：IPAWS　229
3. 日本におけるICT活用型災害情報伝達システム：Lアラート　239
4. おわりに：防災領域における地域情報プラットフォームの社会的受容　247

索　　引　255

大災害と情報・メディア
レジリエンスの向上と地域社会の再興に向けて

第1章
コミュニティ防災とICT
——熊本地震，九州北部豪雨，西日本豪雨等を踏まえて

林　秀弥・西澤　雅道・金　思穎

1. はじめに

　「地区防災計画制度」が，いつ来るかわからない未知なる災害に立ち向かうための制度として注目を集めている（西澤・筒井 2014）。地域コミュニティの住民や企業が主体となった地区防災計画づくりが進めば，各地区の脆弱性も克服される可能性があるが，その際にICT（情報通信技術）の活用が重要な論点として論じられることが多くなってきている。これまでのICTは，コンピュータ，インターネットにより，「ヒト」の情報をデジタル化・共有化し，社会経済の効率化・活性化を目指すものであった。これからのICTは，IoT，ビッグデータ，AIにより，「モノ」のさまざまなデータを収集・分析し，新たな価値を創造するものである。この違いを意識しながら，防災・減災におけるICTの役割について検討する。

　以下では，熊本地震[1]，九州北部豪雨[2]，大阪府北部地震[3]，西日本豪雨[4]，北

---

1) 2016年4月14日以降に熊本県，大分県等で発生した地震であり，震度7を観測する地震が4月14日夜および4月16日未明に発生した。地震で倒壊した住宅の下敷きになったり，土砂崩れに巻き込まれたりして，50名の死者が出たほか，避難所でのストレスや持病の悪化等の震災関連死によって，210名以上が死亡した。
2) 2017年7月5日～6日にかけて福岡県と大分県を中心とする九州北部で発生した集中豪雨であり，福岡県朝倉市や東峰村等で大きな被害が発生し，死者・行方不明者が40名を超えた。
3) 2018年6月18日に発生した地震であり，最大震度6弱を観測し，災害関連死を含めて死者5名を出した。死者は大阪市東淀川区，高槻市および茨木市で発生しており，うち2名はブロック塀の崩

海道胆振東部地震[5]等の近年の大規模災害の教訓を踏まえて，地区防災計画，事業継続計画等の地域住民や企業によるボトムアップ型のコミュニティ防災・企業防災の手法に着目しつつ，社会の脆弱性を減少させているICTの役割について考察を行う。

なお，本研究における分析や見解等は，筆者らが所属している組織および所属していた組織の見解等とは関係がないことをお断りしておく。

2. 災害対策基本法改正と地区防災計画制度の創設

2011年の東日本大震災では，本来被災者を支援するべき行政機能が，大規模広域災害時には，限界を迎えることが強く認識された（公助の限界）。そのため，自助・共助の重要性が強く認識され，行政中心であったトップダウン型の国の災害対策の体系にも大きな変化をもたらした。

そして，東日本大震災の教訓を踏まえて，1961年に制定された災害対策基本法の大規模改正が2013年に行われた。その中では，企業による災害時の「事業継続」や地域コミュニティの住民や企業による防災計画である「地区防災計画制度」の仕組みが法定され，住民や企業主体の自助・共助による災害対策を，法律の中に位置付けることになった。

「地区防災計画制度」等の法制化を受けて，地域コミュニティの住民や企業の間でも，地区防災計画づくりや事業継続計画（BCP）づくりへの関心が高まり，行政と連携した形で，地域防災力強化のための取り組みが強化されていった（林・金・西澤・筒井 2016）。

ところで，地理学者であり防災学で有名なベン・ワイズナーは，死傷者数や倒壊家屋数といったDisaster（災害）は，台風や地震といったHazard（自然

落で死亡した。
4) 2018年6月28日〜7月8日にかけて発生した豪雨であり，西日本を中心に北海道を含めた全国の広い範囲で台風および梅雨前線等の影響による集中豪雨が発生した。死者・行方不明者は227名にのぼり，特に多かったのは広島県（114人），岡山県（64人），愛媛県（27人）の3県である。
5) 2018年9月6日に発生した地震であり，北海道で初めて震度7を記録し，死者は41人にのぼった。厚真町では広い範囲で大規模な土砂崩れが発生し，特に，吉野地区では，住民34人のうち19人が亡くなった。

現象）の大きさだけでは決まらないとし，Vulnerability（脆弱性）が大きな要素となることを指摘している。つまり，Vulnerability（脆弱性）が高くなるとDisaster（災害）が大きくなるが，Vulnerability（脆弱性）を下げるためには，堤防や避難路の整備のようなハードウェア対策だけでなく，防災計画の作成や避難訓練の実施のようなソフトウェア対策も重要になる。「地区防災計画制度」や「事業継続」の仕組みは，まさにこの Vulnerability（脆弱性）を下げて，Disaster（災害）を小さくするための仕組みである（林・金・西澤 2018，第1章；下図 1.1）。

図1.1　ワイズナーのモデル

Disaster（災害）
　　例　死者数，負傷者数，倒壊家屋数
= Hazard（自然現象）＋ Vulnerability（脆弱性）
　　例　地震,台風,洪水,火災等　　例　危険な立地や適切に防護されていない建物等の危険な環境条件

出典：Wisner et al.（2004），金（2018）。

　また，社会学者である田中重好は，戦後，中央集権的にトップダウン型で進められてきた災害対策が，東日本大震災後には，災害対策基本法の改正による「地区防災計画制度」の導入等によって，住民や企業主体のボトムアップ型に転換されつつあり，そのことを「防災のパラダイム転換」と呼んでいる（田中 2013；林・金・西澤 2018，第1章・第2章；下図 1.2）。

　ところで，戦後の地域コミュニティの災害対策に関する先行研究を振り返ると，町内会や自治会等（以下「町内会等」という）を中心とした自主防災組織に関する研究が多数あるものの，その大半は，町内会等の活動の意義を認めつつも[6]，町内会等による地域活動や自主防災組織による防災活動がうまく進ん

---

6)　町内会等の活動は，戦前は法的に位置付けられていたが，戦後は GHQ によって強制的に活動を禁じられ，法的位置付けを失った。しかし，地域コミュニティの中で自発的にその活動が復活し，現在の形になっている。現在の通説では，町内会等は，行政と連携して自主的な防災活動を行っており，市民組織であると解されている（今村・園田・金子 2010；辻中・ペッカネン・山本 2009）。本研究では，町内会等の活動について，この通説の見解を前提に考察を行っている。なお，本研究とは立場が異なるが，日本の町内会等が，戦前からの流れを受けて伝統的な生活組織とは異なる国主体の

図1.2　防災のパラダイム転換論と自助・共助の重要性

・防災のパラダイム転換論（田中 2013）
　従来の，①科学主義，②想定外力向上，③行政中心の防災政策，④中央集権的な防災政策が転換。脆弱性克服のため，トップダウン型からボトムアップ型へ。

・自助・共助の重要性への注目（西澤・筒井・金 2014）
　（例）「災害対策基本法」改正
　　　　地区防災計画制度創設，事業継続（BC）概念導入

出典：筆者作成。

でいないということを強調している。例えば，社会学者である吉井博明や大矢根淳は，都市における自主防災組織の活動について，地域の実情に合っておらず，組織の画一性，リーダーや活動するメンバーの固定化・高齢化に伴うマンネリ化等の問題があることを指摘している（吉井・大矢根 1990）[7]。

一方で，東日本大震災の教訓を踏まえた「地区防災計画制度」導入後の研究では，地区防災計画づくりが，従来の自主防災組織による防災活動とは異なって，住民主体の自発的な共助の防災活動につながっており，ソーシャル・キャピタル[8]の醸成や成熟したコミュニティの形成に寄与していることを指摘する

近代的な原理のもとで組織化されており，全国くまなく市町村に連結された国家が透けて見えるような制度であるとする説もある（竹中 1993）。なお，以上の整理については，金（2019）等参照。

7）　社会学者である浦野正樹や横田尚俊による都市部の防災まちづくりに関する研究でも，このような自主防災組織の問題点が前提とされている（浦野・横田 1990）。

8）　ソーシャル・キャピタルについて，ジェームズ・コールマンは，合理的選択理論から，社会における人びとの結びつきを強める機能を持ち，個人に協調行動を起こさせる社会の構造や制度であり，家族や血縁関係からコミュニティのような地縁ネットワークまでを対象とした（Coleman 1990）。ロバート・パットナムは，イタリアの地方政府の研究を通じ，ソーシャル・キャピタルの蓄積が公共政策における人びとの協調行動を促すことにより，その社会的効率を高めることを明らかにした。そして，信頼，互酬性・規範，ネットワーク等の要素から構成されるとした（Putnam 1993）。また，パットナムは，アメリカのコミュニティにおいて政治，市民団体，宗教団体，労働組合等に対する市民参加が減少していることを踏まえ，ソーシャル・キャピタルの衰退について論じたほか（Putnam 2000），先進8か国を例に，ソーシャル・キャピタルや市民社会の性格の変化を分析した（Putnam 2002）。ナン・リンは，人びとのネットワークを資源としてとらえた（Lin 2002）。日本におけるソーシャル・キャピタル研究としては，その定義や機能に関する整理を行い，ソーシャル・キャピタルの維持・発展の在り方について解説した稲葉（2011），ソーシャル・キャピタルを所有できるものではなく，人びとの関係を意味するとした宮川・大守（2004），その他の多様なソーシャル・キャピタルのあり方について整理した山内・田中・奥山（2011）がある。防災や復興とソーシャル・キャピタル

見解も登場している（内閣府 2014；金・西澤・筒井 2015；金・筒井・西澤 2015）。なお，近年の地区防災計画づくりに関する研究の中には，ICT が計画づくりの促進につながっていることを指摘する見解もある（西澤・筒井・金 2014）。

以下，熊本地震，九州北部豪雨，西日本豪雨等の近年の大規模災害の教訓を踏まえて，地区防災計画，事業継続計画（BCP）等の地域住民や企業によるボトムアップ型のコミュニティ防災・企業防災の手法に着目しつつ，社会の脆弱性を減少させている ICT の役割について考察を行う。

3. 地区防災計画制度と事業継続

ここで林・金・西澤（2018）の第 6 章等を踏まえて，2013 年の「災害対策基本法」の改正によって創設された「地区防災計画制度」と同法改正によって位置付けられた企業による「事業継続」の仕組みについて，簡単に比較し，整理しておきたい。

「地区防災計画制度」は，地域コミュニティの住民や企業による地域コミュニティレベルでの防災活動を促進し，住民が企業を主体として，ボトムアップ型で地域防災力を高めるために，住民や企業による自発的な共助による防災活動に関する計画を法定化した制度である。

その最大の特徴は，コミュニティの住民等が主体となって，自らの防災活動の範囲や防災活動の内容について，地域コミュニティの防災計画の案を作成し，市町村の防災計画である地域防災計画に規定するように市町村に提案できる点である（計画提案）。このような計画提案の仕組みは，都市計画の分野で近年発達してきたが，防災分野では初めて導入された。

また，ボトムアップ型であることを受けて，計画をつくるか否かは，コミュニティの住民か企業の任意であり，計画の対象範囲，防災活動の内容等も住民等が自由に設定できる。きわめて自由度が高く，法定の行政計画としては異例

の関係については，川脇（2011），布施（2015），稲葉（2017）等がある。なお，ダニエル・アルドリッチは，ソーシャル・キャピタルが大きいほど災害復興が速く（Aldrich 2008），ソーシャル・キャピタルの豊かさが，被災コミュニティからの人口・産業の移動を最小化し，コミュニティの復興を加速する旨述べた（Aldrich 2012）。なお，以上の整理については，金（2017），林・金・西澤（2018），金（2019）等参照。

であるといわれている。

また、「地区防災計画制度」は、全国で一律の計画づくりを目指すものではなく、各地区の自然特性、社会特性、災害経験、想定災害等に応じて、コミュニティの住民等の意向で多様な形態をとることができる。

さらに、コミュニティの住民等が、自ら毎年計画に基づく訓練等の防災活動を実施し、その活動を継続的に見直すことによって、計画に基づく活動が形骸化しないようにすることを重視している（図1.3）。

一方、「事業継続」は、実務上は、企業が、災害発生時に重要業務を許容される期間内に復旧させ、許容限界以上のレベルで事業を継続することであるとされる（内閣府 2013）。このような「事業継続」の考え方が重視されるようになったのは、経済の高度化に伴い、一企業の製品やサービスの供給停止が社会経済に与える影響が大きくなり、企業にとっては、災害に備える防災の取り組みとともに、競争の激しい市場において、企業自体が生き延びることが重要になっていることがある。

「事業継続」は、災害による重要業務中断に伴う顧客の他社への流出や、それに伴うマーケットシェアの低下、企業評価の低下等から企業を守る経営レベルの戦略的課題である。そして、災害や事故で被害を受けても、重要な業務を中断しないことや、中断しても可能な限り短期間で再開するための事業継続を

図1.3　防災計画の体系と地区防災計画制度の仕組み

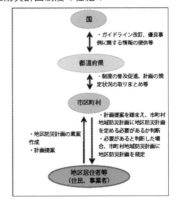

出典：内閣府（2014）。

図1.4 事業継続の概念図

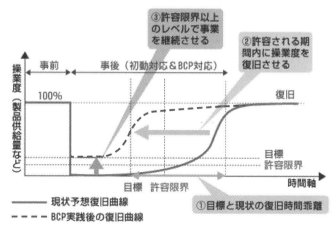

出典：内閣府（2013）。

追求することが重視される。そして、そのための企業の計画が、「事業継続計画（BCP）」である（内閣府 2013）。

この事業継続計画（BCP）の内容は、企業の規模や事業内容によって異なってくるが、一般には、発災時に継続すべき重要業務を絞り込みつつ、発災時の重要業務の目標復旧時間の設定、事業継続に不可欠な重要な要素・資源の洗い出し、バックアップシステムやオフィスの確保、即応要員の確保、迅速な安否確認等が重要な項目になる（図1.4）。

このように、従来の「事業継続」や「事業継続計画（BCP）」は、「地区防災計画制度」とは異なって、共助というよりは、自助の要素が強調されており、コミュニティとの関係もそれほど意識されることがなかった。

しかし、後述のロイヤルホールディングスの事例のように、発災時の共助を重視し、コミュニティとの関係を積極的に構築する動きに注目が集まっている。

4. 防災と「心の罠」

ところで、科学やICTの発展により、例えば、台風の進路であるとか、大雨が降ることは、ある程度事前に把握できるようになった。また、東日本大震

災以降，防災に対する意識が高くなったマスメディアやインターネットによって，防災情報がリアルタイムに発信されるようになった。マスメディアやインターネットによって，Vulnerability（脆弱性）を下げるための取り組みが，幅広く実施されるようになっている。

しかしながら，2016年の熊本地震，2017年の九州北部豪雨，2018年の大阪府北部地震，西日本豪雨，北海道胆振東部地震等では，大きな被害，つまりDisaster（災害）が発生した。

例えば，西日本豪雨における土砂災害，堤防の決壊，ダムの放水等による水害では，行政による警報の出し方の問題のほかに，住民の避難の遅れに注目が集まった。被災者に話を聞くと，テレビやネットで警報が出されていることは知ってはいたものの，「自分が災害にあうとは思っていなかった」，「隣の人が逃げていないから大丈夫だと思った」，「怖くて逃げることができなかった」といった声が多い。

災害からの被害を少なくするには，避難が重要であるが，実は，それが大変難しい。人にはなかなか逃げることができない「心の罠」が存在している。人間は合理的に生きていると思われているが，実際は，明らかな危険に直面しても逃げることは容易ではないのである。心理学では，自分だけは大丈夫だと思い込むことを「正常性バイアス」，隣の人が逃げないから自分が大丈夫だと思い込むことを「同調性バイアス」，想定外のことに頭が真っ白になって反応ができなくなってしまうことを「凍り付き症候群」と呼ぶことがあるが，いずれも人間の心の傾向の問題であり，大きな災害が発生するたびに繰り返し指摘されている（広瀬 2004, 2017）[9]。

以下，広瀬（2017）を踏まえつつ，もう少し詳しく説明すると，「正常性バイアス」は，正常化の偏見ともいわれるが，異常を正常の範囲内のことととら

---

[9] 災害教訓を記憶に残し，記録して再発させないことが重要であるが，その際には，災害時の「心の罠」である，「正常性バイアス」，「同調性バイアス」，「凍り付き症候群」等を念頭に置いて，災害時の「心の罠」からどうやって逃れるかということを心の底に持ちながら日常生活を送ることが重要であるとされる。なお，災害にかかわる「心の罠」としては，この他に，発災時に自分の危険をかえりみずに仲間や他人を助けに行って結果的に被災してしまう「愛他行動」，災害が想定外の領域で発生した場合等に防災の専門家であっても誤った判断を行ってしまう「エキスパートエラー」等がある（広瀬 2004, 2017）。

えてしまう錯誤であり，想定外の事態が発生した際に，精神への過重負担を防ぐための心の安定を保つメカニズムが働き，都合の悪い情報を無視したり，過小評価したりしてしまう人の特性のことである。簡単にいえば，発災時に「自分は大丈夫」と根拠もないのに思い込み，結果として逃げ遅れてしまうような場合が挙げられる。

「同調性バイアス」とは，人が社会的規範に影響される社会的動物であることから，他人といることで安心したり，他人をアンテナとして行動したり，模倣行動を行う特性のことである。大勢の人がいれば，危険に直面して不安になっても，「隣の人が大丈夫であれば，自分も大丈夫」と思い込んで，結果として逃げ遅れの原因になる場合が挙げられる。「赤信号，皆で渡れば怖くない」のような感覚だと説明するとわかりやすいようである。

東日本大震災では，津波に関する警報が出ているにもかかわらず避難が遅れた人が多数出たが，この「正常性バイアス」や「同調性バイアス」の影響が大きいと思われる。

そして，「凍り付き症候群」とは，緊急事態を前に起こる人の心理的・生理的反応であり，マヒ状態で茫然自失に陥り，結果として逃げ遅れの原因になるとされる事例である。2001年のアメリカ同時多発テロの際の世界貿易センタービルからの避難の際に大規模火災が発生しているにもかかわらず避難が遅れた原因として挙げられる（National Institute of Standards and Technology 2005）。

このような「心の罠」の問題は，大規模な災害のたびに繰り返されている。それはなぜであろうか。「心の罠」がわかっているのであれば，それに備えて，住民の命を危険にさらすような問題を事前に防ぐ方法はないのであろうか。

以下では，情報通信学会での各分野の有識者による議論を手掛かりに，地区防災計画，事業継続計画（BCP）等の地域住民や企業によるボトムアップ型のコミュニティ防災・企業防災の手法と社会の脆弱性を減少させる役割を持つICTを結びつけて考えてみたい。

5. ICT × AI × 防災・減災

ところで，九州北部豪雨後の2017年11月18日に早稲田大学で情報通信学

会国際コミュニケーション・フォーラム「ICT×AI×防災・減災」が開催された。同フォーラムでは，ICTやAIに関する有識者によって，防災分野でのICT・AIの活用の可能性について，パネルディスカッションが実施された。ここでは，その議論の中で有識者たちの議論を踏まえ，最後に指摘された，防災とICT・AIの関係を考えた場合の5つのポイントを振り返りつつ，筆者らが説明を足して考えていきたい[10]。

【ポイント1　人間の判断とICT・AIの融合】

ポイントの1点目は，「人間の判断とICT・AIの融合」の重要性である。

東日本大震災，熊本地震等の災害でも明らかになっているが，想定外の大規模災害が発生した場合には，作り込まれた災害対策のための高度なシステムが，災害によって破壊される場合を想定する必要がある。また，システムを動かすためには電力が必要であり，そのためのエンジニアも必要になるので，発災時には，電力不足，人員不足等によって，システム自体がうまく機能しない場合があることにも留意が必要になる。そのような点を踏まえるならば，災害対策を考えるにあたって，ICT・AIに全面的に頼りきることは危険であることはいうまでもない。臨機応変に，場合によっては人海戦術で対応する方が有効な場合もあり，いざというときに人間の判断を生かすことが重要になる。つまり，人間の判断とAI・ICTの判断をうまくつないで対応する「人間の判断とAI・ICTの融合」が重要になる。

例えば，熊本地震の際には，地元の環境重視型の生協であるグリーンコープくまもとでは，会員が各避難所にいたことから，メール，SNS，HPといった普段から利用しているICTのサービスを活用して情報収集を行い，避難所が必要としている物資を必要なだけリアルタイムに把握して避難所に届けた。このような迅速で細かい情報収集ができた背景には，グリーンコープくまもとが，日頃から各地域コミュニティに宅配を行っており，地域コミュニティの住民と

---

[10] なお，パネルディスカッションに参加した有識者は，江口清貴LINE公共政策室長，高口鉄平静岡大学学術情報学領域准教授，中嶋聖雄早稲田大学大学院アジア太平洋研究科准教授，中村元KDDI総合研究所取締役執行役員副所長，野田五十樹産業技術総合研究所人工知能研究センター総括研究主幹であり，モデレーターが，本章の筆者の一人である西澤（当時は福岡大学法学部准教授）であった（情報通信学会2018）。

人間関係を形成していたことがある。日頃の地域コミュニティでの人間関係の構築，地域密着型のサービス活動というグリーンコープくまもとの特徴が，発災時の支援活動の際にうまく機能したわけであるが，特に，日頃利用しているICTサービスが，支援活動にあたって大きな役割を果たした。まさに，「人間の判断とICT・AIの融合」の重要性を示す事例である。

【ポイント2　身近な普段使いのアプリの多面的な活用】
　ポイントの2点目は，「身近な普段使いのアプリの多面的な活用」が鍵になるという点である。
　発災時は，地域コミュニティの避難所が混乱することから，住民や企業が，日頃利用したことがない新しいICTサービスを利用することは難しい。そのため，普段から使っているアプリを利用することが重要になる。
　例えば，ポイント1で挙げたグリーンコープの事例もメール，SNS，HP等の身近な普段使いのアプリを利用していた。また，避難所内での物資の管理について，普段から利用しているLINEのグループ機能等を利用してリアルタイムに把握することが有用である場合もある[11]。
　また，熊本地震後に実施された熊本市役所等の訓練では，LINEを使って現地から写真を送ってもらうだけで，地元に詳しい防災担当職員は，災害状況や場所を把握し，対応策を練ることができることや，発災時に，防災担当職員が，登庁するための移動中にLINEを使って会議内容を聞いておき，登庁後に迅速に災害対応に入ることが可能である等の事例も報告されている[12]。

【ポイント3　「災害を我が事と考える」ためのICTの活用】
　ポイントの3点目は，「災害を我が事と考える」ためのICTの活用である。
　これは，前出の「正常性バイアス」や「同調性バイアス」等の問題と関連することであるが，発災時には，これらの「心の罠」が要因になって，被災しつつある住民等が「災害を我が事と考える」ことが難しくなり，結果として逃げ

---

11)　後述のように，北海道胆振東部地震では，学校法人等の既存のシステムを利用した避難所の物資管理等が有効であったことが報告されている。
12)　前出の情報通信学会（2018）では省略されているが，同フォーラムにおける江口清貴LINE公共政策室長の報告を参考にした。

遅れの問題が発生することがある。

　2001年のアメリカ同時多発テロの際の世界貿易センタービルからの避難行動について分析した前出のNational Institute of Standards and Technology (2005) の分析では，警察官，消防官，軍人等特別な訓練を受けている人，大きな災害を経験した人，普段から避難路を確認する習慣のある人等は，この「心の罠」に陥りにくいという指摘もある。平時からICTのイマジネーション機能を使って，発災時をイメージする訓練をしておくことによって，発災時の「心の罠」を乗り越えることができる可能性がある。

　例えば，ICTを利用した災害アーカイブの展示，震災ゲームのようなエンターテインメント性のあるシミュレーションゲーム等を活用することによって，ICTの特性を生かして発災時のイマジネーションを掻き立てるような対策が有用である。

【ポイント4　記憶の風化を防ぐためのICTの活用】

　ポイントの4点目は，災害に関する記憶の風化を防ぐためのICTの活用である。

　戦前の東京帝国大学教授で物理学者・防災学者であった寺田寅彦は，「災害は忘れた頃にやってくる」という言葉を残したが，大規模災害で重要な教訓を得ても，その記憶が風化してしまって，次の災害の際に同じような問題が繰り返されることがある。

　この点，ICTによるアーカイブ化によって，過去の災害記録を正確に整理して保存し，平時の教育から発災後の復興までこれらの記録を利用して過去の教訓を活用できる可能性がある。

　また，いつ発災するかがわからないなかで，ずっと防災を意識することは心理的なコストが大きいことから，ICTを活用して，必要な情報を必要なときに取り出せる仕組みをつくっておくことが有用である。

【ポイント5　防災を意識させない防災（結果防災・生活防災）のためのICTの活用】

　ポイントの5点目は，防災を意識させない防災（結果防災・生活防災）に関

するICTの活用である。

　日頃から防災ということを強調すると，どうしても構えてしまうところもある。また，記憶の風化の問題もあり，被災した経験のある地区であっても，防災だけを強調して地域活動を長期間継続していくことは必ずしも容易ではない。

　そこで，防災ということを強調しないで，住民が自発的・内発的に防災活動を行うようになることが理想である。このような状況のことを社会学者である大矢根淳は，「結果防災」（大矢根 2009）と呼んでおり，矢守克也は日常生活の中での自然な防災活動の重要性を指摘して「生活防災」（矢守 2011）と呼んでいる（金 2018）。

　この結果防災・生活防災には，日常生活の中に防災活動を埋め込むという特徴があるが，やはり，日頃から利用している身近なICTを活用することが重要になるのはいうまでもない。

　なお，やや観点は異なるが，日常生活に防災を埋め込むことによって，長期的には，習慣や文化の中に防災を位置付けていくことにもつながる。例えば，日頃から，「発災時に逃げるのは恥ずかしくない」というメッセージをICTで伝え，避難行動を習慣や文化として社会の中で育てていくことが有用である。

【ポイント6　Lアラートの重要性】

　L（Local）アラートとは，地方公共団体等が発出した避難指示や避難勧告といった災害関連情報をはじめとする公共情報を放送局等多様なメディアに対して一斉に送信することで，災害関連情報の迅速かつ効率的な住民への伝達を可能とする共通基盤のことである。総務省では，災害時における，より迅速かつ効率的な情報伝達実現のため，Lアラートの一層の普及・活用を推進しており[13]，地域住民等は，情報伝達者を介して，Lアラートから配信される公共情報を取得することができる。

　Lアラート開発の発端は，2007年の新潟県中越沖地震の際の，災害関連情報の収集・入力・確認に悪戦苦闘したNHKの経験にあるといわれる。地方公共団体から発信される災害情報はほぼ，電話，FAX，記者発表等アナログ情報で，収集・入力・確認に手間と時間がかかり，放送による住民への情報提供

---

[13]　情報発信者・情報伝達者による利用は無料である。

の迅速さ，正確さ，きめ細かさに改善の余地があった。他方，地方公共団体側から見ても，自治体が災害情報を発信する際には，発信手段毎に入力等の作業が必要なうえ，災害情報の詳細や更新を確認する大量の問い合わせへの対応も発生した。そこで，情報を発信する地方公共団体としても，災害時の情報発信については極力省力化し，人の手が必須の業務に集中できる環境を希望していた。このことから2008年の総務省研究会報告書において，地方公共団体等の災害関連情報は，「共通基盤」への入力のみで，メディア等を通じて国民に伝達されることを可能とすべき情報発信および伝達のための共通基盤の構築を提言し，実証実験を経て，一般財団法人マルチメディア振興センターによる実運用に至ったものである[14]。

このようにLアラートは，2011年6月の運用開始以降，着実にその情報発信者・情報伝達者や扱う情報を増やしている。特に，地方公共団体による利用に関しては，2018年9月現在，46都道府県がすでに運用を開始しており，2018年度末には，福岡県が運用を開始することで全都道府県による運用が実現する見込みとなっている。このため，Lアラートは普及の段階を経て，近時の災害においては，速やかに避難勧告・指示，避難所情報等を配信する等，災害情報インフラとして一定の役割を担うに至っている。

総務省では，Lアラートのさらなる利活用のため，地図による災害情報の提供およびカーナビ・サイネージ等への配信のための実証実験を行い，より高度な災害情報の提供システムの普及展開等を目指すこととしている。また，メッセージアプリからの災害関連情報の配信等により情報の入手手段が多様化しているなか，Lアラートに対しても，伝達手段や発信情報のさらなる拡充等多様な期待が寄せられている[15]。

---

[14]　以上につき詳しくは，Lアラートの現状 http://www.soumu.go.jp/main_content/000563080.pdf を参照。

[15]　総務省では，2018年7月より「今後のLアラートの在り方検討会」が開始された。

6. 事例から考える防災とICT

6.1 よこすか海辺ニュータウンソフィアステイシアの事例

　ここで，平時の事例であるが，地区防災計画づくりとICTの関係に着目した事例として，内閣府の地区防災計画モデル事業の対象であった神奈川県横須賀市のマンションの事例を挙げておきたい。

　横須賀市の中心部である平成町にある「よこすか海辺ニュータウンソフィアステイシア」（2003年竣工，8～14階建て4棟，309世帯1,000人居住）は，海上自衛隊や米海軍の横須賀基地に近く，日米の士官とその家族等も居住しているようなマンションであり，周辺の外国人の割合は10％程度である。当マンションの住民は，防衛大学校や米海軍士官学校出身者も含まれており，大学院での学位取得者が多いためか，学歴が比較的高く，裕福で職場環境も似ている等住民の同質性が高いといわれている。

　当該マンションのコミュニティでは，2014年度の内閣府の地区防災計画のモデル事業に立候補し，事業の対象地区に選定され，横須賀市で最初の地区防災計画を作成することに成功した。

　詳細は金（2017）に詳しいが，当該マンションのコミュニティの特徴としては，①ゼネコン出身の献身的なリーダーを中心に防災活動が展開されており，お年寄り，子供，若者等多様な住民が防災活動や地域活動に参加していることが挙げられる[16]。

　また，②日頃から高齢者や子供の見守り活動やお裾分けをする等マンションのコミュニティの住民間に良好なネットワークが構築されており，住民相互の信頼性や互酬性が高く，ソーシャル・キャピタルが豊かであった。

　さらに，③毎年，市長や市消防局長等にも出席してもらって，市消防局のはしご車を招いて高層階から実際に避難する訓練を実施する等高度な防災訓練を実施していた。

---

[16] 同マンションのコミュニティのリーダーであり，よこすか海辺ニュータウン連合自治会会長である安部俊一氏は，筆者である西澤および金が教員として所属する福岡大学法学部の出身であったこともあり，同マンションにおいて，エスノグラフィー的な調査を実施することができた（金 2017, 2019）。

そして，④そのような防災活動を契機として，行政や周辺の商業施設との関係も深くなり，周辺地域との往来が増加し，周辺の商業施設を含めた地域全体が活性化したほか，⑤このような洗練された防災活動や地域活動の評判が広く伝わり，マンションの人気が上昇しており，マンションの価格自体が周辺よりも10％程度上昇した。

このマンションのコミュニティの防災活動の事例も，実は，コミュニティ内のメール等のICTを活用した日頃の地域活動や見守り活動が，防災活動に応用されている事例であり，防災活動を通じて，地域コミュニティ内のネットワーク，信頼性，互酬性等を要素とするソーシャル・キャピタルが醸成され，地域コミュニティの成熟化につながっている。そして，地区防災計画づくりは，その活動を促進するための鍵となっている。

6.2　グリーンコープくまもとの事例

環境重視の生協であるグリーンコープ生協くまもとは，熊本地震後は，災害支援センターを立ち上げ，避難所への物資の支援を実施した。各避難所情報を組合員からリアルタイムに入手し，関係者が即時に情報共有し，避難所に必要な物資を迅速に提供した（林・金・西澤 2018：7章）。

このような活動が可能になった背景には，支援物資の在庫状況をHPにアップし，避難所にいる被災した組合員から，避難所の状況について，SNSやメールといったICTサービスを利用して，直接情報を受け付ける仕組みを構築できたことがある。これは，日頃からグリーンコープくまもとが，コミュニティへの宅配を実施しており，コミュニティの住民と人間関係を構築していたことが影響した。また，発災後も被災者の要望を直接ヒアリングして，主要道路が通行止めになっても，普段からの宅配の経験をいかして，地元住民しか知らないような間道を活用して，被災者に必要なものを迅速に宅配した。また，食重視の生協として，炊き出し等でも活躍したほか，行政や家電メーカーとも連携して，家電製品を避難所に届ける等被災者の生活支援を継続的に実施した。

前述のように，身近な普段使いのICTサービスの多面的な活用が功を奏しており，日頃の防災を意識させない活動が大きな威力を発揮した結果防災・生活防災に関するICTの活用の事例である。

6.3 ロイヤルホールディングスの事例

　ロイヤルホールディングスは，東日本大震災の際には，多くの外食企業が，被災地の店舗を閉店するなかで，現地で調達できる食材によるメニューを開発し，採算を度外視して，地域コミュニティのための営業を継続した。発災時に店舗が営業していることは，被災者にとっても支援者にとっても重要なことであり，被災地の復興に良い影響を与えたほか，地元住民からも高い評価を得た（林・金・西澤 2018：6章）。

　その後，この東日本大震災の経験をいかして，同社では，先進的な事業継続計画（BCP）を作成し，日本政策投資銀行のBCM格付（融資格付）を外食業として初めて取得した。そして，発災時における店舗運営のノウハウは，ICTに記録して同社内で残されていたが，熊本地震の際にも，この記録を活用して，被災地でつくることのできる特別メニューを提供し続けた。同社は，福岡市で創業しており，現在も本社があることから，九州に本拠地を置く企業であるという意識が大変強かったほか，東日本大震災での経験を踏まえて，被災地が速やかに復旧・復興を遂げるためには，飲食店やホテルといったホスピタリティ事業の店舗を開け続けることが重要であると考えており，ここでも採算を度外視して，積極的な被災地の支援活動を実施した。一般に，事業継続分野では，企業の市場での生き残り（自助）が強調されるが，同社は，日頃からの顧客との人間関係やコミュニティとの関係を重視し，店舗のある被災地のコミュニティへの支援（共助）を継続したところに大きな特徴がある。なお，同社のこのような活動によって，同社の評判も上がったほか，被災地の早期復興にも貢献したことが知られるようになった。

6.4 西日本豪雨・北海道胆振東部地震の事例

　2018年の大規模災害とICTの活用事例をいくつか見ておきたい。

　西日本豪雨で，約4,600戸が浸水し，50名以上の大きな被害の出た岡山県倉敷市真備町では，死者の大半が高齢者であり，真夜中に浸水したこともあり，その大半が2階に垂直避難することができず，1階で亡くなった。

　そのようななかで，真備町有井地区にある特別養護老人ホーム「クレールエステート悠楽」では，大半の入所者が移動に車いすが必要であるにもかかわら

ず，入所者全員が助かった。

　施設長をはじめとする職員が，ハザードマップ上で施設が浸水エリアにあることを踏まえ，川の水位や雨雲レーダー等のICT情報に注意を払い，発災前に車で入所者を系列施設に避難させたからである。これは，ICT情報を踏まえた人間の判断が重要であった事例であり，まさに，「人間の判断とICT・AIの融合」の事例であるといえる[17]。

　北海道胆振東部地震では，北海道安平町災害ボランティアセンターにおいて，町の社会福祉協議会と連携して，町内で認定こども園を運営する学校法人リズム学園の職員が，日頃から利用している学園のシステムを利用して，被災者支援用サイトを開設し，避難所の要望に応じて，迅速にボランティアや支援物資の調整を実施した。北海道むかわ町では，発災後に行政が混乱するなかで，地域住民が，外部有識者（町出身の研修医）等の支援を受けて，LINEのグループ機能やTwitterを活用して，炊き出し情報，道路情報，商店の商品入荷情報等の生活情報を交換した[18]。いずれも，「身近な普段使いのアプリの多面的な活用」の事例である[19]。

6.5　コミュニティ防災とICT

　近年の大規模災害とICTについて考えると，2011年の東日本大震災の際は，

---

[17] 『読売新聞』2018年7月26日朝刊「命守った「まず避難」 西日本豪雨生存者の証言」参照。
[18] これらの例について，地区防災計画学会会長である室﨑益輝兵庫県立大学教授は，「行政が被災者のニーズを迅速に満たせないため，ICTを活用して支援するのが主流になりつつあるが，SNSでは誤情報が広まりやすいリスクもある。行政は平時から民間と連携し，信頼できる体制を構築する必要」があると指摘していることに留意が必要である（『毎日新聞』2018年9月19日朝刊「北海道地震　ICTで被災者支援　物資調達，情報交換網」）。
[19] 近年の大規模災害では，大雨予測や特別警報等をICTを通じて入手することが容易になった反面，情報が多くなりすぎて，自分に必要な情報がどれなのか判別することが容易ではなく，そのため，災害を我が事として考え，危機感を持つことが難しくなっている可能性もある。また，西日本豪雨の際の空港の管理を見ても，日頃の情報発信について，館内放送のほかデジタルサイネージに慣れているので，停電でICTが使えない場合は，拡声器を使ったり，ホワイトボードを利用したり，紙を貼ったりということがスムーズに行えず，また，利用客もそのような方法で情報を入手するのに慣れていなかった。これは支援でも受援でも日頃から使い慣れていないものを使うのは難しいという例である。なお，SNS等のビッグデータの分析が災害のたびに提案されるが，実際には，ドローンや衛星等のデータは分析の可能性があるが，Twitter等のデータはAIによるテキストマイニングのためにはラベル付け等が必要であり，現段階では容易でない（情報通信学会2018）。

いわゆるガラケーの時代であり，発災後は，ネットも電話も長期間にわたり利用が難しくなった。一方，2016 年の熊本地震の際には，スマートフォンが中心になり，SNS によって災害情報がリアルタイムに発信された。2017 年の九州北部豪雨以降では，ドローンの撮影した映像が瞬時に SNS 上に掲載され，それがメディアによって放送されるようになった。また，SNS の機能を利用して，被災地に必要なボランティアや支援物資を調整するようになった。

　従来から，防災分野では，「災害は社会の動きを加速する」といわれるが，災害対策において ICT が活用されるようになって，社会の動きはさらに速くなっている。そして，そのことは，住民や企業による地区防災計画づくりや事業継続計画づくりを通じて自助・共助によるコミュニティ防災にも大きな影響を与えている。なぜなら，これらの計画づくりにおいて，ICT を活用するのが一般的になりつつあるからである。例えば，コミュニティにおいて，想定災害や避難経路を考えるにあたってもアプリによるシミュレーションを行ったり，過去の災害経験も ICT に記録されているアーカイブを見るようになっている。

　ここまでの議論を踏まえ，改めて住民や企業のコミュニティ防災と ICT の関係について整理してみると，コミュニティの住民等が主体となって，地区防災計画や事業継続計画をつくる際には，高度な ICT のテクノロジーを災害時にいきなり使い始めることは難しいので，日頃から利用しているできるだけシンプルな ICT のサービスを災害対策に転用することがとても重要であるといえる（身近な普段使いのアプリの多面的な活用）。

　これは，防災ということを強調しない防災という考え方にも通じるところがあるが，前述のように，これを社会学者である大矢根淳は「結果防災」と呼び，社会心理学者である矢守克也は「生活防災」と呼んでいる（金 2018）。防災だけを強調するのではなく，日頃からの ICT サービスを利用した活動を発災時にも生かすことが重要である（防災を意識させない防災のための ICT の活用）。熊本地震の際のグリーンコープくまもとの事例のように，普段から関係者が使っているメール，SNS，HP 等のシンプルなサービスが，発災時にも避難所物資の供給等の調整に有用であったことは大きな教訓である。なお，前述のように，北海道胆振東部地震の被災地でも，SNS 等を利用して避難所物資の管理やボランティアの調整等が実施されている。

一方，情報という分野から考えると，ICT 等の「ハイテク」の活用だけでなく，災害に関する地域の伝承や被災経験者の語りのような「ローテク」を組み合わせたうえで，計画づくりや避難のあり方を考えることも重要である。

九州北部地震，西日本豪雨等でも地域で伝わってきた伝承や災害教訓を思い出した住民が，電話やネットといった ICT サービスを活用して他の住民を誘い，うまく避難した地区もあった。

災害対策にあたっては，「ハイテク」と「ローテク」を組み合わせた，「人間の判断と ICT・AI の融合」が重要なポイントになるし，ICT 任せにせず自分の判断も踏まえた柔軟な対応が，「災害を我が事と考える」ためにも有効である。また，長期的には，そのような備えを意識して ICT を活用して生活することが，「記憶の風化を防ぐための ICT の活用」につながる[20]。

さらに，都市化の進展や ICT の発展によって，日常生活が便利になるなかで，逆に脆弱性が高まってきており，発災時には，それが大きな災害へとつながる可能性があることにも留意が必要である。例えば，西日本豪雨や北海道胆振東部地震の被災地では，大規模な停電が発生した。これまで基地局の停電対策は進んできたし，過去の災害経験をいかした事業者の修理等の対応も迅速になり，停電からの復旧も早くなった。一方で，停電が発生した場合，被災者の持っているスマートフォンに充電ができなければ，被災者は，関係情報を入手できないことが問題になった。また，近年電子マネーやキャッシュレス決済が急速に普及したが，停電で電子決済ができなければ，被災者は，買い物すらできないというような問題も明らかになった。特に，キャッシュレスに慣れた国から旅行に来て被災した外国人の中には，日本語がわからず，スマートフォンも使えず，電子決済も使えないなかで，苦労をした人も多かったようである。

この点，熊本地震のときは，電源車等によって，基地局の電源が維持され，また，避難所で被災者がスマートフォンの充電ができたことから，発災時にも電気を使えるようなイメージが強くなったが，これは，東日本大震災の場合と

---

[20] なお，発災時に防災無線が聞こえない場合の技術的な対策も進んでいる。V-ALERT は，地方公共団体から直接放送波を用いてマルチメディア個別受信機やデジタルサイネージ，屋外拡声器等に情報を届けるための仕組みであり，豪雨等の災害時に行政無線が聞こえない場合であっても，情報を届けることができる仕組みとして地方公共団体で導入され始めている（東京マルチメディア放送，九州・沖縄マルチメディア放送等）。

比較すると，避難所の数が限定されており，東日本大震災での石油不足の教訓を受けて，石油輸送事業者が備えをしていて，石油の備蓄場所を全国に設置していたところ，たまたま大きな被災地の近くに石油タンクがあったことから，電源車が容易にガソリンを入手でき，それが避難所での充電を可能にしただけである点に留意する必要がある（大越 2016）。

また，熊本地震の際には，Wi-Fi（公衆無線 LAN）環境の整備が防災に役立ったと評価されている。2017 年 3 月の総務省「熊本地震における被災地の Wi-Fi 利用状況等に係る調査研究」では，例えば，くまもとフリー Wi-Fi へのアクセスは，熊本地震発生後，急増したことが照会されている。すなわち，本震が発生した 4 月 16 日は，アクセスが 5,000 回を超えており，災害時に Wi-Fi が積極的に活用されていることを物語っている。同調査による被災者へのアンケートによると，Wi-Fi は，災害時の情報収集や通信手段として役立ったか，という質問に対して，災害時の情報収集や通信手段として「役立った」との回答が約 9 割を超えていることが紹介されている。熊本市では，国の Wi-Fi 整備事業（公衆無線 LAN 環境整備支援事業）を活用して，災害対策本部が設置される区役所や避難場所に Wi-Fi 環境を整備するとともに，これらを通じて市民や観光客等に防災情報を配信する機能を有する情報通信環境を構築してきた[21]。

国は，防災拠点等における Wi-Fi 環境の整備を行う地方公共団体等への支援を実施している。これは，防災の観点から，防災拠点（避難所・避難場所，官公署）および被災場所として想定され災害対応の強化が望まれる公的拠点（博物館，文化財，自然公園等）における Wi-Fi 環境の整備を行う地方公共団体等に対し，その費用の一部を補助するものである。このような取り組みは災害時に，避難所等における地域住民や，自然公園等における滞留者・帰宅困難者・避難者等が，情報伝達手段として，セキュアで利便性の高い超高速・大容量の

---

[21]「くまもとフリー Wi-Fi」は，日本語，英語，中国語＜繁体字・簡体字＞，韓国語に対応し，青少年フィルタリングを設定し，有害サイトへのアクセス制限を実施している。「くまもと無料 Wi-Fi」のサービス提供スポットは，県内で 169 施設 431 か所（2016 年 3 月時点）であったが，熊本地震の発生を受け，接続開放を実施し，そのときは通常時と異なりメールアドレスの登録を不要とした。Wi-Fi にアクセスした際に熊本市のホームページを表示し，生活情報，観光情報等を提供しているが，また，災害時には，熊本市のホームページを防災サイトに切り替えることにより，災害情報や被災者支援情報等を提供している。

無線通信を利用することを可能とする見地からきわめて有効であろう。

7. おわりに

　本章では，熊本地震，九州北部豪雨，西日本豪雨等の近年の大規模災害を例に，コミュニティの住民や企業による地区防災計画づくりや事業継続計画づくりに着目しつつ，コミュニティ防災とICTについて考察を行った。
　そして，ICTを活用して社会の脆弱性を減少させたり，ICTを活用して地域コミュニティの防災力を向上させるためには，①人間の判断とICT・AIの融合，②身近な普段使いのアプリの多面的な活用，③災害を我が事と考えるためのICTの活用，④記憶の風化を防ぐためのICTの活用，⑤防災を意識させない防災（結果防災・生活防災）のためのICTの活用等がポイントであることを示した。

◆参考文献

Aldrich, Daniel P.（2008），*Social, not physical, infra-structure: the critical role of civil society in disaster recovery*, Prepared Paper for the Annual Meeting of the American Political Science Association.
Aldrich, Daniel P.（2012），*Building Resilience-Social Capital in Post-Disaster Recovery*, The University of Chicago Press.（石田祐・藤澤由和訳『災害復興におけるソーシャル・キャピタルの役割とは何か』ミネルヴァ書房，2015年）
Coleman, James S.（1990），*Foundations of Social Theory*, Harvard University Press.（久慈利武監訳『社会理論の基礎』上・下，青木書店，2004・2006年）
林秀弥・金思穎・西澤雅道・筒井智士（2016），「熊本地震を踏まえた地区防災計画等による地域防災力強化の在り方」『名古屋大学法政論集』267, pp.247-298.
林秀弥・金思穎・西澤雅道（2018），『防災の法と社会―熊本地震とその後―』信山社.
広瀬弘忠（2004），『人はなぜ逃げおくれるのか　災害の心理学』集英社.
広瀬弘忠（2017），「どうすれば災害からの逃げ遅れを防げるか」『消防基金』202.
布施匡章（2015），「ソーシャル・キャピタルが防災活動に与える影響に関する実証分析―震災関連3都市住民アンケートを用いて―」『地区防災計画学会誌』4.
今村晴彦・園田紫乃・金子郁容（2010），『コミュニティのちから―"遠慮がちな"ソーシャル・キャピタルの発見』慶應義塾大学出版会.
稲葉陽二（2011），『ソーシャル・キャピタル入門：孤立から絆へ』中公新書.
稲葉陽二（2017），「ソーシャル・キャピタル―震災からの知見と地区防災計画のためのソーシャル・キャピタル調査の重要性―」『地区防災計画学会誌』8.

参考文献

情報通信学会（2018）,「2017 年秋季（第 37 回）情報通信学会大会国際コミュニケーション・フォーラム－概要とプログラム」『情報通信学会誌』125.

川脇康（2011）,「ソーシャル・キャピタルと防災」山内直人・田中敬文・奥山尚子編『NPO 白書 2013』大阪大学 NPO 研究情報センター.

金思穎（2017）,『日中のコミュニティにおける防災活動の実証的比較研究～「地区防災計画制度」と「防災模範社区制度」を例に～』地区防災計画学会.

金思穎（2018）,「北九州市の地区防災計画に関する地域社会学的研究」『専修人間科学論集 社会学篇』8（2）.

金思穎（2019）,「日中の都市コミュニティにおける地区防災計画づくりに関する実証的研究」専修大学博士論文.

金思穎・西澤雅道・筒井智士（2015）,「コミュニティにおける防災活動に関する実証的考察」後藤・安田記念東京都市研究所『都市問題』106（10）, pp.90-105.

金思穎・筒井智士・西澤雅道（2015）,「地域コミュニティの防災力向上のための ICT の活用に関する考察」『第 32 回情報通信学会大会予稿』pp.1-17.

Lin, Nan (2002), *Social Capital: A Theory of Social Structure and Action*, Cambridge University Press.（筒井淳也・石田光規・桜井政成・三輪哲・土岐智賀子訳『ソーシャル・キャピタル—社会構造と行為の理論』ミネルヴァ書房, 2008 年）

宮川公男・大守隆（2004）,『ソーシャル・キャピタル』東洋経済新報社.

内閣府（2013）,『事業継続ガイドライン 第 3 版』.

内閣府（2014）,『地区防災計画ガイドライン』.

National Institute of Standards and Technology (2005), *Final Report of the National Construction Safety Team on the Collapses of the World Trade Center Tower*.

西澤雅道・筒井智士（2014）,『地区防災計画制度入門』NTT 出版.

西澤雅道・筒井智士・金思穎（2014）,「地区防災計画制度と ICT の在り方に関する考察」『情報通信学会誌』32（2）, pp.105-115.

大越聡（2016）,「未来を書き換えよう！～小さな BCP の積み重ねが, 無限の BCP に～」内閣官房国土強靭化担当, https://www.cas.go.jp/jp/seisaku/kokudo_kyoujinka/kouhou/vol_17/hitokoto.html

大矢根淳（2009）,「堺と川崎の防災まちづくりを考える—堺市湊西地区と川崎市多摩区中野島町会における「結果防災」をめぐって—」『周辺メトロポリスの位置と変容』専修大学出版局.

Putnam, Robert D. (1993), *Making Democracy Work: Civic Traditions in Modern Italy*, Princeton University Press.（河田潤一訳『哲学する民主主義—伝統と改革の市民的構造』NTT 出版, 2001 年）

Putnam, Robert D. (2000), *Bowling Alone: The Collapse and Revival of American Community*, Simon & Schuster.（柴内康文訳『孤独なボウリング—米国コミュニティ崩壊と再生』柏書房, 2006 年）

Putnam, Robert D. (2002), *Democracies in Flux: the Evolution of Social Capital in Contemporary Society*, Oxford University Press.（猪口孝訳『流動化する民主主義—先進 8 カ国におけるソーシャル・キャピタル』ミネルヴァ書房, 2013 年）

竹中英紀（1993）,「町内会体制と都市社会構造」東京市政調査会研究部『大都市行政の展開

と理念』日本評論社.
田中重好(2013),「東日本大震災を踏まえた防災パラダイム転換」『社会学評論』64 (3).
辻中豊・ロバート・ペッカネン・山本英弘 (2009),『現代日本の自治会・町内会』木鐸社.
浦野正樹・横田尚俊 (1990),「防災まちづくりをめぐる地域住民活動と行政の協働」行政管理研究センター『社会変化とコミュニティ』,pp.46-80.
山内直人・田中敬文・奥山尚子編 (2011),『ソーシャル・キャピタルの実証分析』大阪大学NPO研究情報センター.
矢守克也 (2011),『生活防災のすすめ—東日本大震災と日本社会』ナカニシヤ出版.
吉井博明・大矢根淳 (1990),『神奈川県西部地震説と小田原市民』文教大学情報学部.
Wisner, Ben, Piers Blakie, Terry Cannon, and Ian Davis (2004), *At Risk: Natural hazards, people's vulnerability and disasters*, 2ed., Routledge.

第 2 章
自治体公衆無線 LAN の有効活用戦略 *

実積　寿也

1. はじめに

　インターネットが社会経済活動の隅々で重要な役割を果たし，多くの人々が高性能の端末を常時携帯するようになった今日，あらゆる場所でモバイルブロードバンド接続を確保することが重要になってきている。特に，あらゆるモノがネットワークにつながる IoT（Internet of Things, モノのインターネット）時代の本格的到来を迎え，ユビキタスな Wi-Fi connectivity には大きな経済的効果も期待されている。そこで，モバイルブロードバンド環境整備を促進するため，国は地方自治体による公衆無線 LAN（具体的には Wi-Fi）の提供を支援している。

　自治体公衆無線 LAN の主要な整備目的は現在までのところ「観光」と「防災」であり，とりわけ国内の携帯事業者との契約関係を持たない外国人旅行者にとって有益であるとされる。そのため，公衆無線 LAN 環境の整備は，日本全体としては 2020 年の東京オリンピック・パラリンピックに向けたインバウンド対応事業として[1]，地方自治体にとっては観光客誘致による地域活性化のツールとして期待されている。東日本大震災において電話回線が輻輳のために

---

*　本章は，実積（2018）をベースに最新の知見等を加筆したものである。
1）「日本再興戦略 2016」（http://www.kantei.go.jp/jp/singi/keizaisaisei/pdf/2016_zentaihombun.pdf）に記述がある。

利用困難となった場合でもインターネットは機能を果たしたという経験から，被災時におけるインターネットへのアクセス手段確保の観点からの整備支援も進められている。ただし，それぞれの目的のために設備を2系統整備することは現実的ではないため，通常時は「観光」目的に利用されている公衆無線LAN設備を災害発生時には「防災」目的として利用するという「リバーシブル活用」が志向される。

防災時の公衆無線LAN活用は，民間事業者によっても進められている。特に無線LANビジネス推進連絡会は，国内の公衆無線LAN提供事業者等が，災害発生時に統一のSSID「00000JAPAN」に切り替えてシステムを全ユーザに開放する取り組みを2014年より主導している。

そのため，今日では，災害発生時に利用可能な公衆無線LANは，自治体設置のものと民間事業者の自主的努力によるものの2系統が存在する。2016年4月に発生した熊本地震は，2つのシステムが並存する地区で大規模災害が発生した最初のケースである。本章では，まず，災害発生直後から2016年9月にかけて複数回行った現地調査をもとに，両システムの役割，特に，自治体システムが追求すべき機能等について考察を行う。自治体公衆無線LANについては，その平常時の活用について，投資効率性や民業圧迫の点から議論されることが多かったが[2]，災害発生時に焦点を当てるところに本章の新規性がある。さらに，2018年7月に西日本を襲った「平成30年7月豪雨」での最新の知見等も踏まえ，公衆無線LAN提供の実態および問題点を明らかにし，有効活用のための戦略について提言する。

本章の構成は以下のとおりである。まず，次節において，自治体公衆無線LANとそれに対する国・地方自治体の取り組みについて概説する。熊本地震後の対応に注目した現地調査の結果とそこから得られた知見については第3節，自治体アンケート調査については第4節で論じる。第5節では，大規模災害発生時における公衆無線LAN活用について自治体が行うべき施策について論じる。第6節は本章のまとめである。

---

2) Dingwall（2006），Lehr et al.（2006），Mandviwalla et al.（2008）など。

2. 自治体公衆無線LANとは

　公衆無線LANとは，無線LANを利用したインターネットへの接続を提供するサービスである。主として，モバイル機器の所有者に対し，外出先や旅行先でインターネットに接続できるサービスとして提供されている。

　現時点では無料サービスと有料サービスの双方が存在し，前者には地方自治体に代表される公的主体が提供するものの他に，東京メトロやJRなどの交通機関，ショッピングモール，商店街，コンビニやコーヒーショップなどが顧客サービスの一つとして提供するもの，さらには，FON[3]のように利用者コミュニティが自身の固定回線容量に重畳させることにより提供されているものなどがある。後者については，もっぱら電気通信事業者がサービスを提供するケースが多い。特に，携帯事業者の場合は契約時に自社の公衆無線LANサービスへの加入を勧奨することが通常である。これは，Wi-Fiアクセスポイントの活用により，近年，モバイルブロードバンドの普及を受けて急増中のネットワーク負荷の軽減を図ることを目的としている[4]。

　公衆無線LANの展開が拡大するにつれ，利用者数も増大している。ICT総研の調査[5]によれば，2009年度に161万人であった契約者数は，2016年度には4,309万人に達し，2019年度には6,368万人に達すると推計している。

　さて，近年では，災害対策や観光産業振興という観点から自治体が設置する公衆無線LANへの政策的関心が高まっている[6]。総務省は，「公衆無線LANは，電話回線が輻輳のために利用できない場合でもインターネットにアクセスしやすく，スマートフォン等のように無線LANの利用可能な端末が急速に普及し

---

[3]　http://fon.ne.jp/
[4]　2014年5月時点で携帯事業者3社が設置しているWi-Fiスポット数は85万に達し，中国やブラジルにおける全設置数を凌駕しているという報道もある（http://buzzap.jp/news/20140522-wifispot-japan/）。
[5]　http://ictr.co.jp/report/20110908000035.html，http://ictr.co.jp/report/20160913.html
[6]　この他にも，2016年予算からは条件不利地域の環境整備のため，地方公共団体等の事業費の一部を補助する「公衆無線LAN環境整備支援事業」が実施されている（http://www.soumu.go.jp/menu_news/s-news/01ryutsu06_02000106.html）。

ていることから，災害時でも効果的に情報を受発信できる通信手段」[7]と評価し，2013年度補正予算において防災情報ステーション等整備事業として緊急避難場所，避難所，役場本庁舎等に公衆無線LAN環境を構築する際の補助金枠を設定し，27団体に交付した。2018年9月現在においてもその評価は変わらず，2017年度から2019年度までの3カ年における「防災等に資するWi-Fi環境の整備計画」のもとで，官民連携のもとで整備が進められている[8]。

加えて，外国人旅行者の急増を背景に，観光客向けの無料公衆無線LANの整備への要望も高まっている。2011年10月に観光庁が実施した調査[9]によれば，外国人観光案内所を訪問した外国人旅行者の23.9％が旅行中最も困ったこととして，「無料公衆無線LAN環境」を挙げている。この点については，2020年の東京オリンピック・パラリンピックに向けたインバウンド対応事業としての側面も評価され，「観光・防災Wi-Fiステーション整備事業」や「公衆無線LAN環境整備支援事業」といった補助施策が引き続き展開され，地方公共団体・第三セクターによるWi-Fi環境整備への支援が行われている。ただし，観光と防災のそれぞれに対し別個にシステムを構築することは非効率であるため，全国地域情報化推進協会（2016）がまとめた「自治体業務におけるWi-Fi利活用ガイドブック（Ver1.1）」では，「Wi-Fiのリバーシブル活用」（図2.1）として，平時には観光や行政効率化の目的で利用しているシステムを災害発生時には防災目的に転用することを推奨している。こうした各種取り組みを通じ，2019年度までに主要な観光・防災拠点約3万か所で無料Wi-Fi環境の提供を行うことがわが国の目標である[10]。

最適なシステムの構築には，ピークロード料金をめぐる議論が応用でき，災害発生時の予想需要をピークロードとする設備をデザインする必要がある。さらに，Wi-Fiシステムの費用構造および提供品質のベストエフォート性を考慮した場合，平時（ノンピーク時）には観光目的での無償供用を行い，システム

---

7) http://www.soumu.go.jp/main_sosiki/joho_tsusin/top/local_support/ict/musenlan.html
8) http://www.soumu.go.jp/main_sosiki/joho_tsusin/top/local_support/kyouzinkasinsei.html
9) 「外国人旅行者に対するアンケート調査結果について（第2回外国人観光案内所のあり方に関するWG（平成23年11月1日）資料」(http://www.mlit.go.jp/common/000190680.pdf)。
10) 「防災等に資するWi-Fi環境の整備計画」（平成30年1月更新）総務省（http://www.soumu.go.jp/main_content/000537026.pdf)。

図2.1 Wi-Fi のリバーシブル活用のイメージ

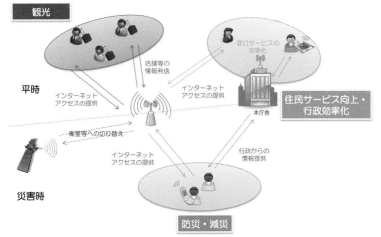

出典：全国地域情報化推進協会（2016, p.14, 図3.1-1）。

整備費用については防災対策の受益者である当該地域の住民が主体となって負担することが資源配分効率性にかなう。しかし同時に，災害発生時にはアクセス制限の解除により，当該便益は本来，一定程度備わっていた非競合性に加え，排除不能性も有するようになるため，受益者である住民に代わり地方自治体が財政負担を行うこと，すなわちリバーシブル活用を前提とした Wi-Fi 網を自治体が整備することは経済理論的には正当化できる。

一方，災害対策のための公衆無線 LAN 活用については民間事業者による対策も進んでいる。例えば，通常は公衆無線 LAN サービスを有料で提供している事業者が災害発生時には無料でシステムを開放する場合がある[11]。無線 LAN ビジネス推進連絡会は，国内の公衆無線 LAN 提供事業者等が自社の Wi-Fi 設備を，災害発生時に統一の SSID「00000JAPAN」に切り替え，利用契約の有無にかかわらず，全ユーザに開放する取り組みを 2014 年より主導している。これにより，携帯事業者 3 社がデータオフロード用に設置を進めている Wi-Fi

---

11) NTT 西日本が提供する店舗向けサービスである DoSPOT の場合は，利用にあたり「災害発生時には，NTT メディアサプライの判断および，NTT メディアサプライの定める基準に従い，すべての来訪者に対し専用無線 AP の電波を開放すること」という条件への承諾が必要である（https://flets-w.com/dospot/）。

図2.2　00000JAPAN の活用イメージ

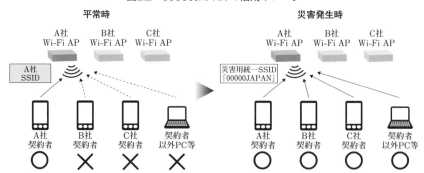

出典：無線 LAN ビジネス推進連絡会ホームページ（http://www.wlan-business.org/customer/foundation/wifi-04）を基に著者作成。

設備は災害発生時にはエリア内の全員に無料開放される（図2.2）。

そのため，先進的な市町村においては，今日，災害発生時に利用可能な公衆無線 LAN には（ユビキタスな状況には依然として程遠いものの）民間主導のものと，自治体主導のものの2系統が存在する。2016年4月に発生した熊本地震は，熊本県が設置した公衆無線 LAN（くまもと無料 Wi-Fi[12]）と民間主導のシステムが同一地域で競合提供された初のケースであった。

3. 熊本地震における活用状況

2016年4月14日21時26分以降に熊本県と大分県で一連の地震が相次いで発生した。マグニチュードは7.3，最大震度が7に達する揺れが発生したため，阿蘇大橋崩落や熊本城一部倒壊が発生し，警察庁[13]によれば，人的被害は死者50名を含む2,220名，建物被害は17万戸を超え，内閣府では熊本・大分両県で最大4.6兆円のストックが毀損したと推計している[14]。

地震による通信インフラへの被害は大きく，熊本市の報告によれば，「2度の大きな地震により，電柱の倒壊や折損，中継光ケーブルや引込線ケーブルの

12）　現在は「くまもとフリー Wi-Fi」に名称変更。
13）　https://www.npa.go.jp/kumamotoearthquake/pdf/zyoukyou.pdf
14）　http://www5.cao.go.jp/keizai3/kumamotoshisan/kumamotoshisan20160523.pdf

3. 熊本地震における活用状況

断線, 停電等による携帯電話基地局の停波など, 固定通信および移動通信のネットワークインフラが甚大な被害を受け」(熊本市 2018, p.223), 最大約 2,100 のネットワーク回線が被災し, 熊本県内の基地局の 1 割にあたる約 400 の基地局が停波に至った。通信事業者各社は, 14 日の前震後より全国のリソースを集中して復旧作業をすすめ, 固定通信については 10 日間で, 移動通信については 4 月 27 日までにサービスを復旧している[15]。加えて, 避難所を中心に公衆無線 LAN のアクセスポイントを設置し 00000JAPAN として開放し, 九州全域で最大約 55,000 のアクセスポイントを確保した[16]。その他, 自治体やコンビニが接したアクセスポイントを登録・認証なしに利用可能にするなど, さまざまな取り組みを行うことで被災者の通信利用環境の整備が進められた。

地震発生後, 熊本県の公衆無線 LAN は災害モードに転換し, メールアドレスの登録手続きを省略したうえで, 通常 1 時間[17]に設定されている連続接続時間を 15 分間に制限した形で一般に開放された。民間事業者によって提供されている公衆無線 LAN システムも随時無料開放を行いそれに追随した。無線 LAN ビジネス推進連絡会の報告書 (2016) によれば, 熊本県全域で 00000JAPAN が利用可能となったのは 4 月 15 日の午前 3 時半であり, 72 時間以内の展開を達成した。同報告書は, 九州全域における Wi-Fi トラフィックのうち 27％が 00000JAPAN の利用によるもので, 災害時における通信疎通の確保に有益であったと推測されること, および, 自治体公衆無線 LAN についても震災発生後に利用量が増大し「くまもと無料 Wi-Fi」は災害モードにて開放直後に利用量が増大したことを記している。

この状況のもと, 筆者は本震翌日より現地入りし, 提供されている Wi-Fi の利用環境の調査を行った。現地では, 比較のため, 携帯事業者の LTE 回線を介したネット接続について計測を行い, さらに, わが国の状況と比較対照する

---

[15] NTT は 4 月 20 日, KDDI は 4 月 26 日, ソフトバンクグループは携帯電話サービスを 4 月 25 日, PHS を 4 月 27 日に復旧。
[16] 携帯電話用充電器の設置や, 端末貸出, 通信料や基本料金の減免, 端末機の修理・修繕に係る費用の減免・軽減, データ通信速度制限解除の実施等, さまざまな措置を通信事業者は実施している。
[17] NTT ブロードバンドプラットフォームのネットワークを利用する場合 (現在は 3 時間に延長)。これ以外に FREESPOT 協議会が定めるアクセスポイントを利用する形態があり, この場合, 連続接続時間は 3 時間であった。今回の調査では前者の方式のみを対象としている。

目的で,イギリス,台湾,およびアメリカでも公衆無線 LAN 品質の現地調査を行った。調査方法は,路上においてスマートフォンおよびタブレット端末で Ookla 社が提供する速度測定サイト (speedtest.net) に原則として連続 5 回の接続を試み,ダウンロードおよびアップロードの実効速度,レイテンシに加え,接続成功の割合を調査した (N=1,658)。調査都市や計測日等は表 2.1 に,Wi-Fi の種別ごとの計測結果を表 2.2 ～ 2.4 にまとめる。このうち,災害対応時の状況は表 2.2 に示されているとおりである。

一見してわかるとおり,自治体公衆無線 LAN の通信品質そのものについては 00000JAPAN のそれと遜色はないものの,接続成功率の水準は大きく劣っている。実際,災害対応時に熊本市中心部でインターネット接続を試みると,

表2.1 実効回線速度計測地点・実施日・回数

調査都市	調査箇所の類型	計測日	計測回数
熊本県熊本市	中心市街・空港	4/25, 4/30, 5/8, 5/22, 6/12, 8/31, 9/2	**734** 351
熊本県阿蘇市	公共施設・避難所・民間施設	**4/30, 5/22**	**85**
熊本県南阿蘇市	公共施設・避難所・民間施設	**4/29**	**38**
イギリス・ロンドン	中心市街・公共施設・空港・ホテル	6/4, 6/7, 9/4-5, 9/11-12	112
イギリス・オックスフォード	中心市街・公共施設・大学・ホテル	2006/4/6	40
イギリス・ケンブリッジ	中心市街・公共施設・大学・ホテル	2009/8/9	67
台湾台北市	中心市街・ホテル・民間施設	6/27-29	64
アメリカ・ニューヨーク市	中心市街・公共施設・空港・交通機関・民間施設	2010/2/8	167

注1:太字は 00000JAPAN 供用期間中の計測日および計測回数を示す。
注2:具体的な調査箇所については筆者に問い合わせられたい。

表2.2 計測結果サマリ(災害対応時)

区分	計測回数	ダウンロード速度	アップロード速度	レイテンシ	接続成功率
自治体公衆無線 LAN	319	12,073 kbps	11,510 kbps	143 ms	30%
00000JAPAN	304	9,180 kbps	8,912 kbps	122 ms	90%
公共施設設置 Wi-Fi	20	19,451 kbps	29,286 kbps	29 ms	100%
顧客向け Wi-Fi	10	21,202 kbps	25,968 kbps	32 ms	100%
来街者向け Wi-Fi	26	7,687 kbps	9,857 kbps	30 ms	81%
携帯キャリア設置 Wi-Fi	8	9,513 kbps	3,307 kbps	101 ms	100%
LTE	170	23,278 kbps	13,608 kbps	76 ms	100%

注:「00000JAPAN 供用期間中」の計測は国内のみで実施。

3. 熊本地震における活用状況

表2.3 計測結果サマリ（平常時，国内）

区分	計測回数	ダウンロード速度	アップロード速度	レイテンシ	接続成功率
自治体公衆無線 LAN	211	8,320 kbps	6,732 kbps	115 ms	77%
00000JAPAN	5	1,088 kbps	3,270 kbps	84 ms	100%
空港設置 Wi-Fi	23	14,736 kbps	14,009 kbps	1,181 ms	57%
顧客向け Wi-Fi	5	5,255 kbps	6,304 kbps	103 ms	100%
来街者向け Wi-Fi	41	5,649 kbps	7,655 kbps	182 ms	100%
LTE	66	33,316 kbps	17,588 kbps	76 ms	100%

注：00000JAPAN は熊本市内ボランティアセンター設置分．

表2.4 計測結果サマリ（平常時，海外）

区分	計測回数	ダウンロード速度	アップロード速度	レイテンシ	接続成功率
自治体公衆無線 LAN	106	37,628 kbps	39,601 kbps	25 ms	100%
空港設置 Wi-Fi	37	3,752 kbps	6,261 kbps	22 ms	100%
公共施設設置 Wi-Fi	55	7,931 kbps	6,948 kbps	13 ms	100%
顧客向け Wi-Fi	144	16,998 kbps	14,924 kbps	24 ms	100%
来街者向け Wi-Fi	51	17,089 kbps	12,618 kbps	9 ms	100%
大学設置 Wi-Fi	20	40,824 kbps	45,350 kbps	8 ms	100%
LTE	37	12,803 kbps	8,229 kbps	150 ms	100%

ほぼ自動的に00000JAPANにつながる状況であり，自治体公衆無線LANの必要性は特に感じない．むしろ，自治体のシステムへの接続を試みることに対し，何度も繰り返す余計な手間やそれに伴う心理的なストレスが発生する．そのため，災害対応時の同システムの利用者は（00000JAPANが供用されていない）平常時よりも少なく，それが表2.3に示されている平常時におけるパフォーマンスが災害時の水準よりも悪い原因である可能性がある．

さらに，Wi-Fiが提供する通信品質（平均）よりも携帯事業者がLTEとして提供する品質の方が災害対応時（表2.2）と平常時（表2.3）の双方を通じて高い．接続品質の安定性（分散）についても，図2.3から明らかなとおり，LTE網を介したインターネット接続の優位は明らかであり，同じベストエフォート品質とはいいつつ安定的な通信環境を常時提供できるキャリア網の優秀さが観察された．そのため，携帯電話契約者にとっては，通信コストの問題さえ解決すれば，災害対応時のネット接続手段の確保を携帯網に委ねるという選択肢は十分検討に値する．事実，熊本地震においても，携帯事業者各社は4

図2.3 災害対応時の実効速度計測結果

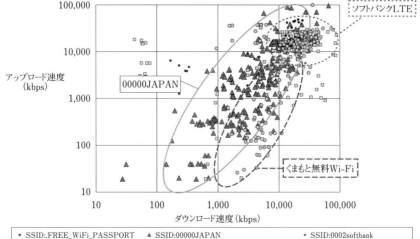

月17日あるいは18日の段階で，データキャップ超過後の通信速度制限を実施しない旨の発表を行っており[18]，携帯電話契約を有する被災地住民にとっては，自治体公衆無線LANに依存すべき理由が大きく減少していた。

わが国の自治体公衆無線LANは，海外と比較した場合についても通信品質が大きく劣っている（表2.4）。これは主として導入時期の違いによるものと解することが妥当であろう。例えば2015年よりニューヨークで展開中のLinkNYCは最新システムを搭載し，他を圧するパフォーマンスを発揮している（表2.5）。

公衆無線LANのもう一つの問題点はそのカバー範囲である。くまもと無料Wi-Fiの場合，設置規約[19]によれば「国内外からの来訪者等の利便性向上，観光・

---

[18] https://www.nttdocomo.co.jp/info/notice/page/160418_00.html, http://news.kddi.com/kddi/corporate/newsrelease/2016/04/22/1763.html, http://www.softbank.jp/corp/group/sbm/news/press/2016/20160417_01/
[19] http://www.pref.kumamoto.jp/common/UploadFileOutput.ashx?c_id=3&id=8524&sub_id=19&flid=68703

表2.5 自治体公衆無線 LAN の通信品質比較

区分	計測回数	ダウンロード速度	アップロード速度	レイテンシ	接続成功率
くまもと無料 Wi-Fi (熊本県)	530	9,711 kbps	8,498 kbps	126 ms	48%
Connecting Cambridgeshire (イギリス・ケンブリッジ)	10	11,409 kbps	15,238 kbps	11 ms	100%
台北無料公衆無線 LAN (台湾台北市)	5	1,112 kbps	608 kbps	30 ms	100%
LinkNYC (アメリカ・ニューヨーク市)	91	42,515 kbps	44,421 kbps	26 ms	100%

を目的としているものの，実際の設備設置は観光施設に偏っていた[20]。一方，携帯事業者がデータ通信のオフロード目的に設置している設備を利用する00000JAPAN の場合は，通常ピーク時に携帯利用者が集中する市街中心部でしか利用できない。そのため，大規模災害の場合，中心市街地以外に設置された避難所や緊急医療施設，ボランティアセンターなどでは新たに設備を手当てしない限り，いずれの公衆無線 LAN も利用可能ではない。今回の熊本地震のケースでは，携帯事業者が率先して Wi-Fi 設備の増設を行ったため，最終的には大きな問題とはならずにすんだが[21]，震災直後には Wi-Fi が利用可能でない避難所等が多数存在していた。この点に関しても，2013 年 11 月末の段階において 3G および LTE で 99.97％の人口カバー率を達成している携帯網[22]の優位は明確であり，基地局設備等が物理的被害を受けていない限り，サービスを継続提供できる。物理的被害が発生した場合にも携帯事業者の復旧スタッフの資源投入により急速な復旧が期待できる。事実，熊本においては地震により最大で約 400 の携帯基地局が停波したものの，4 月 19 日午後には避難所エリアで，

---

id=19&flid=68703
20) http://www.pref.kumamoto.jp/common/UploadFileOutput.ashx?c_id=3&id=8524&sub_id=21&flid=88824
21) 非常災害対策本部の速報によれば，電気通信事業者により，5 月 9 日時点で 752 台の Wi-Fi 設備が避難所 510 か所に設置されている（http://www.bousai.go.jp/updates/h280414 jishin/pdf/h280414jishin_21.pdf）。
22) 電波政策ビジョン懇談会（第 6 回 2014 年 4 月 25 日）提出資料（参考資料 6-2，http://www.soumu.go.jp/main_content/000287492.pdf）。

4月27日には全エリアでの復旧が完了している[23]。

すなわち，熊本地震後の自治体公衆無線LANについては，サービス品質および利用可能性（カバーエリア）の双方において00000JAPANという統一SSIDで提供された民間システムより低位にあり，さらに両者とも携帯網と比較すると大きく劣っていたことが明らかとなった。

4. 自治体の状況[24]

全国地域情報化推進協会では，自治体におけるWi-Fi利活用の実態を明らかにするため，関連する政府補助金（「防災情報ステーション等整備事業」「観光・防災Wi-Fiステーション整備事業」「公衆無線LAN環境整備支援事業」）を受給している125団体を対象に，2017年11月にアンケート調査を実施した。回収率は90.4％であり，113団体より回答を得た。

まず，整備目的のうち最大多数を占めるものが防災目的であり，42.34％（47団体）がその下で施設整備を行っている。次いで海外からの旅行者を対象として整備を進めている団体が18.92％（21団体），一般市民向けが14.41％（16団体），国内旅行者向けが11.71％（13団体）という状況である。

アクセスポイントの設置箇所として選択されている上位5か所は「自治体庁舎・出張所」「公民館・市民センター」「公園」「博物館・美術館，文化財」「観光案内所」であり，設置が容易な公共施設と，高い費用対効果が見込める集客施設を中心にネットワーク整備が進められており，防災や一般市民向けに配慮した展開は遅れ気味である（図2.4）。

運営は8割超の95団体が公設公営方式を採用している。ただし，日々のオペレーションを自治体自身で担当しているのは68団体であり，27団体は運営を通信事業者等に委託している。団体規模との相関を分析すると，大規模自治体の方が民間委託を採用しているケースが多い。一方，公設公営・自営の割合が高い小規模の自治体では，整備後の民間事業者との連携が疎かになる傾向が

---

23)「電気通信事業者の平成28年熊本地震への対応状況」，http://www.soumu.go.jp/main_content/000432337.pdf
24) 本節については，全国地域情報化推進協会が2018年1月19日に開催した「平成29年度Wi-Fi等地域ICT環境整備タスクフォース（第3回）」での資料および議論を参考にしている。

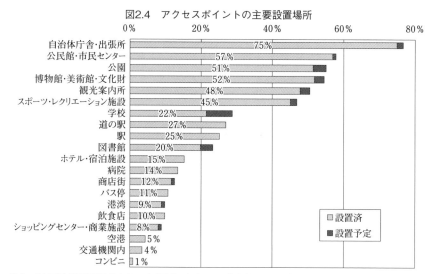

図2.4 アクセスポイントの主要設置場所

出典：全国地域情報化推進協会（2018），「平成29年度 Wi-Fi 等地域 ICT 環境整備タスクフォース（第3回）」のデータに基づき筆者作成。

ある。

　システム整備の課題としては「構築費用がない」点が特に課題とされており，これに対しては「総務省など国の支援制度を利用」することにより対処しているケースが多い。加えて，都道府県や政令市では「庁内の合意」が整備上の課題とされる場合も多く，内部の意思決定システムの複雑さを反映しているものと解釈できる。一方，「将来的な運用費用が不安」「Wi-Fi の整備方法や運用方法がわからない」「セキュリティが不安，担保ができない」といった種々の不安に対しては，「通信事業者やベンダーとの連携（相談や事業委託）」により対処が行われている。アンケート調査では，上記に加えて，「利用者ニーズ」「技術に関すること」「手続きに関すること」「事業者の情報」「先進事例」等の情報提供などが有益であること，さらに，「補助事業，法律，手続き」「調達，整備方法」「技術，セキュリティ」「利用促進策，運用費用」「先進事例」「Wi-Fi に関する知識全般」の情報が必要とされていることが判明している。

　一方，整備後については，20％弱～40％弱程度の団体で運用コストの確保が最大の課題としてとらえられている。自治体規模や運営形態毎の運用コスト

表2.6 アクセスポイント当たりの運営コスト

(単位：千円)

規模別	
都道府県・政令市	1.73（滋賀県）～ 209.14（富山県）
10万人以上	0（福島県会津若松市）～ 666.83（奈良県奈良市）
5万～ 10万人	42.75（愛知県四国中央市）～ 394.67（栃木県日光市）
2万～ 5万人	0（高知県須崎市）～ 469.31（愛知県大治町）
1万～ 2万人	14.88（鳥取県湯梨浜町）～ 250.00（宮崎県高千穂町）
1万人以下	9.71（青森県西目屋村）～ 540.00（奈良県黒滝村）
運営形態別	
公設公営 自治体自身による運用	1.30（福井県あわら市）～ 666.83（奈良県奈良市）
公設公営 民間委託による運用	15.79（福島県国見町）～ 333.33（新潟県関川市）
公設民営	0.00（福島県会津若松市，高知県須崎市）～ 250.00（宮崎県高千穂町）
民設公営	30.75（岡山県倉敷市，㈱倉敷ケーブルテレビ）
民設民営 自治体が広報を支援	1.73（滋賀県）～ 91.67（長野県塩尻市，㈱テレビ松本ケーブルビジョン）
民設民営 自治体が整備費補助	3.60（香川県）～ 24.00（山口県岩国市，㈱アイ・キャン）

出典：全国地域情報化推進協会「平成29年度Wi-Fi等地域ICT環境整備タスクフォース（第3回）」(2018) のデータに基づき筆者作成．

をアクセスポイント当たりで比較したものが表2.6である．自治体規模と運用コストの相関は観察されないが，「民営」形態は「公営」形態と比較して，相対的にアクセスポイント当たりのコストが低めに抑えられている．一方，公設公営形態の運用コストは大きなバリエーションがある．さらにアクセスポイント数が多ければ多いほど平均運用コストは低水準となっており，規模の経済性が観察される（図2.5）．

システム構築の有効性評価に不可欠な事後的定量評価項目としては，111団体中85団体がWi-Fiシステムへのアクセス数を計測し，うち69団体がその増加を確認している．しかしながら，施設設置の目的の一つである「サイト閲覧数の増加」「来訪者数の増加」や「システム設置施設の利用者数の増加」を計測している団体は70団体程度にとどまり，40程度の団体が計測対象としていない（図2.6）．ただし，これらはいずれもアウトプット指標にとどまり，シス

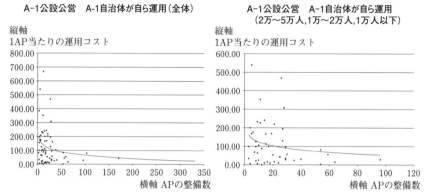

図2.5 運用コストとアクセスポイント整備数の関係

出典：全国地域情報化推進協会（2018），「平成29年度 Wi-Fi 等地域 ICT 環境整備タスクフォース（第3回）」，3.2.5，図表「1 AP あたりの運用経費と AP 整備数との相関」を基に筆者作成。

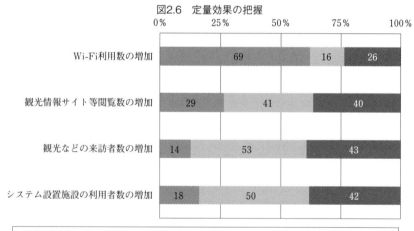

図2.6 定量効果の把握

出典：全国地域情報化推進協会（2018），「平成29年度 Wi-Fi 等地域 ICT 環境整備タスクフォース（第3回）」，3.2.10，図表「定量効果の把握状況」を基に筆者作成。

テム設置の最終的な目的である「観光事業へのインパクト」や「防災対応の効率性改善」といったアウトカム指標ではない。結果として，自治体公衆無線 LAN の費用効率性の把握は現時点では実施されていない。

加えて，筆者のヒアリング調査によれば，公衆無線 LAN システムの稼働状況や実効品質についての把握も十分ではない。運用を民間事業者に委託してい

る場合，日常の運用報告はリアルタイムではなく，かつ内容もアクセスポイントの故障に関する情報やアクセス数にとどまる。通信速度や品質についての把握は自治体側では積極的になされることはなく，利用者からの苦情を通じて初めて認知することが多い。

5. 望まれる改善策

　総務省によれば「公衆無線LANの整備は，官民連携が有効に機能するモデルであり，交通拠点，ホテル，コンビニ，飲食店，自販機等での民主導の整備と連携しながら，防災拠点などインセンティブが働きにくい部分は官主導で補完し，地域全体での整備を推進することが重要である」[25]とされている。熊本地震での経験によれば，自治体公衆無線LANに期待できる役割は，他のシステムの代替ではなく，あくまでも補完に徹することが適当である。利用料金の減免に関し事業者の協力が期待できるのであれば，少なくとも国内事業者の顧客にとっては携帯ネットワークの利用が有益である。また，料金面に関する環境が整わない場合や，外国人旅行者のように国内事業者との契約を持たない場合，さらに，パソコン環境を必要とするような情報を提供する場合に関しては，00000JAPANが，カバーエリアを限定しつつも高品質なサービスを提供できる。自治体公衆無線LANは，そういった民間事業者の展開が十分には見込めない地域やタイミング，例えば，被災時に近隣住民が一時的に避難することが予想されつつも，観光地や人口密集地ではないために発災直後には十分なカバーが見込めない住宅地域内の公園や教育施設，病院などへの事前展開が，防災目的の観点からは必要であろう。地震後のくまもと無料Wi-Fiの利用データからも「拠点別の利用状況を見ると，公共施設・避難するような施設での4/16, 17の利用が大幅に伸びている。その一方で，通常の利用が多い商店街や駅での利用が減少している」(情報通信総合研究所 2017, p.20) という観測結果が得られており，本提案は災害時需要の実態とも適合的である。

　そもそも，被災者への情報提供という観点からすれば，自治体公衆無線LANの整備を進めることが妥当か否か，さらにテレビやラジオなどの他のメ

---

[25] http://www.soumu.go.jp/main_sosiki/joho_tsusin/top/local_support/ict/musenlan.html

ディアとの連携について検討する必要がある。東日本大震災においては，震災発生時にはAM・FMラジオ，震災直後は携帯電話，携帯メール，地上波放送がメディアとして高い評価を受け，各機関のホームページやSNSなどのインターネットメディアが評価されたのは時間的にはその後の段階であったことが明らかとなっている（総務省2012, 図表3-1-1-2）。熊本地震でも，ネット普及を背景にインターネットメディアの評価が高まってはいるものの，地上波放送の利用は依然としてそれを上回るという調査結果がある（三菱総合研究所2017）[26]。さらに，今回は，各携帯事業者が避難所に非常災害時用の携帯電話充電器の提供を行い，かつ九州電力による設備復旧が迅速に進んだため電源問題が顕在化することはなかったが[27]，一般的な災害関連情報の入手についてパーソナルメディアに依存することはエネルギー効率の点から問題がある。特に，東日本大震災でのように電力網が大規模に損壊した場合には，災害情報に関してはエネルギー効率のよい地上波放送メディアの主体的活用を第一の選択肢とすべきであろう。これらの点を考慮した場合，放送波が届きにくい屋内や地下街，地下駐車場，建物や山の陰などが自治体公衆無線LANにとっては優先度の高い整備地域となる。

　さて，ブロードバンドの存在を前提としたアプリの普及，ムーアの法則に象徴されるような端末や関連技術の高度化により，利用者が必要とするトラヒックの増加が続いている。総務省の推計によれば，1契約当たりのダウンロードトラヒックは，2018年5月時点で，前年同月比27.9％増の1日当たり約3.4GBに達している[28]。そのため，一旦，公衆無線LANシステムの整備を行い，十分なメンテナンスを行ったとしても，アクセス数の増加と，各利用者の利用通信量の増加により，ベストエフォートで提供される通信品質が時間経過とともに低下していくことが予想される。そのため，提供者としては，システムの稼

---

26) 他方，三浦（2017）はWeb調査をベースに，ネット利用者の間では「地震情報を入手する手段としてはテレビなど従来のマスメディア以上に，インターネットが重視されていることが示された」(p.60)としている。このことはネット利用者とそれ以外の間に情報格差が生じる可能性を示唆している。
27) 経済産業省（2016）などを参照されたい。
28) 「我が国のインターネットにおけるトラヒックの集計・試算　2018年5月の集計結果の公表」，http://www.soumu.go.jp/menu_news/s-news/01kiban04_02000138.html。

図2.7 くまもとフリー Wi-Fi の実効品質変化

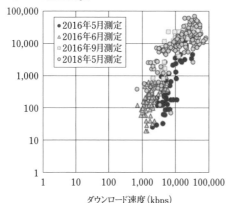

測定時期	2016年5月	2016年6月	2016年9月	2018年5月
実測回数	65	90	45	120
ダウンロード速度（kbps）				
平均	11,658	2,250	17,890	21,579
標準偏差	9,825	1,246	14,387	19,171
アップロード速度（kbps）				
平均	5,326	291	16,618	15,588
標準偏差	7,796	223	10,901	16,054

出典：全国地域情報化推進協会（2018），「平成29年度 Wi-Fi 等地域 ICT 環境整備タスクフォース（第3回）」，3.2.10，図表「定量効果の把握状況」を基に筆者作成。

働状況のみならず，実効品質の水準をモニターし，品質低下が著しくなればバックボーン回線増強や無線ルーター増設などの追加の設備投資を行わなければならない。例えば，図2.7は2016年から2018年にかけて筆者が実施したくまもとフリー Wi-Fi の実効品質調査をまとめたものであるが[29]，各提供主体にはこういったモニタリングを継続することが求められよう。

ただし，実効品質改善のための設備投資はその効果が一般にはわかりにくく，いわゆるニュースバリューに欠ける。例えば，福岡市のシステムに関するプレスリリースにはすべてエリア拡大や新サービス追加に関するものである。そのため，担当者にとってのモチベーション確保が難しいことは否定できない。

6. おわりに

近年，自治体公衆無線 LAN システムは，ICT インフラの中でも災害に強く，

---

[29] 図2.7の結果を等分散を仮定しない t 検定により解析すると，2016年6月から9月にかけては順調に実効品質が改善しているものの，2016年9月から2018年5月の間は改善が停滞していることがわかる。

表2.7 Fukuoka City Wi-Fi 過去の新着情報（2018年4月1日更新分）

報道発表日時	タイトル
2018年2月16日	公衆無線LAN × 自動販売機 岩田屋本店本館地下2階入口に設置！
2018年2月1日	川端通商店街でサービス開始！
2017年12月21日	一度の利用登録で，Munakata Free Wi-Fi もご利用いただけます！
2017年3月17日	Wi-Fiを活用した観光プロモーションとデータ分析による効果測定を行います。
2017年9月13日	一度の利用登録で，Fukuoka City Wi-Fi・Nishitetsu Bus Free Wi-Fi・Nishitetsu Train Free Wi-Fi がご利用いただけます！
2017年8月25日	「Fukuoka City Wi-Fi」×「Nishitetsu Train Free Wi-Fi」大宰府観光列車「旅人」でも無料Wi-Fiが使えます！
2017年6月23日	「Fukuoka City Wi-Fi」×「Nishitetsu Train Free Wi-Fi」それぞれのWi-Fiサービスを一度の利用登録で利用できます！
2017年4月6日	「Fukuoka City Wi-Fi」×「Nishitetsu Bus Free Wi-Fi」Fukuoka Airport Busで両Wi-Fiサービスが利用可能に！
2016年8月4日	「Fukuoka City Wi-Fi」×「Nishitetsu Bus Free Wi-Fi」それぞれのWi-Fiサービスを一度の利用登録で利用できます！
2016年8月4日	情報バナーを活用した広告モデル構築に向けた実証実験を実施します。
2016年（月日不明）	福岡マラソンに向けたWi-Fi環境整備・おもてなしを実施しました。
2016年6月23日	ライオンズクラブ国際大会に向けたWi-Fi環境整備・おもてなしを実施しました。
2016年4月14日	一度の利用登録で，Fukuoka City Wi-Fi も Onsen Oita Wi-Fi City もご利用いただけます！
2016年3月31日	SNSなどのアカウントで利用登録ができるようになりました！
2016年1月22日	地方創生に資する「地域情報化大賞2015」部門賞（地域活性化部門）を受賞
2016年1月4日	福岡市博物館でビーコンを活用したコンテンツ配信を実施しました。
2015年（月日不明）	福岡マラソンのマラソンフィニッシュ会場に Fukuoka City Wi-Fi の臨時スポットを設置しました。
2015年7月31日	新北市とのWi-Fiローミングサービス終了のお知らせ
2015年7月1日	Wi-Fi接続アプリでの新たな情報発信を開始！
2015年4月14日	Fukuoka City Wi-Fi ×自動販売機　ストリートでのサービス提供を開始！
2015年3月17日	Wi-Fi・デジタルサイネージ・ビーコンの連動による緊急情報発信デモンストレーション
2014年11月28日	情報バナー表示機能を新たに搭載！情報発信力を強化します！
2014年7月29日	面倒な手続きなしで，6か月間はフリーに利用可能！

出典：福岡市ホームページ「福岡市無料公衆無線LANサービス『Fukuoka City Wi-Fi』過去の新着情報」を基に筆者作成。

地域活性化のツールとしても有効だとして注目を集めており，観光と防災の両者の目的を達成する手段として整備が進んできている。しかしながら，熊本地震後の状況は，現在進んでいる「防災も目的でのシステム展開」について再検討および調整の必要性を示唆している。

　本章では，システムが提供する通信品質とそのカバーエリアに着目し，他の情報通信手段との役割分担について言及した。これに加えて，避難所での携帯端末利用マナーやセキュリティの問題，あるいはデマなどへの対応，端末への電源提供といった課題への対応も必須である。

　さらに，防災目的のシステム自体には平時の利用を期待できないため，value for money（VFM）の確保が難しい。「Wi-Fi のリバーシブル活用」というアイデアは，システムを観光目的に併用することで VFM の維持を目指すものであった[30]。他方，本章における分析では，防災目的のシステムは観光地以外にこそ展開すべきであるという示唆が得られている。リバーシブル活用のそれぞれの局面で，最適なサービスを構築・提供するためには，設置・運営費用を，防災時の受益者である地域住民を代表する自治体が負担することは経済理論として正当化できるが，公共財が地域にもたらす便益が現実の税収として回収できるとは限らない。そのため，財源に制約がある自治体がシステムの構築・維持費用をどのように確保するかは難問である。高い VFM が見込める観光目的の場合でも，民間事業者の資金ですべてを賄う LinkNYC のようなモデルを実現できるところはきわめて例外的であり，防災拠点を中心に配備したシステムであれば広告収入はさらに見込めない。そのため，自治体公衆無線 LAN を災害時のインフラとして整備するのであれば国費投入は必然である。その意味で，財政力指数が低いあるいは条件不利地域の地方公共団体や第三セクターを対象に整備費用の一部補助を行う「公衆無線 LAN 環境整備支援事業」は（運

30）　筆者も協力しつつ，総務省が行った調査によれば，福岡市無料公衆無線 LAN サービス（Fukuoka City Wi-Fi）の利用者の評価額を予備的に調査したところ，上位 5% のサンプルを除外した場合は，約 56 円であった。36.7 万人と公表されているアクティブユーザー数の規模を考えれば，年間約 2.47 億円となり，同じく公表されている施設設置・整備費用の水準（前者は約 2,000 万円，後者は年間約 1,000 万円）を凌駕し，公金支出の効果はきわめて高い。ただし，本調査の有効回答数は 120 であるため予備的な推計値にすぎないことに注意すべきである。肥田野（1999）は安定的な結果を得るためには有効サンプル数が 300〜400 票必要と指摘している。

営費用がカバーされていないという欠点はあるものの）目的達成にとっては不可欠である。

　いずれにせよ，2016年に発生した熊本地震は，SNSの利用が大きな効果を発揮したと評されている東日本大震災の時点から見て飛躍的にICT環境が進歩したなかで初めて発生した大規模災害である．当時3割以下であったスマホ普及率は6割を超え，Twitter利用者は5倍超に達し，現在6,800万人以上の利用者を抱えるLINEは東日本大震災当時には存在さえしていなかった．そのため，自然災害大国であるわが国において必要な情報通信インフラを構築するためには，本事象の分析に衆知を集める必要がある．他方，急速な少子高齢化に直面する自治体にとっては公金の効率的使用という点から，設置した公衆無線LANが適切な質・量を備えたサービスであることを継続的に確認し，必要があれば投資計画等の修正を行うことが求められる．しかしながら，現時点では，第4節で指摘したとおり，提供している公衆無線LANサービスの品質等を継続的に確認している自治体は皆無であり，設置されたシステムが所期の機能を果たすか否かは定かではない．ムーアの法則に代表されるICTの進歩を考慮した場合，ネットワークが備えるべき最低品質は年々上昇している．加えて，00000JAPANのような民間の取り組みがその規模やカバー範囲を充実するにつれ，公衆無線LANで防災・減災機能を提供すべきエリアについても不断の見直しが求められる．本章では，防災面について通信品質評価を実施したが，同様な試みは観光面についても必須であろう．防災面に関しては，具体的には，災害時に情報通信環境を提供した各事業者からの情報がいち早く公開され，将来の災害に備えた分析作業の加速に産学官が協働することが望まれる．少なくとも，将来の実態調査における調査項目や論点の整理は喫緊の課題である．2018年夏に西日本を中心に大きな被害をもたらした「平成30年7月豪雨」，および9月に北海道を襲った「平成30年北海道胆振東部地震」でも公衆無線LANシステムの災害対応が実施されていると伝えられており（表2.8），今後のシステム整備のためにも定量的な事後調査を急ぐ必要がある．一方，観光面については利用者アンケートや通信品質のモニタリング調査が必要である．

　観光目的の公衆無線LANについては利便性の観点から暗号化が講じられていないことが通常であり，災害時には認証手続きも不要となることから，利用

表2.8 「平成30年7月豪雨」における公衆無線LANの無料開放状況

00000JAPANによる公衆無線LANサービスの無料開放		
KDDI㈱ ㈱ワイヤ・アンド・ワイヤレス	7月7日午後4時発動	岡山県, 広島県, 愛媛県全域の「au Wi-Fi SPOT」設置エリア
ソフトバンク㈱	7月7日から随時発動	岡山県, 広島県, 愛媛県全域の「ソフトバンク Wi-Fi スポット」設置エリア
㈱NTTドコモ	7月7日午後4時半発動	岡山県, 広島県, 愛媛県全域の「docomo Wi-Fi」設置エリア
すでに提供しているSSIDによる公衆無線LANサービスの無料開放		
NTT西日本㈱	7月6日午後2時半発動	福岡県・長崎県・佐賀県・広島県・岡山県・鳥取県・兵庫県・高知県・岐阜県のDoSPOT全アクセスポイント
	6月18日発動*	大阪府・京都府内のDoSPOT全アクセスポイント
NTTブロードバンドプラットフォーム㈱	7月6日から随時発動	兵庫県：Hyogo_Free_Wi-Fi 福岡県： 　Fukuoka_City_Wi-Fi 　IBIGAWA_Free_Wi-Fi_Honmachi 　Kitakyushu-City_Free_Wi-Fi 岡山県： 　Kurashiki_Free_Wi-F 　Takahashi_Free_Wi-Fi 　MinamiWard_Free_Wi-Fi 　Okayama_Free_Wi-Fi

注：*大阪府北部地震直後より稼働。
出典：無線LANビジネス推進連絡会ホームページ（https://www.wlan-business.org/archives/15561）を基に筆者作成。

によりセキュリティのリスクに直面することも懸念されている。本問題については，APPLICのタスクフォースにおいても検討は進められてきてはいるが，技術面での対応には限界があることから，現時点では利用者の自助努力に多くを期待するしかない。実際，2018年夏に西日本を中心に大きな被害をもたらした「平成30年7月豪雨」の際，内閣サイバーセキュリティセンターは，無料Wi-Fiを利用する際のVPN推奨や，個人情報等の入力抑制等の注意喚起メッセージを公式Twitter上に掲載している。さらに，総務省も「00000JAPAN等により無料開放された無線LANの利用について（注意喚起）」を発出し，開放されている公衆無線LANには暗号化等が講じられていないため，セキュ

リティ面の注意をするよう求めている。

　本章における分析や問題提起が，防災時における公衆無線LANの活用のさらなる高度化に資するのであれば望外の幸せである。

◆参考文献

Dingwall, C. (2006), "Municipal broadband: Challenges and perspectives", *Federal Communications Law Journal*, 59 (1), pp.67-103.

肥田野登 (1999),『環境と行政の経済評価 CVM〈仮想市場法マニュアル〉』勁草書房．

実積寿也 (2018),「自治体公衆無線LANの防災利用に関する考察」『公益事業研究』69 (2/3), pp.39-48.

情報通信総合研究所 (2017),「熊本地震における被災地のWi-Fi利用状況等に係る調査研究 調査研究報告書」, http://www.soumu.go.jp/main_content/000486304.pdf

経済産業省 (2016),「平成二十八年熊本地震における設備被害と停電復旧対応について」, http://www.meti.go.jp/committee/sankoushin/hoan/denryoku_anzen/pdf/013_04_00.pdf

熊本市 (2018),「平成28年度熊本地震　熊本市震災記録誌〜復旧・復興に向けて〜発災から1年間の記録」, http://www.city.kumamoto.jp/hpkiji/pub/detail.aspx?c_id=5&type=top&id=18725

Lehr, W., M. Sirbu, and S. Gillett (2006), "Wireless is changing the policy calculus for municipal broadband," *Government Information Quarterly*, 23 (3-4), pp.435-453.

Mandviwalla, M., A. Jain, J. Fesenmaier, J. Smith, P. Weinberg, and G. Meyers (2008), "Municipal broadband wireless networks", *Communication of the ACM*, 51 (2), pp.72-80.

三菱総合研究所 (2017),「熊本地震におけるICT利活用状況に関する調査報告書」, http://www.soumu.go.jp/main_content/000478777.pdf

三浦大典 (2017),「平成28年熊本地震におけるWi-Fi利用の現状」『InfoCom REVIEW』68, pp.56-67.

無線LANビジネス推進連絡会 (2016),「熊本地震における公衆無線LANの無料開放について（報告書）」, http://www.wlan-business.org/wp/wp-content/uploads/2016/09/67dd0e3629b5df36969a4e6c51bd2565.pdf

総務省 (2012),「情報通信白書 平成24年版」, http://www.soumu.go.jp/johotsusintokei/whitepaper/h24.html

全国地域情報化推進協会 (2016),「自治体業務におけるWi-Fi利活用ガイドブック（Ver1.1）」http://www.applic.or.jp/infra/2015/2015_wifigb_ver1.1.zip

全国地域情報化推進協会 (2018),「平成29年度Wi-Fi等地域ICT環境整備タスクフォース（第3回）」,「平成29年度Wi-Fi利活用の実態に関するアンケート調査」．

第3章
メディア情報と震災後の行動
―― 東日本大震災を例として

三友　仁志

1. はじめに

　本章では，情報を受容する人びとの主観的評価に基づいて，情報がメディアを通じて人びとにどのようなインパクトを与え，災害後の行動に結びつくかを解明する。2011年3月11日に発生した東日本大震災では，被害や影響が広域にわたったため，とりわけ情報の役割が大きくクローズアップされた。マスメディアでは，テレビの地デジ化がほぼ完了し，アナログ地上波テレビ放送が間もなく停波を迎えるタイミングであった。多くの家庭では地デジ対応の高品位テレビが購入され，地上波デジタル放送による高い品質の映像を視聴することが可能になっていた。よって，地震の直撃を受け停電となった地域以外では，発災直後の生々しい被害の様子が高精細の映像によって家庭に配信された。津波が街や田畑を襲い，川を遡るシーンがライブでも放送された。さらに，震災の被害の様子は世界中に配信され，人びとに強いインパクトを与えた。映像は，実際に経験したと同じほどの，あるいはそれ以上のインパクトを見る者に与えることがありうる[1]。ショッキングな映像が繰り返し世界中で放映されたこと

---

[1] 筆者は，東日本大震災の当日，シンポジウム参加のため沖縄に向かっていた。そのため，揺れの衝撃には遭わなかったものの，到着後に見た映像に強い衝撃を感じ，またそのような状況の中で何もすることができないもどかしさを痛感した。このことから，実際に被災することと同様のインパクトを被災していない人びとにも映像が与えるのではないかとの仮説に至り，それを検証することから一連の研究が始まった。

が，のちに震災復興活動への参加を動機付けるなど，その後の行動に大きな影響を与えることになったと考えられる。メディア情報の持つインパクトを実際の被災体験との対比から検証することが，本章の目的である[2]。

当時，携帯電話は普及していたが，スマートフォンの普及率は低く，パーソナル・コミュニケーションは，携帯電話による通話が中心であった。震災の直後から通信の制限によって被災地のみならず全国的に電話がかからない状況が続き，安否の確認などに大きな支障が生じた。固定電話も同様に，通信制限がかかり，つながりにくい状況が生じた。そのことが，後にインターネットベースの通信アプリである LINE が開発されるきっかけになったとされる（中央日報日本語版，2012 年 3 月 16 日）。

当時は，いわゆるワンセグ放送対応の携帯電話端末が相当数出回っており，モバイル環境においても，地上波テレビ放送の視聴が可能である人が多く存在した。また，若者を中心に，Twitter や Facebook などのソーシャルメディアを通じて情報を得た人も相当数存在した。これらの情報が発災直後の緊急事態において機能し，首都圏ではパニックの発生を防いだとされる（NHK 2014）。情報へのアクセシビリティが相応に確保されていたことが，その後の災害時におけるレジリエンスの確保のあり方に大きな影響を与えたことは確かである。

2. メディア情報が与えた被災地外へのインパクト

2.1 リアルとバーチャルリアリティ

東日本大震災で，津波が地上のあらゆるものを飲み込んでいく映像は，それを経験しない人びとに強い衝撃を与えた。映像は，ときに現実以上のインパクトを人びとに与え，その衝撃が人びとを動かすことがある。人間には，現実に経験しないことでも，empathy（「感情移入」あるいは「自己移入」）や compassion（「共感」あるいは「同情」）によって現実と同等あるいはそれ以上の感覚を得ることができるといわれる（三友 2014）。Shapiro and Rucker（2004）は，医学の世界において，医学生が実際に患者を診るよりも，患者に

---

[2] 研究の一部は，日本民間放送連盟・研究所における客員研究員の成果として公表されている（三友 2014，三友・チェン 2016，三友・大塚 2018）。

関する映像を見ることによって治療に向けた感情をより強く動かされることを観察を通じて指摘し，これをドンキホーテ効果（The Don Quixote Effect）と呼んだ。

　われわれが直接見るものはまさにリアルであり，視覚，聴覚，嗅覚などあらゆる感覚を通じて圧倒的な情報量を瞬時に受け取っている。そして，受け取った情報に基づいてさまざまな判断や行動がとられる。リアルな環境においては，一般に，情報源はきわめて局所的である。情報は五感の届く範囲において展開される状況から形成される。実体験はそれ自体がリアルであるので，メディアや情報通信においても迫真性を追求すると，いかにリアルな情報提供に近づくかという点に関心が集中する。ハイビジョンやさらには8Kスーパーハイビジョンによる映像の提供は，まさに，よりリアルに近い映像や音を提供するために高精細化を目指すものといえる。

　他方，バーチャルリアリティ（Virtual reality,「仮想現実」「疑似現実」）のvirtualとは本来,「実質的な」あるいは「事実上の」といった意味であり，実体・事実そのものではないが，ものごとの本質を表すものといえる。メディアが提供する映像は，それがニュースやドキュメンタリーであっても，リアルではなく，スクリーンを通じたリアリティであるといえる。その意味において，映像が提供するものは，バーチャルである。映像はより高精細になることによってリアリティを増す。さらに，コミュニケーションは，よりリアルタイムに，よりインタラクティブになることにより効率を増し，さらに1対1のコミュニケーションばかりでなく，複数の参加者が相互に交流する場を形成することによって，コミュニケーションの本質である共有の場を形成することもできる。

　ユヴァル・ノア・ハラリ（2016）は，疑似的な現実を受け入れることが，ホモ・サピエンスの発展の歴史において，支配を広げるための能力としてきわめて重要であったことを指摘し，「想像上の現実は嘘とは違い，誰もがその存在を信じているもので，その共有信念が存続する限り，その想像上の現実は社会の中で力を振るい続ける」（同書p.49）と述べている。すなわち，疑似的な現実をあたかも真実として受け入れることは，ヒトに基本的に備わった能力であり，想像上の現実によって求心性を見出すことは，社会生活を維持するうえで不可欠なのである。

かつては，Putnam（2000）のように，テレビの視聴がいわゆる社会関係資本に負の影響を及ぼすとの指摘もあったが，メディアや通信が提供する情報は，生活や社会において，ますます重要性を増している。その後の研究では，インターネット利用者は，ボランティアグループや市民活動において，非利用者より活発となる傾向を持ち（Rainie et al. 2011; 2012），ネット上の市民活動は，オフラインの市民参加を促す（Shah et al. 2005; Miyata and Kobayashi 2008）ことも示唆されている。

　メディアや情報通信が提供する情報の効果は，それらから人びとがいかに影響を受けるかということに等しい。仮想現実では人間の思考や行動が抽象化され，合理化されて特定の情報を伝える工夫がなされている。他方，現実（リアル）には，必ずしも合理的とはいえない人間の本質がさまざまな影響を与えている。現実では，人間行動の合理性のみならず非合理性が社会を動かす要因となっている。

　映像は制作者の意図やロジックに沿って作成あるいは構成されており，厳密には現実そのものではない。そのような映像がときには視聴者を現実以上に動かすこともありうるのである。そうした映像は，より本質的であり，複雑な要因が捨象され単純化されることによって，より大局的な観点から事実を容易に把握でき，より理解を深めることができる。多くの要因を考慮せずにものごとの本質を理解できる点において「合理的」といえる。

　三友（2014）によれば，われわれは，合理性から次のような多くの恩恵を受けている[3]。すなわち，

(1) 冗長性の少ない情報を提供できる；
(2) ものごとのエッセンスを的確に再現して伝達できる；
(3) 得られた情報に基づき，より効率的，効果的な対策をとることができる；
(4) 現実に経験することによる心理的なショックを受けることがない；
(5) 客観的に理解し，現実に経験するよりもむしろ強く次の行動が動機付けられる。

　それにより，次のような効果がもたらされる：

---

3) 三友（2014）では，映像の合理性が持つ効果を，有理数の合理性を主張した哲学者ピタゴラスに喩え，『ピタゴラス効果』と呼んだ。

(1) 非合理的な要素を多分に含む現実の世界が，合理的なバーチャルの世界によって実現される；
(2) バーチャルの合理的な世界に満足する；
(3) バーチャルの世界を経験することによって，リアルの世界を経験しなくてもすむ。

他方，負の効果としては，
(1) 冗長な情報は削除される；
(2) 映像を見て状況がすべてわかったような気になってしまう；
(3) バーチャルな世界で得られた現実感を現実に置き換えてしまう；
(4) バーチャルの世界の判断で，現実を語る傾向が現れる；
(5) 現実を見ずして現実への対策をとろうとする；

などを指摘することができる。

2.2 距離の影響

現実では，本来，視覚，聴覚，嗅覚などすべての感覚によってものごとが認知され，脳によって解釈されるが，実際にはきわめて多くの非合理性，非整合性を含んでいる。他方，デジタルによる情報処理によって，バーチャルリアリティでは，合理的，整合的な「現実」を形づくることができる。

現実性あるいは現実としての実体験は現場からの距離が離れるにつれ弱まり，逆に仮想現実性は距離に依存しない，あるいは遠隔であるほど高まる可能性すらある。図3.1には，現実性および仮想現実性が災害の中心からの距離に応じて，どのように影響を与えるかについて，概念的に表した図が示されている。曲線の形状は仮定のものであるが，現実性は距離に反比例して減少する傾向が想定される。他方，仮想現実性は中心に近い地域外において強い影響力を持つと想定される。仮想現実性が高まれば映像はより合理性を増し，人びとに強く訴えるようになることにより，その後に迅速な支援やボランティア活動などにつながると考えることができる。映像は，状況の深刻さを的確に伝えるので，人びとを行動に駆り立て，何をすべきかを考えるきっかけを与える。その意味において，現場からある程度の距離を置いた地域においては，メディア情報の貢献は単に情報の提供にとどまらず，人びとの行動に影響を与える点で，重要性は

図3.1 距離と現実性・仮想現実性との関係の概念図

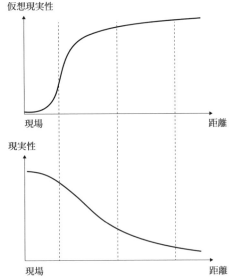

きわめて高いといえよう。他方，現場で必要とされる情報は，それぞれの個人の意思決定や行動に役立つ情報であり，一元的に提供される情報よりもむしろ，パーソナライズあるいはローカライズされた情報が必要となる。Twitterなどのソーシャルメディアが震災後の混乱期に特に有益であったといわれている理由の一つであろう。

メディア情報は合理的な情報であるものの，複雑な要因が捨象されていることから，現場の真の状況をとらえきれないおそれもある。震災において，特定の避難所の物資不足が報道された結果，大量の物資が届けられ，結局処分せざるをえなくなったことなどは，その典型といえる。また，合理的な情報に基づく判断は，ときに理想主義に陥り，現場のニーズよりもむしろ「こうあるべき」という規範が先行してしまうことがある。

3. 被災後におけるメディア情報と人びとの行動

3.1 課題設定

現実の経験およびメディアから得られる震災に関する情報が，その後の典型的な行動にどのような影響を与えるか。同様に，リアルおよびバーチャルのコミュニケーションが行動のモチベーションを高めるか，この2つの疑問を解明するために，人びとの行動仮説を立て，因果モデルを構築し，データを収集したうえで分析を試みる。

さらに，十分なデータ数の確保を前提に，同一のモデルを用いて，
(1) 震源からの距離に応じて，現実の被災およびメディア情報がその後の行動に与える影響；
(2) 接したメディアの差異による行動への影響；および
(3) 年代（年齢層）ごとの行動の差異；
の分析を行う。

3.2 行動仮説

分析の前提となる行動仮説は以下のとおりである。
1. 人びとは自分自身や親戚知人友人が現実の災害に直面する。これを「現実の被災」と名付ける。
2. 現実の災害に加えて，ニュース等のメディア情報を通じ，被害の状況を見ることを通じて実際に災害に遭ったのと同様の感覚を得る。すなわち，バーチャルな災害を体験する。これを「バーチャルな被災」と名付ける。実際に災害を経験するものではないが，映像による衝撃を受けることによって，行動を起こす要因となる。
3. 「現実の被災」および「バーチャルな被災」から影響を受けて，人びとは震災に対して自身の行動を決定する。ここでは，安否の確認や家族・知人などとの災害に関する情報交換を表す「情報収集行動」，食料・水の確保や避難行動などの「災害対策行動」，および募金やボランティアなどの「協力利他行動」の3種類の行動を想定する。

4. 上記のようなリアルおよびバーチャルな被災の体験に加えて，自身が属するリアルコミュニティやバーチャルコミュニティから自身の行動決定に影響を受ける。

上記の行動仮説に基づき，現実の被災とバーチャルな被災が，震災後の人びとの行動に与える影響を知るために，東日本大震災後の震源に近い東北3県（宮城，岩手，福島）を除いた全国都道府県を対象に，実際の被災経験とメディアを通じた情報獲得，および情報を共有する場としてのリアルコミュニティとバーチャルコミュニティが，その後の情報収集や災害対策および協力利他行動に直接的に影響を与えると仮定し，共分散構造分析を用いて分析した。ここでは，潜在変数[4]としての「現実の被災」と「バーチャルな被災」，および「リアルコミュニティ」と「バーチャルコミュニティ」を並列的に扱い，それぞれが中間的なメディエータを介することなく，「情報収集行動」，「災害対策行動」および「協力利他行動」に直接的に影響を及ぼすという簡単な因果関係を仮定している。これらの因果関係は，図3.2のパス・ダイアグラムのように表すことができる。

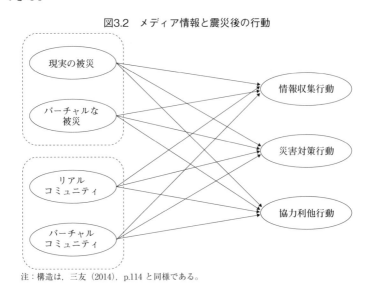

図3.2　メディア情報と震災後の行動

注：構造は，三友（2014），p.114と同様である。

---

[4] 直接観測することはできないが，観測可能な複数の代理指標を用いて構成された仮想的な変数。

3.3 潜在変数の構成とモデルの構造

これらの項目は直接観測可能ではないので，共分散構造分析における潜在変数とみなし，それぞれを観測可能な変数で構成する。その構成は下記のとおりである。

「現実の被災」
　・被災状況：自身が被災した
　・被災状況：家族が被災した
　・被災状況：親しい知人・友人が被災した
　・被災状況：会社・学校の同僚が被災した

「バーチャルな被災」
（メディアから東日本大震災の災害を見聞きして）
　・メディア情報のインパクト：衝撃を受けた
　・メディア情報のインパクト：思わず目（耳）を塞ぎたくなった
　・メディア情報のインパクト：心に傷を受けた
　・メディア情報のインパクト：自分が現地に居るような感覚になった

「リアルコミュニティ」
　・相談：家族
　・相談：親しい友人
　・相談：学校・職場の同僚

「バーチャルコミュニティ」
　・相談：ブログや自身のHPまたは掲示板
　・相談：FacebookやTwitterなどのソーシャルメディア

「情報収集行動」
　・震災後の行動：被災地の知り合いに安否の確認をした
　・震災後の行動：より多くの情報を収集した
　・震災後の行動：家族・知人と災害情報について情報交換をした
　・震災後の行動：インターネットのHPやブログ等に情報を載せた

「災害対策行動」
　・震災後の行動：万一に備えて食料・水等を確保した
　・震災後の行動：避難の準備をした

図3.3 モデルの全体構造

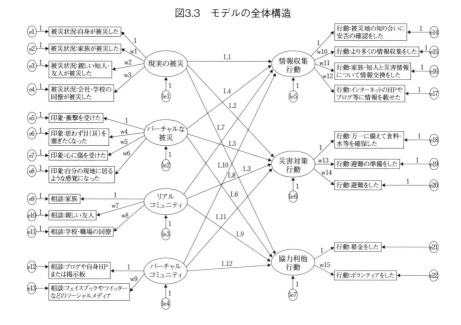

　・震災後の行動：避難をした

「協力利他行動」

　・震災後の行動：募金をした

　・震災後の行動：ボランティアをした

以上から，モデルの構造は図3.3のようになる。

3.4　データとその属性

2012年2月10日～12日の間，ウェブアンケート調査を実施し，調査会社を通じて被災3県（宮城，岩手，福島）を除く全国から2,066件のデータ（有効回答）が得られた。回答の地域分布，年齢分布および男女比はそれぞれ図3.4(1)～(3)に示したとおりである。

　なお，アンケート調査で用いた問いに対する回答の中で，本研究に関連して重要と思われる質問に対する回答の状況は，章末付録に掲載した。

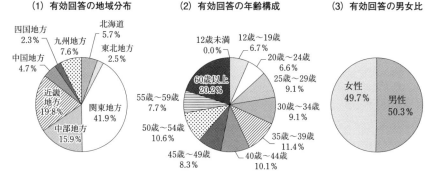

図3.4 データの地域分布，年齢構成および男女比（n = 2066）

4. 分析結果

4.1 基本モデル

共分散構造分析を用いた分析結果は，図3.5のとおりである．各パスに添えられたパス係数は関係の強さを表し，標準化済みであるので，相関係数と同様に，1から－1までの値をとり，強い正の相関（1），相関なし（0），および強い負の相関（－1）を表す．

分析結果から，(1) 現実の被災によって，災害対策行動やボランティアなどの協力利他行動が誘発される，(2) バーチャルな被災，すなわちマスメディアを通じた認知によって同様の協力利他行動が誘発される，(3) リアルコミュニティへの接触は情報収集活動に強い影響を与える，および(4)バーチャルコミュニティへの接触が協力利他行動に大きく影響を与えることが示された．当時，情報伝達共有手段としてソーシャルメディアの重要性がクローズアップされたが，被災3県以外では，震災復興期において，バーチャルコミュニティからの情報がボランティアや募金など協力利他行動に比較的大きな正の影響を有することがわかった．なお，この基本モデルの分析結果は，三友（2014）で述べているので，詳細はそちらを参照されたい．

図3.5 分析結果（全データ）

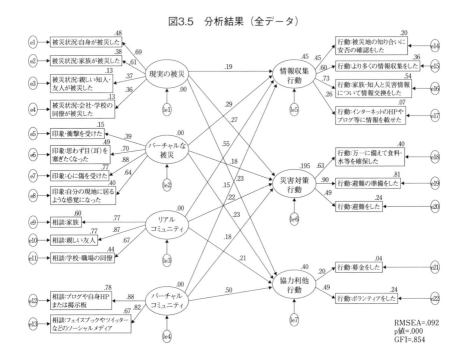

4.2 震源からの距離の影響

　被災3県を除いても，震源に近い地域では，実際に強い揺れを感じ，また沿岸部では津波の被害を受けた。したがって，現実の被災のインパクトは大きい。他方，遠方になるにつれ，実被害はなくなり，むしろ，映像によるインパクトが相対的に大きくなると予想される。両者の相対的な関係は，図3.1に示したとおりである。

　調査では，被災3県を除いた各都道府県からデータを収集しており，その地域別の有効回答数は表3.1に示すとおりである。前節のモデル構造において，距離が遠くなるにつれ，リアルとバーチャルの影響はどのように変化するか考察していく。

　距離の影響を検証するために，収集したデータを地域区分し，前節と同一のモデルを用いて，分析を試みた。分析に必要なサンプル数を確保し，また実質的に震災の影響の程度を考慮して，①北関東以北，②南関東（東京含む），お

4. 分析結果   63

表 3.1 地域別の有効回答数

北関東以外（被災件を除く）	239
東京都	328
南関東（東京を除く）	461
中部	299
近畿	299
中国四国以西	301
合計	2,066

よび③中部以西の3地域に区分した。実際に，北関東以北では，震災の直接的な被害を相当に強く受けている。東京を含む南関東においても影響は大きかったが，揺れそのものによる直接的な被害は限定的であった。中部以西では，揺れによる被害はほとんどなかったが，影響を受けた範囲は広範にわたる。なお，分析においては，3つの母集団間の各パスは等しいという等値制約をかけており，非標準化係数はすべて等しい。したがって，3地域の推定結果の統計量は等しくなっている。非標準化係数ではそれぞれの変数が異なった分散を持っているので，標準化に伴い，各パス係数は地域ごとに異なった値をとる。

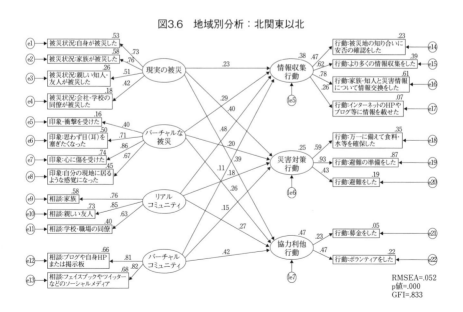

図3.6 地域別分析：北関東以北

RMSEA=.052
p値=.000
GFI=.833

第3章　メディア情報と震災後の行動

図3.7　南関東（東京含む）

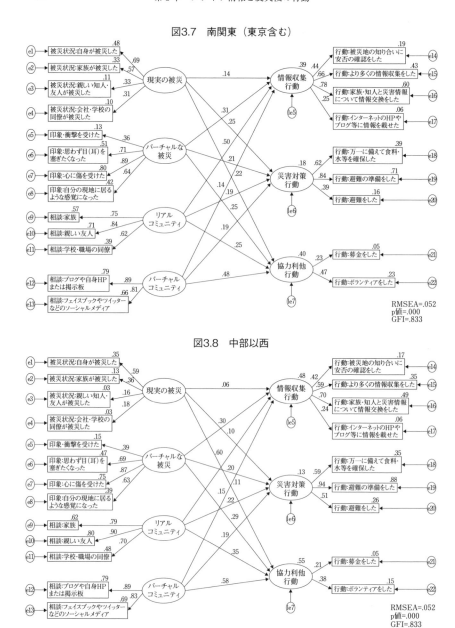

図3.8　中部以西

表 3.2 3つの行動に及ぼすインパクト（パス係数）

地域区分 \ 因果	現実の被災 →情報収集行動	現実の被災 →災害対策行動	現実の被災 →協力利他行動
北関東以北	0.23	0.40	0.39
南関東	0.14	0.25	0.22
中部以西	0.06	0.10	0.11
（参考）全体	0.19	0.27	0.23

地域区分 \ 因果	バーチャルな被災 →情報収集行動	バーチャルな被災 →災害対策行動	バーチャルな被災 →協力利他行動
北関東以北	0.29	0.20	0.26
南関東	0.31	0.21	0.25
中部以西	0.30	0.20	0.29
（参考）全体	0.29	0.18	0.23

分析の結果は，図3.6から図3.8に示すとおりである．また，「現実の被災」および「バーチャルな被災」が3つの行動に及ぼすインパクト（パス係数）は，表3.2にまとめられている．すべての係数は有意であった．

「現実の被災」が3つの行動に及ぼす影響は，表3.2の上段に示されるとおりである．まず，「情報収集活動」へのパス係数は 0.23 → 0.14 → 0.06，「災害対策行動」へのパス係数は 0.40 → 0.25 → 0.10，「協力利他行動」へのパス係数は 0.39 → 0.22 → 0.11 と，それぞれ距離が増すにつれ，小さくなっていくことが確認できる．震源から離れるほど実体験のインパクトは小さくなり，実体験が伴わなければ，行動を起こすインセンティブは低くなることを結果は示している．

「バーチャルな被災」が3つの行動に及ぼすインパクトは，「情報収集活動」へのパス係数は 0.29 → 0.31 → 0.30，「災害対策行動」へのパス係数は 0.20 → 0.21 → 0.20，「協力利他行動」へのパス係数は 0.26 → 0.25 → 0.29 と，「協力利他行動」に対する効果が中部以西において若干高まるほかは，地域に関係なくほぼ一定である．データセットに限界がある点からは，求められた係数の大小を比べることには慎重であるべきだが，多重比較を前提とした同一モデルによる分析の枠組みを用いて，その貢献度の大きさを比較することは有用な情報を提供する．調査は震源に近い東北3県を除いており，一部を除き調査対象地域ではメディア情報に触れる機会はほぼ等しくあったものと思われる．その

ため,「バーチャルな被災」が各行動に与える影響は距離に依存することなく,ほぼ一定であったと考えられる.

他方,「リアルコミュニティ」と「バーチャルコミュニティ」が行動に及ぼす影響は,総体的にあまり距離に影響されない.その中で,顕著な現象として,「バーチャルコミュニティ」が「協力利他行動」に与える影響が,距離に比例して 0.42 → 0.48 → 0.58 と,遠隔地ほど増大している.距離が離れるほどSNSなどのバーチャルなコミュニティの影響を受け,ボランティア等の活動に参加する動機づけとなることが示唆される.

以上から,「現実の被災」から受ける行動を起こすためのモチベーションは,距離に応じて減衰することが確認された.「バーチャルな被災」のインパクトは,中心被災地を除き基本的に距離に依存することなく,ほぼ一定の水準を維持しているといえる.現実の体験に比べ,メディア情報が与えるインパクトは地域あるいは距離によらないことが示された.

4.3 メディア別のインパクト

調査では,震災時の情報源としてどのメディアが有用であったかを尋ねている.ラジオ,テレビ,インターネット,新聞等を対象に,有用であった順に1位から3位までを尋ねた.集計結果は表 3.3 に示されている.テレビが最も有用であったと回答した人数が圧倒的に多く,有効回答の 76.7% を占めている.「インターネットのHPやブログ」,「インターネットの動画」,「Twitter,ソーシャルメディア」を最も有用と回答した割合は,それぞれ 7.5%,2.2% および 2.6% と低く,これらの数値に比べて,2番目に有用と回答した割合は 17.9%,5.4% および 3.8% と高いことから,震災時にインターネットは二次的な役割を果たしたと考えられる.

テレビが情報源として圧倒的に優位であったため,メディアごとの特徴を捉えることは困難となった.表 3.4 は,インターネットとテレビの利用の有無の関係を全回答者について集計したものである.テレビを主たる情報源として利用したがインターネットは利用していない回答者は 944 名と全体の半数近くに上る一方で,インターネットを利用したがテレビは利用しなかったと答えた回答者は 78 名にすぎず,後者は統計的に用いるためには不十分であった.

表3.3 震災時の情報源として有用であったメディア

有用であったメディア	1位		2位		3位	
	サンプル数	%	サンプル数	%	サンプル数	%
全体	2,047	100.0	2,047	100.0	2,047	100.0
ラジオ	128	6.3	125	6.1	72	3.5
テレビ（地上波，衛星）	1,571	76.7	237	11.6	70	3.4
地元ケーブルテレビ	8	0.4	13	0.6	4	0.2
インターネットのHP，ブログ	154	7.5	366	17.9	217	10.6
インターネットの動画	46	2.2	111	5.4	131	6.4
Twitter，ソーシャルメディア	53	2.6	78	3.8	55	2.7
電話	11	0.5	38	1.9	38	1.9
メール	11	0.5	31	1.5	63	3.1
対面での会話	7	0.3	19	0.9	48	2.3
新聞・雑誌	38	1.9	423	20.7	210	10.3
海外の報道機関（新聞・雑誌，テレビ・ラジオ，およびそれらのHP等）	11	0.5	7	0.3	20	1.0
その他	9	0.4	4	0.2	0	0.0
無回答	0	0.0	595	29.1	1,119	54.7

そのため，テレビを主たる情報源とする回答者のうち，インターネットも利用した回答者とインターネットを利用しなかったと答えた回答者とを比較するにとどまった。3.2節と同様のモデルを用い，共分散構造分析を両データセットに適用して分析したところ，結果に大きな差異は見られなかった。それぞれのパス係数に関して，一対比較による検定を行ったところ，有意水準5％以下で有意な差を持つパス係数の存在を確認できた。表3.5には，その一覧が示されている。オンラインによって本調査が行われたために，全サンプルがネットユーザーであるため，推定値には大きな差がないが，6項目には統計的には有意な差が見られた。実際に各回答者がどのようにテレビとネットを利用したかは調査からは明らかではないため，これらの差を生じた原因を特定することは

表3.4 インターネットとテレビの利用の有無

		ネット利用		合計
		しない	した	
テレビ利用	しない	71	78	149
	した	944	973	1,917
合計		1,015	1,051	2,066

表 3.5　テレビとテレビ&インターネット間の一対比較

元の因子	結果の因子	テレビ	大小関係	テレビ&インターネット
バーチャルな被災	災害対策行動	0.16	>	0.15
	協力利他行動	0.15	>	0.12
リアルコミュニティ	情報収集行動	0.54	<	0.57
	災害対策行動	0.27	>	0.25
バーチャルコミュニティ	情報収集行動	0.15	<	0.17
	災害対策行動	0.43	<	0.45

注：有意水準5%以下のパス係数のみを列挙した。

実際には困難である。例えば，テレビ視聴では高精細な映像に接する機会がより多いために，「バーチャルな被災」すなわちメディアを通じて被災情報に接することによって行動により直結するといった解釈が可能であろう。

同様に，テレビとラジオとの間の一対比較では，「現実の被災」から「災害対策行動」のパス係数がテレビ（0.24）に対してラジオ（0.35）が大きく，実際に災害を経験したラジオ利用者が行動に出る傾向が強いことが示唆される。同様の傾向は，テレビ&ネット利用者とラジオ利用者との比較においても確認された。

5.　被災者年代別のインパクト

最後に，実体験とメディア情報とが，震災後の行動にどのような影響を与えるかを年代別に分析した結果を見てみよう。近年，若い世代ほどバーチャルリアリティへの親和性は高いと考えられるが，しかしメディア情報のインパクトが世代に応じて，その後の情報収集，災害対策および協力利他行動などにどのように影響を与えるかを確認するため，データを10歳代〜60歳代に分けて分析を行った。年代別に分けた場合，分析に必要なデータ数が十分に確保できない問題が生じるため，モデルを，
　（A）「現実の被災」と「バーチャルな被災」が3つの行動に与える影響
　（B）「リアルコミュニティ」と「バーチャルコミュニティ」が3つの行動に与える影響

に二分し，分析を行った。モデル（A）については，モデルの適合性条件を満たす結果が得られた。その構造は図3.9に示すとおりであり，年代別のパス係

5. 被災者年代別のインパクト   69

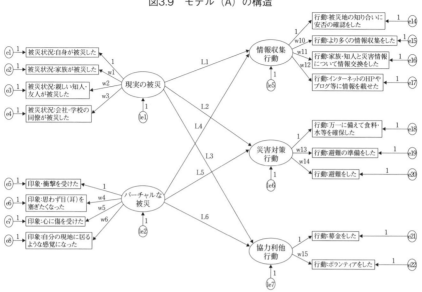

図3.9 モデル（A）の構造

表3.6（1） 年代別パス係数の推移

パス		10歳代	20歳代	30歳代	40歳代	50歳代	60歳代	全データ
現実の被災	情報収集行動	0.44	0.39	0.42	0.32	0.34	0.23	0.36
	災害対策行動	0.45	0.37	0.37	0.33	0.36	0.24	0.36
	協力利他行動	0.34	0.4	0.52	0.37	0.48	0.26	0.42
バーチャルな被災	情報収集行動	0.39	0.44	0.47	0.39	0.43	0.39	0.42
	災害対策行動	0.24	0.26	0.26	0.25	0.29	0.25	0.26
	協力利他行動	0.28	0.43	0.54	0.42	0.58	0.41	0.46

表3.6（2） 年代別パス係数比の推移

パス		10歳代	20歳代	30歳代	40歳代	50歳代	60歳代	全データ
バーチャルな被災／現実の被災	情報収集行動	0.89	1.13	1.12	1.22	1.26	1.70	1.17
	災害対策行動	0.53	0.70	0.70	0.76	0.81	1.04	0.72
	協力利他行動	0.82	1.08	1.04	1.14	1.21	1.58	1.10

数の推移は，表3.6（1）のとおりである。「現実の被災」が各行動に及ぼす影響については，年代が高まるにつれ低くなる傾向が見られるが，それを明確な傾向としてとらえることはできなかった。ただし，60歳代は他の年代に比べて行動に与える影響はかなり低いことがわかった。他方，「バーチャルな被災」

は全年齢層を通じて，ほぼ同様の影響を持つことがわかった。

現実の被災と映像によるバーチャルな被災感とが行動に与える相対的な影響を確認するため，各行動へのパス係数の比を求めた結果が表 3.6（2）に示されている。年代が上がるにつれ，それぞれの行動において，値が上昇する傾向が見られる。このことから，高年齢層になるにつれ，現実の被災に比べ，映像のインパクトが相対的に高まることが示唆される。すなわち，本分析の結果では，「バーチャルな被災」に関連するパス係数にはほとんど変動が見られなかったので，「現実の被災」によって生起される行動が年齢に伴い減少することの影響が，より明確に示されたといえる。

モデル（B）については，モデルの適合性が悪く，有意な結果は得られなかった。ただし，リアルコミュニティに対するバーチャルコミュニティの相対的な影響が，逆に若い世代ほど高い傾向が見られた。若い世代のネット依存が，こうした結果の背景となっていると想像できる。

6. おわりに

東日本大震災の被害状況は，人びとの心に今も強く残っている。その最大の要因は，被害の甚大さもさることながら，津波が襲うシーンやその後の被害状況を高精細な映像によって広く伝えたことにあると考えられる。メディア映像は，ときに実際の体験以上に人びとを動機付け，次の行動を起こす強いきっかけとなる。本分析は，そのような仮説に基づき，メディア情報が，被災後の人びとの行動にどのように影響を与えたかを，東日本大震災後に行ったアンケート調査によって収集されたデータに基づき，共分散構造分析を用いて分析した。

東日本大震災では，被害が甚大であった地域では停電が発生し，テレビにアクセスできなかったため，情報源としてのソーシャルメディアや伝統的なラジオの有用性が強調された。しかし，その後もテレビは最も信頼できる情報源であり続け，また日本国内に限らず，世界の人びとにその惨状を伝えることに役立った。そうしたメディア情報の提供が，世界から多くの支援を受けることができた大きな要因となっていることは確かであろう。本章の分析は国内に調査を限定しているが，メディア情報が持つそのようなモチベーション効果は注目

に値する。

　震源から遠ざかるにつれ，実体験としての震災は影響力を弱めるが，メディア情報による被災状況の共有は，距離に関係なく人びとの行動に影響を与えることが確認された。メディア情報は，物理的距離にかかわらず，人びとに等しくインパクトを与える。遠方になるにつれ実体験としての震災経験は低くなっていくので，相対的にメディア情報のインパクトは強まる。

　テレビは震災の直接的な被害が少なかった，あるいはなかった地域において，情報源として圧倒的に支持されていたため，ネット利用者のみを抽出して分析することはできなかったが，情報の収集時にネットも同時に利用したケースとテレビのみを情報源として利用したケースとを比較することができた。しかし，ネット利用の特徴的な効果を示すことはできなかった。また，実際の被災体験およびメディア情報によるバーチャルな被災が行動に及ぼす影響を，年代別に集計したデータに基づき分析を試みた。年齢層が上がるにつれ，メディア情報によるバーチャルな被災が，実体験に比べ相対的に大きな効果を持つことが示唆された。

　本研究は，三友（2014）で初めて行った震災体験とメディア情報のインパクトに関する調査データを用いて行った分析に基づいている。以降，メディア情報の役割および効果に関して想定される仮説に基づき，社会科学的な視点から分析研究を行っており，本研究はその嚆矢と位置付けることができる。一連の研究を通じて，メディアの社会的役割を再考するきっかけとなれば幸甚である。

◆参考文献

三友仁志（2014），「テレビとインターネットメディアの相乗的効果—震災復興を中心に—」日本民間放送連盟・研究所編『スマート化する放送　ICTの革新と放送の変容』三省堂．

三友仁志，ジョン・ウィリアム・チェン（2016），「群衆のなかの行動とメディア情報の役割—東日本大震災後の帰宅困難者はなぜパニックに陥らなかったか—」日本民間放送連盟・研究所編『ソーシャル化と放送メディア』学文社．

三友仁志・大塚時雄（2018），「放送の価値へのアプローチ：アンケート調査に基づくローカル放送の経済的評価」日本民間放送連盟・研究所編『ネット配信の進展と放送メディア』学文社．

ユヴァル・ノア・ハラリ（2016），『サピエンス全史（上）　文明の構造と人類の幸福』（柴田裕之訳），河出書房新社．

NHK（2014），「"首都パニック"を回避せよ」NHK スペシャル　震災 BIG DATA（ビッグデータ）File 3.

中央日報日本語版（2012），「「日本大地震で家族を探す被災者を見て開発」…急成長する"ネイバーライン"＝韓国」，2012 年 3 月 16 日，https://japanese.joins.com/article/j_article.php?aid=149227 （2018 年 12 月 28 日確認）．

Miyata, Kakuko and Tetsuro Kobayashi（2008），"Causal relationship between Internet use and social capital in Japan", *Asian Journal of Social Psychology*, 11, pp.42-52.

Putnam, R. D.（2000），*Bowling Alone: The Collapse and Revival of American Community*, New York: Simon & Schuster.（柴内康文訳『孤独なボウリング―米国コミュニティの崩壊と再生』柏書房，2006 年）．

Rainie, Lee, Kristen Purcell, and Aaron Smith（2011），"The social side of the internet", Pew Research Center's Internet & American Life Project, http://www.pewinternet.org/2011/01/18/the-social-side-of-the-internet/ accessed on 28 Dec, 2018.

Rainie, Lee, Aaron Smith, Kay Lehman Schlozman, Henry Brady, and Sidney Verba（2012），"Social Media and Political Engagement", Pew Research Center's Internet & American Life Project, http://www.pewinternet.org/2012/10/19/social-media-and-political-engagement/accessed on 31 Mar 2013.

Shah, D. V., J. Cho, W. P. Eveland Jr., and N. Kwak（2005），"Information and Expression in a Digital Age: Modeling Internet Effects on Civic Participation", *Communication Research*, 32（5），pp.531-565.

Shapiro, J. and L. Rucker（2004），"The Don Quixote Effect: Why Going to the Movies Can Help Develop Empathy and Altruism in Medical Students and Residents", *Families, Systems, & Health*, Vol. 22（4），pp.445-452.

付　録

[Q1] あなたは東日本大震災の被災情報を，最初に，どのメディアで知りましたか。（単一回答）

		N	%
1	ラジオ	194	9.4
2	テレビ（地上波，衛星）	1,467	71.0
3	地元ケーブルテレビ	8	0.4
4	インターネットの HP，ブログ	137	6.6
5	インターネットの動画	28	1.4
6	Twitter，ソーシャルメディア	28	1.4
7	電話	35	1.7
8	メール	29	1.4
9	対面での会話	77	3.7
10	新聞・雑誌	19	0.9
11	海外の報道機関（新聞・雑誌，テレビ・ラジオ，およびそれらの HP 等）	6	0.3
12	その他（具体的に）【　　　】	38	1.8
	全体	2,066	100.0

[Q2] あなたは東日本大震災の情報を，その後，どのようなメディアで収集しましたか。(いくつでも)

(n=2066)

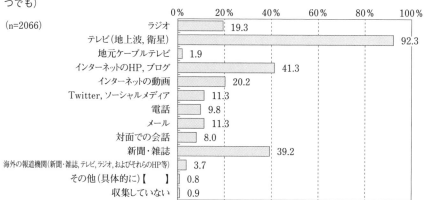

[Q6] メディアによって東日本大震災の災害を見聞きした際にどのようにお感じになりましたか。(それぞれ1つ)【その他以外必須入力】

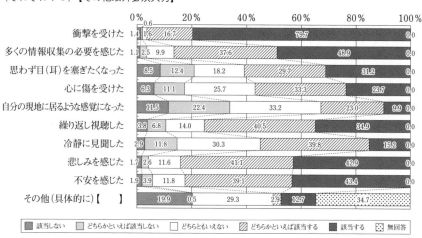

[Q7] メディアで東日本大震災の情報を見聞きした後にあなたがとった行動として該当するものを回答してください。（それぞれ1つ）【その他以外必須入力】

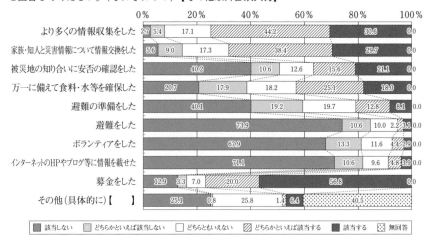

[Q9] あなたの家族や親しい友人・知人で震災後に実際に以下のような行動をとった方がいらっしゃいましたか。（それぞれ1つ）※一人でも該当者がいらっしゃったら，「該当する」をお選びください。【その他以外必須入力】

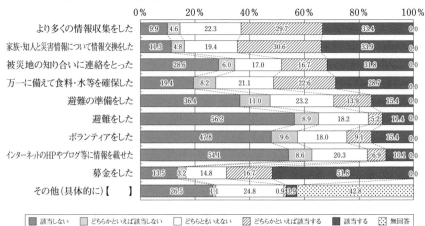

[Q12] 東日本大震災に関しての話題について，以下の相手・ツールにて相談しましたか。（それぞれ1つ）

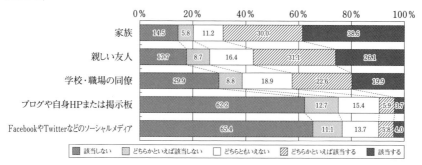

[Q14] 東日本大震災では，被災地の生の映像がテレビやインターネット上で閲覧可能な状況になりました。あなたは当時このような映像をどれくらい見ましたか。（それぞれ1つ）

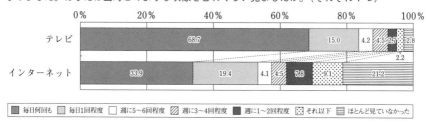

[Q19] あなたの東日本大震災における状況のうち，あてはまるものをすべて回答ください。（いくつでも）（※『被災』とは，地震・津波等により物的・身体的な被害を受けたことを示す。当日の帰宅困難な状況についてはここでは含みません。）

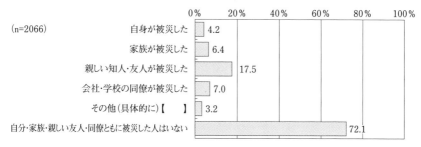

第4章
2016年熊本地震におけるマスメディアおよびインターネットメディアの利用と知覚されるイメージ

チェン・ジョン・ウィリアム

1. はじめに

　災害の際，何が起こっており，どのように対応すればよいのかを知るため，多くの人びとはメディア情報に頼る。ゆえに，災害管理や防災において，メディアは最も重要な要素の一つと考えられている。2011年の東日本大震災では，インフラの損害やネットワークの混雑により，主流メディア（例えばテレビや携帯電話）上の情報普及が著しく阻害された。このような経験を踏まえ，日本の政府当局，メディア機関およびテレコミュニケーションサービスプロバイダは，さまざまな形で災害情報を提供するため，ICTに大きな投資を行ってきた。例えば，2016年の熊本地震の際，人びとは地震のニュースや情報を従来のメディア（例えばテレビ）とインターネットメディア（例えばソーシャルメディア）双方から得ることができたのである。

　信頼できるメディアの存在が人びとの冷静かつ沈着な行動を促す一方，メディアからの情報の氾濫は混乱やパニックさえ生じさせかねない。戦争や犯罪と同様に，自然災害はメディアからきわめて多くの耳目を集める。第1に，特に危機の際，メディアは人びとに情報を提供する社会的責任を有している。第2に，ジャーナリズムにおいて「If it bleeds, it leads—血が流れればトップニュースになる」と古く評されるように，破壊的かつ劇的な出来事は常に世間の耳目を集める。もっとも，きわめて競争性の高い現代のメディア環境の中で

は，この耳目こそ，すべてのメディアが必死に求めているものともいえよう。それゆえ，災害発生時において，メディアは人びとへのニュースや情報の提供に最大限努めている。テレビやラジオといった従来のメディアが，今ではインターネット上でリアルタイムのニュース配信を行っているのも，その一例である。加えて，TwitterやFacebookなどのソーシャルメディアもまた，われこそが災害情報のためのメディアであると自負している（@misskaul 2016; Metz 2016）。災害時において人びとがさまざまなメディアから情報を得られることは有益である一方，膨大なソースからの情報の氾濫は混乱をももたらすかもしれない。以上を踏まえると，従来のマスメディアとインターネットメディアが統合されつつある今日のデジタル社会において，メディアは同質化あるいは異質化いずれの方向へ進みつつあるといえるのだろうか。

　この問いに対し，本章では2016年の熊本地震を事例とし，視聴者の観点から答えることを試みる。具体的には，メディア研究におけるメディアシステム依存と知覚されるイメージという概念に基づき，次の3点を考察する。第1に，人びとは災害時にどのようなメディアを利用するのか，第2に，さまざまなメディアによる災害報道を視聴者がどのように知覚するのか，第3に，知覚されるイメージは異なるメディア利用形態に関係しているのか，である。本章は以下のとおり構成される。次節では2016年熊本地震の際の多様なメディア状況を概観する。その後，第3節において理論的考察を行い，第4節では分析方法とデータを紹介する。続く第5節において分析結果を示し，最後にこれらの知見を要約して結論とする。

2. 2016年熊本地震

　2016年の熊本地震とは，熊本県益城町近郊で2016年の4月14日と16日に発生し，それぞれマグニチュード6.5と7.3の規模を記録した2つの大地震からなる。後に前震と本震と呼ばれるようになるが，いずれの地震も日本の気象庁震度階級において最高レベルの震度7に達した。

　その地震波は，熊本県および隣接する大分県と福岡県を含む多くの建物やインフラを破壊した。集計によれば，8,667軒の建物が全壊，34,643軒が半壊，

16,240軒が損傷であった。また，2018年2月14日現在，被災者の数は死者が258人，地震による直接・間接の重傷者の数は1,190人に上る（消防庁 2018）。

同地震は，災害情報の普及が著しく阻害された2011年の東日本大震災以降，現在に至るまでの間，日本で発生した最大級の自然災害であった。しかし，幸いにも今回はインフラの損傷が比較的軽微であり，政府とメディアの災害準備が整っていたのに加え，ICTの発達も伴い，ほとんどの被災者がさまざまなメディアから最新の災害情報を得ることができた（総務省 2016）。

例えば，図4.1が示すとおり，熊本地震では，テレビ，ラジオ，パソコンやスマートフォン等，さまざまなメディア端末からアクセス可能なマスメディア（テレビやラジオ等）とインターネットメディア（ソーシャルメディアや動画サイト等）双方を通じて震災関連情報が得られた。一例として，テレビのアナウンサーがインターネット上で震災関連ニュースを伝え，電源供給源を持たない人々や避難中の人々であっても，スマートフォンやパソコンによりテレビ報道をリアルタイムで受信できた。さらには，マスメディア発の情報がソーシャルメディアでシェアされ，一方，ソーシャルメディア発の情報をマスメディアが取り上げるという状況も生じたのである。

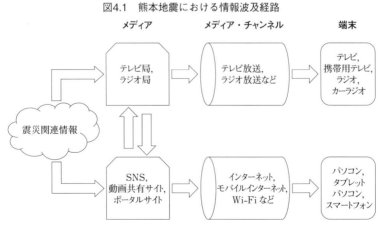

図4.1　熊本地震における情報波及経路

出典：筆者。

2.1 従来型マスメディア

　従来，日本国民の主要な情報源は NHK（公共放送機関）である。災害時において，NHK は公的情報源としての役割も担う（村上 2016）。公共放送機関として，NHK は国民に対し多岐にわたるサービスを提供するためのリソースを有する。実際，NHK は，2016 年 4 月 14 日の前震直後から緊急放送体制に切り替え，同月 18 日まで 24 時間のライブニュース中継を継続した。さらに，地上波に加え，インターネット上での同時放送も NHK は行ったのである。これは，テレビニュースが長時間にわたり地上波とインターネットで同時中継された初めてのケースであった（総務省 2016, 2017）。

　NHK に加え，熊本県内の主要民放テレビ 4 局である熊本放送，熊本県民テレビ，テレビ熊本および熊本朝日放送もすべて，より短期間ながら地上波とインターネット双方でノンストップのニュース放送を提供した。NHK ほど多くのリソースを有さないものの，これら各局は，同地域におけるニュース報道に関する知識と経験に基づき，より掘り下げたローカルな情報を伝えた。地上波放送局に加え，インターネット TV 放送局（例えば AbemaTV）やケーブルテレビ放送局もまた，災害ニュースや情報を提供してきたのである（総務省 2016, 2017）。

　ラジオ，とりわけコミュニティラジオ局は災害時に特別な役割を果たす（Kanayama 2013）。同局は地元地域に特化した情報を提供し，それらの情報が災害後に不可欠であることは 2011 年東日本大震災の教訓である。前震の直後，熊本市，益城町，甲佐町および御舟町のコミュニティラジオ局は災害 FM へと即座に移行し，被災した地元地域に対し日々の生活に関するきわめて重要な情報を提供した（総務省 2016, 2017）。

2.2 インターネットメディア

　ソーシャルメディア——2011 年の東日本大震災以降，ソーシャルメディアは日本において最も広く利用されるメディアの 1 つとなった。2016 年までに，日本の成人の 71.2％がソーシャルメディアを利用した。20 代と 30 代では，普及率が 90％を超えてきたのである。さまざまなソーシャルメディアの普及率を比較すれば，最も高いのが LINE の 67％であり，Facebook の 32.3％と

Twitter の 27.5％が続く（総務省 2017）。

　従来型のメディアと異なり，ソーシャルメディアを利用すれば，政府やNGO，ローカルメディアや国際メディアから個人あるいは匿名者にまで至る，幅広いソースから情報を取得できるようになった。さらに，災害生存者が被災地域のローカルな状況を世界とシェアし，支援を求めることも可能になったのである。2011年の東日本大震災以来，災害時に情報取得や共有のためソーシャルメディアを利用する人びとの数は増え続けた。一例として，熊本地震後の1週間の間に，Twitter を通し 2,600万件の災害に関するツイートが発信され，この数は 2011年と比較し 20倍もの増加であった（総務省 2017; NHK クローズアップ現代 2017）。

　急成長を見せる，もう一つのインターネットメディアは動画共有サイトである。YouTube やニコニコ動画といったオンラインプラットフォーム上では，利用者が多種多様なソースの動画を検索したりシェアしたりできる。加えて，ソーシャルメディアと同様に，動画共有サイトでは利用者自身の動画をシェアすることも可能であり，被災地の生存者が地域の現状を外に向けて発信するのに有効な手段である（毎日新聞 2016）。

3. メディアシステム依存とメディアの知覚されるイメージ

　前節で述べたとおり，熊本地震の間とその後において，多様なマスメディアやインターネットメディアが人びとにニュースや情報を提供してきた。では，視聴者はこれらの報道をどのように知覚し，また各メディア間でいかなる差異が存在したのだろうか。この2つの問いを解きほぐす一つの理論枠組みが，メディア研究におけるメディアシステム依存とメディアの知覚されるイメージの概念である。

3.1　メディアシステム依存理論

　メディアシステム依存理論は，マスメディア，とりわけテレビが人びとの日常生活の中心にあった 1970 年代に Ball-Rokeach と DeFleur（Ball-Rokeach and DeFleur 1976; Ball-Rokeach 1985）が提唱した。同理論では，視聴者が特定のメ

ディアに依存していると考えるのは，メディアが視聴者の情報や娯楽に対するニーズといった目的を満たすためのリソースを有していると，視聴者が認識するからであると説明される。本文脈におけるリソースとは，一般市民ではアクセス困難な情報を集め，処理し，そして普及させるというメディアの能力である。その例として，諸外国や専門家からの情報，あるいは社会エリートや著名人に関する情報が挙げられる。

視聴者の依存度は，メディアが有するリソースの独占性を，視聴者がどの程度強く感じているかに関係する。同理論によれば，あるメディアへの依存を視聴者が強く認識すればするほど，当該メディアの視聴者に対する影響力も増加する。この現象は，人びとが予測不可能で理解困難な社会状況に置かれたとき顕著に現れる。例えば，大規模な自然災害の際，何が起こっているのかを知るため，多くの人びとはメディアに依存し，結果として，人びとの現状認識やそれに続く行動もメディアに強く影響されるのである。

とはいえ，メディアと視聴者の間のこの関係は常に一方向ではなく，メディアもまた視聴者に依存する。なぜなら，社会環境の変化に伴い，人びとの目的も変化するからである。もはやメディアが目的を満たしてくれないと判断すれば，人びとはたちまち他のソースに移行するであろう。ゆえに，メディアが視聴者数を維持するためには，メディア自身も社会変化に適合しなければならない。この点は現代のデジタル社会において明白である。インターネットの普及により，人びとは事実上無制限の選択肢の中から利用メディアを選択可能であり，メディアの多くは独占的なリソースを失っている。結果として，もはや人びとはニーズを満たすため単一メディアに依存する必要がない。したがって，昨今のメディアと視聴者の依存関係は，メディアが支配する状況から視聴者本位の関係へと移行してきている。メディア，とりわけ従来型のマスメディアが視聴者を失いつつあり，人びとの関心をつかむのに苦闘しているのが現代の状況であろう。

3.2 メディアの知覚されるイメージ

競争性の高い環境において，メディアが競合他者から効率的に差異化できる要素は，強固なブランドパーソナリティのイメージを維持することである。ブ

ランドパーソナリティの概念は，マーケティング分野に由来し，特定のブランドが有する，人間のような特徴の集合体と定義される（McCroskey and Jenson 1975）。

　メディア研究では，視聴者は，人間的な特徴，とりわけ視聴者の自己イメージと整合的な特徴を有するメディアに共鳴しやすいとされる（例えばKim, Baek, and Martin 2010; Chan-Olmsted and Cha 2008）。それゆえ，視聴者は，「正しい」イメージのブランドパーソナリティを示すメディアをより頻繁に利用し，より強い忠誠心を持つ傾向がある。メディアのタイプが異なればイメージも多種多様であるが，ニュースメディアのイメージは，主に適格さ，ダイナミズム，そして社交性という3つの次元から形成される点を先行研究は示してきた。

　第1に，適格さとは，ニュースを生産するメディアの能力であり，プロフェッショナリズム，信頼性，資質，経験，そして常に最新であるといった特徴を含む。3つの次元のうち，視聴者の多様なニュースメディア選択に影響するのは，主にこの適格さのイメージである。従来から，すべての主要報道機関は適格さを知覚されるよう取り組んできてはいる。しかし，競争が激化するにつれ，ただ適格であるだけでは，もはや視聴者の関心を十分に担保しない。ゆえに，ニュースメディアは自身のイメージに他のパーソナリティも組み込む必要がある。

　第2の次元であるダイナミズムとは，視聴者に対しどのようにニュースが配給されるかを示す。例えば，活発さ，力強さ，娯楽性，あるいは劇的さの有無である。ダイナミックであると知覚されたメディアは，人びとの関心を惹くのみならず，道義面における支持も得られる。さらに，ダイナミックであると知覚されれば，若い視聴者にとって魅力的なニュースメディアとなる。ダイナミズムは，どのようにニュースが提供されるのかに関係するが，ニュースを提供する人の特徴とは関連しない。

　この要素が第3の次元である社交性であり，ニュースキャスター，レポーターあるいはアンカーと結びつけられることが多い。社交性は，ニュースメディアの感情的な次元を反映し，誠実さ，友好さ，陽気さ，感傷性といった特徴を含む。ときに視聴者は，自身が共鳴できるニュースキャスターやアンカーの存在

を理由として特定のメディアを選択するとされる。

最後に，先行研究においては，特定のニュースメディアに対する個人の知覚イメージが，年齢や性別といった視聴者の社会人口学的背景にも影響される点が明らかとなっている。

4. 方法論とデータ

災害時におけるメディア間の差異を見出すため，本章では次の3つの問いを考察する。
1. 災害ニュースや情報を得るため，人びとはどのようなメディアを利用したのか
2. 視聴者がさまざまなメディアのイメージをどのように知覚したのか
3. メディアに対する知覚イメージは視聴者の利用に影響を与えたのか

本分析では，前節で説明した概念に基づき，特定のメディアに対する知覚イメージは当該メディアの利用と正に相関すると仮定する。しかし，災害時において，どの次元のイメージが強い影響を及ぼすのか，および，その影響が異なるメディア間でも一様であるのか否かは明白ではない。したがって，本分析では2016年の熊本地震を事例とし，インターネットアンケート調査により熊本県居住者から収集したデータを用いる[1]。

調査では，まず回答者に対し，災害ニュースや情報を得るため，NHK，民放テレビ，コミュニティラジオ，ソーシャルメディアおよび動画共有サイトをどの程度の頻度で利用したかについて，7段階のリッカート尺度（「1 全く利用しない」から「7 常に利用する」まで）で尋ねた。次に，上記メディアの震災報道に関して，どのような印象を持ったかについて，適格さ，ダイナミズム，社交性というニュースメディアの3次元の特徴を示す16項目に関し回答を求めた。用いた尺度は同様に7段階のリッカート尺度（最低は1，最高は7）である。

---

[1] 同調査は，熊本地震の1周年直前の2017年3月に，社会調査を専門とする企業により実施された。また，同調査は国際メディア財団から早稲田大学に提供された外部資金による研究プロジェクトの一環である。

4. 方法論とデータ

より具体的には，各次元の知覚について先行研究に従い以下の指標を用いた．

適格さに関する知覚（6項目）：専門的な／知性的な／経験豊富な／信頼できる／責任感のある／最新情報を提供している
ダイナミズムに関する知覚（4項目）：元気な／劇的な／めざましい／斬新な／強固な
社交性に関する知覚（6項目）：家庭向きな／友好的な／感傷的な／現実的な／陽気な／癒される

以上に加え，回答者の年齢や性別といった一般的なデータも収集した．

データ分析は次の3段階からなる．まず，上記5つのメディアの利用頻度を比較し，どのメディアがより頻繁に利用されたかを示す．次に，分散分析（ANOVA）により，それらメディアに対する知覚イメージの差異を比較する．最後に，線形回帰分析により，メディア利用と知覚イメージの関係を検証した．

回答者の総数は1,032人であり，すべて地震発生時の熊本県居住者である．そのうち，男性が49.9％，女性は50.1％であった．回答者の平均年齢は44.9歳であり，最年少は19歳，最高齢は83歳であった．年齢・性別別分布は図4.2のとおりである．

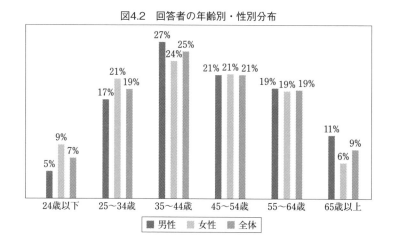

図4.2 回答者の年齢別・性別分布

回答者の大半が，地震により直接的あるいは間接的に何かしらの被害を被った。12.4％の人びとは自身あるいは家族が地震により負傷している。家屋は，2.1％が全壊，14.1％が半壊，58.8％が損傷であった。加えて，回答者の72.3％が，地震の間，自宅を離れて避難を経験し，避難期間の中央値は2日から3日である。最後に，回答者の間で最も普及していた端末はテレビであり，87％の人が視聴可能であった。一方，その他の端末の所有状況は，スマートフォン（78％），ラジオ（75％），パソコン（73％），タブレットパソコン（34％），携帯電話（33％）と順に続いた。

5. 分析結果

5.1 災害情報のための多様なメディア利用

第1の質問である，災害情報取得のための一般市民による各種メディア利用状況の結果は図4.3のとおりである。総じて，最も頻繁に利用されたメディアは民放テレビであり，平均利用値は5.75であった（1が「全く利用しない」，7

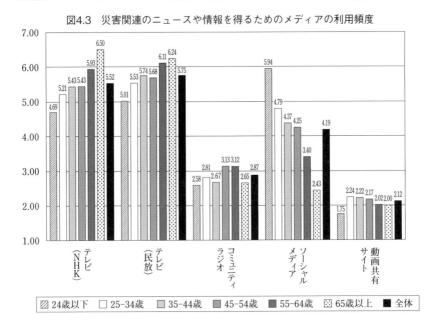

図4.3 災害関連のニュースや情報を得るためのメディアの利用頻度

が「常に利用する」)。以下,NHK(平均値は5.52)とソーシャルメディア(平均値は4.19)が続いた。一方,動画共有サイト(平均値は2.87)とコミュニティラジオ(平均値は2.12)の利用頻度は下位にとどまった。このパターンはすべての年代について確認され,例外は,24歳以下ではソーシャルメディアの利用頻度が,65歳以上ではNHKの利用頻度が,それぞれ最も高かった点である。

5.2 メディアの知覚されるイメージ

第2の質問は,異なるメディア間における視聴者の知覚差異についてであり,適格さ,ダイナミズム,および社交性の各次元においてメディアの知覚されるイメージを比較した回答を得た。これらの知覚イメージに関しては,各次元を構成する複数の特徴の平均値を計算した[2]。

上記結果は表4.1にまとめており,各メディアごとにパーソナリティの特徴の平均値と,その結果としての知覚イメージ値が確認できる。加えて同表には,ANOVA対比較の結果も記した[3]。

(1) 適格さの知覚

分析の結果,5つのメディアのうち,全体を通して最も適格であると知覚されたのはNHKであった(平均値は4.81)。NHKは,適格さの知覚イメージに関する6つの指標すべてにおいて最高位にあった。このパターンは公共放送として予想されるイメージに合致する。次点はコミュニティラジオ(平均値は4.58)であり,以下,民放テレビ(平均値は4.34),ソーシャルメディア(平均値は3.79),動画共有サイト(平均値は3.63)が続いた。

すなわち,インターネットメディア(SNSと動画共有サイト)と比して,従来型のマスメディア(NHK,民放テレビおよびコミュニティラジオ)はより適格であると知覚されており,この傾向はすべての年代において一貫して確認されたのである。

---

[2] すべてのメディアにおいて各次元のCronbachのアルファ係数は0.6を上回っており,各特徴が統計的信頼性に足る形で各次元を表現していることが確認された。

[3] 例えば,「1-2」という表記は,1のNHKと2の民放テレビ間の比較を表し,「***」と「**」は,当該ペアがそれぞれ99%水準と95%水準で統計的に異なることを示しており,一方「--」は当該ペアが統計的に無差別であることを意味している。

表 4.1 異なるメディアに対する知覚イメージ

			平均値（1最小 - 7最大）					対比較の有意水準									
			1.テレビ（NHK）	2.テレビ（民放）	3.コミュニティラジオ	4.ソーシャルメディア	5.動画共有サイト	1-2	1-3	1-4	1-5	2-3	2-4	2-5	3-4	3-5	4-5
適格さ	適格さの特徴	専門的な	4.81	4.25	4.45	3.72	3.63	***	***	***	***	***	***	***	***	***	***
		知性的な	4.64	4.03	4.32	3.69	3.59	***	***	***	***	***	***	***	***	***	--
		経験豊富な	4.67	4.21	4.45	3.66	3.53	***	***	***	***	***	***	***	***	***	--
		信頼できる	5.10	4.47	4.80	3.72	3.61	***	***	***	***	***	***	***	***	***	--
		責任感のある	4.85	4.23	4.59	3.49	3.41	***	***	***	***	***	***	***	***	***	--
		最新情報を提供している	5.09	4.85	4.90	4.48	4.01	***	***	***	***	--	***	***	***	***	***
		適格さ - 総体的	4.86	4.34	4.58	3.79	3.63	***	***	***	***	***	***	***	***	***	***
		Cronbach のアルファ	0.94	0.93	0.93	0.90	0.94										
	有能な-年齢別	24歳以下	4.75	4.23	4.63	3.77	3.62	***	--	***	***	***	***	***	**	**	--
		25-34歳	4.69	4.23	4.39	3.72	3.59	***	**	***	***	--	***	***	***	***	--
		35-44歳	4.78	4.17	4.53	3.72	3.36	***	***	***	***	***	***	***	***	***	**
		45-54歳	4.77	4.34	4.49	3.82	3.59	***	**	***	***	--	***	***	***	***	--
		55-64歳	5.10	4.59	4.83	3.86	3.94	***	**	***	***	--	***	***	***	***	--
		65歳以上	5.22	4.59	4.82	4.14	3.90	***	***	***	***	--	***	***	***	***	--
ダイナミズム	ダイナミズムの特徴	元気な	3.55	4.27	4.06	4.02	3.81	***	***	***	***	***	***	***	--	***	--
		劇的な	3.50	3.88	3.88	3.88	3.77	***	***	***	***	--	--	--	--	--	--
		斬新な	3.38	4.01	3.82	3.98	3.85	***	***	***	***	***	--	**	***	--	--
		強固な	4.05	3.81	4.01	3.62	3.53	***	--	***	***	***	***	***	***	***	--
		ダイナミズム - 総体的	3.62	3.99	3.94	3.88	3.74	***	***	***	**	--	***	***	--	***	**
		Cronbach のアルファ	0.84	0.86	0.89	0.86	0.90										
	動的な-年齢別	24歳以下	3.42	3.96	3.80	4.04	3.80	***	**	***	***	--	--	--	--	--	--
		25-34歳	3.36	3.85	3.79	3.77	3.59	***	***	***	***	--	--	--	--	***	--
		35-44歳	3.42	3.89	3.80	3.91	3.59	***	***	***	**	--	--	***	--	--	***
		45-54歳	3.62	3.94	3.93	3.86	3.71	***	**	**	--	--	--	**	--	--	--
		55-64歳	3.99	4.28	4.26	3.85	4.01	***	**	--	--	--	***	**	***	--	--
		65歳以上	4.10	4.14	4.11	4.01	3.90	--	--	--	--	--	--	**	--	--	--
社交性	社交性の特徴	家庭向きな	4.08	4.37	4.15	3.77	3.57	***	--	***	***	***	***	***	***	***	***
		友好的な	3.98	4.25	4.20	4.07	3.70	***	***	--	***	--	***	***	***	***	***
		感傷的な	3.55	4.22	3.92	3.98	3.80	***	***	***	***	***	***	***	--	--	***
		現実的な	4.94	4.57	4.71	4.28	3.95	***	***	***	***	--	***	***	***	***	***
		陽気な	2.98	3.95	3.78	3.72	3.66	***	***	***	***	***	***	***	--	--	--
		癒される	3.48	3.84	4.03	3.66	3.55	***	***	***	--	***	--	***	***	***	--
		社交性 - 総体的	3.84	4.20	4.13	3.91	3.71	***	***	***	***	--	***	***	***	***	***
		Conbach のアルファ	0.84	0.87	0.89	0.88	0.91										
	社交的な-年齢別	24歳以下	3.58	4.21	4.12	4.07	3.77	***	***	***	--	--	--	**	--	--	--
		25-34歳	3.63	4.11	3.96	3.91	3.62	***	**	**	--	--	--	**	--	**	**
		35-44歳	3.70	4.11	4.02	3.90	3.56	***	**	**	--	--	--	**	--	***	***
		45-54歳	3.81	4.13	4.09	3.86	3.65	***	**	--	--	--	**	***	**	***	--
		55-64歳	4.16	4.42	4.45	3.90	3.92	**	**	**	**	--	***	***	***	***	--
		65歳以上	4.22	4.33	4.24	4.03	3.93	--	--	--	--	--	**	--	--	--	--

注：*** p ≤ 0.01; ** p ≤ 0.05; -- 無差別。

(2) ダイナミズムの知覚

5つのメディアのうち，最もダイナミックであると知覚されたのは民放テレビ（平均値は3.99）とコミュニティラジオ（平均値は3.94）であった。民放テレビの平均値がコミュニティラジオよりわずかに高いものの，両者は統計的に無差別である。同様に，ソーシャルメディアのダイナミズムも高く知覚された（平均値は3.88）。ダイナミズムの知覚に関するパーソナリティ特徴を詳細に見ると，「元気な」と「斬新な」の知覚は民放テレビが最も高かった一方，「強固な」についてはラジオが最も高かった。「劇的な」に関しては，民放テレビ，コミュニティラジオとソーシャルメディアが最も高く知覚された。

他方，動画共有サイト（平均値は3.74）は4位であり，NHK（平均値は3.62）はダイナミズムの知覚に関し，最低と評価された。NHKが，最も有能なメディアであると同時に，最もダイナミズムに欠けると知覚された点は興味深い。このパターンはすべての年代で一貫しており，例外的に65歳以上ではダイナミズムに関しすべてのメディアが無差別であった。

(3) 社交性の知覚

ダイナミズムの知覚同様，社交性に関しても民放テレビ（平均値は4.20）とコミュニティラジオ（平均値は4.13）が最も高く知覚され，それぞれの平均値は統計的に同値である。社交性の知覚に関する特徴の中では，「家庭向きな」，「感傷的な」，「陽気な」および「癒される」において，民放テレビが他メディアよりやや高く評価された。その要因は，おそらくテレビがより効果的な感情伝達の媒体であるからであろう。

次に続いたのが，ソーシャルメディア（平均値は3.91）とNHK（平均値は3.84）である。NHKが，より「家庭向き」で「現実的」であると知覚された一方，ソーシャルメディアは，より「感傷的」かつ「陽気」で「癒やされる」とみなされた。最後に，動画共有サイトは最も社交性に欠けると知覚された。この点に関し，高齢者と若年層の間で一定の変動があったことも注目に値する。例えば，35歳以下の回答者がソーシャルメディアを民放テレビとコミュニティラジオ同様に社交的であると知覚したのに対し，65歳以上では各メディア間で差が見られなかったのである。

（4） メディア間の比較

図 4.4 において，5 つのメディア間の差異を利用頻度と知覚されるイメージの点から降順（最低が1，最高が5）に示した。

第1に，従来型メディア（テレビ，ラジオ）はインターネットメディア（ソーシャルメディア，動画共有サイト）よりも強いイメージを有していたことがわかる。とりわけ，民放テレビは最も万能なメディアであるといえよう。適格さの知覚こそ3位に甘んじたものの，民放テレビはダイナミズムおよび社交性の知覚が最も高いのみならず，利用頻度も最高位である。一方，NHKは利用頻度が2位であり，適格さは最も高いと知覚された。だが，特に若者にとって，NHKは最もダイナミズムに欠け，社交性も不十分である。興味深いのは，コミュニティラジオは利用頻度が最低だが，社交性やダイナミズムに関しては最高位に位置し，適格さについても2位につける強いイメージを有している点である。とはいえ，ソーシャルメディアも，順位こそさほど高くないものの，24歳以

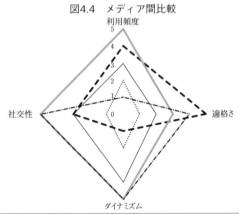

図4.4 メディア間比較

ランキング (1=最低,5=最高)	テレビ（NHK）	テレビ（民法）	コミュニティ ラジオ	ソーシャル メディア	動画共有 サイト
利用頻度	4	5	1	3	2
適格さ	5	3	4	2	1
ダイナミズム	1	5	5	4	2
社交性	3	5	5	3	1

下における利用頻度は最も高く，また 35 歳以下ではダイナミズムと社交性を高く評価されており，その強さを過小評価することはできない．最後に，動画共有サイトは災害時の主要メディアには依然なりきれておらず，利用頻度も知覚イメージも 5 つのメディアの中で最下位であった．

5.3 利用頻度に対する知覚イメージの効果

第 3 の問いである，メディアに対する知覚イメージが利用頻度に与える影響に関しては，線形回帰分析により検証した．具体的には，特定メディアの利用頻度を従属変数にとり，適格さ，ダイナミズム，および社交性を独立変数とした．加えて，視聴者は自身のニーズを満たすため複数のメディアを利用するのが一般的である点を考慮し，当該メディアの利用頻度に影響を与えうる他メディアの利用頻度も独立変数に含めた．

さらに，論理的にいえば，災害ニュースや情報に関する視聴者のニーズは，視聴者が必要なメディア端末にアクセス可能であるか否かに加え，どの程度の被害を被ったかという点にも影響されると仮定できる．この点を踏まえ，回答者の避難期間（被害レベルの代替変数）および回答者がアクセス可能であった端末数を，年齢や性別とともに統制変数に含めた．分析では，5 つのメディアに対し，合計 5 本の回帰モデルを構築した．表 4.2 がそれらの結果である．

モデル 1：NHK——3 つの知覚イメージのうち，NHK の利用頻度に対し統計的に有意な影響を及ぼしたのは適格さの知覚のみである．視聴者が震災ニュースや情報のため NHK を選択したのは，主にこの適格さの知覚イメージゆえであった点が示唆される．この観察は，最も適格なメディアであると知覚された NHK の全体イメージと整合的である．

次に，NHK の利用頻度は，民放テレビの利用頻度と統計的に正の相関を，逆にソーシャルメディアの利用頻度とは若干負の相関をなしている．この結果は，民放テレビ，NHK ともにテレビメディアであるため，人びとが双方を視聴しても何の不思議もないという点から説明可能であろう．一方，ソーシャルメディアの主な利用者は若年層であり，NHK を視聴する傾向が低いとも考えられる．統制変数である年齢の係数が正である点は，高齢者が NHK をより頻繁に視聴することを意味しており，上記の推論を支持する．さらに，他の統制

表 4.2　回帰分析結果

モデル		1		2		3		4		5	
従属変数		テレビ（NHK）－利用頻度		テレビ（民放）－利用頻度		コミュニティラジオ－利用頻度		ソーシャルメディア－利用頻度		動画共有サイト－利用頻度	
		標準化係数ベータ	有意確率	標準化係数ベータ	有意確率	標準化係数ベータ	有意確率	標準化係数ベータ	有意確率	標準化係数ベータ	有意確率
テレビ（NHK）	適格さ	.292	***								
	ダイナミズム	-.056	--								
	社交性	.074	--								
テレビ（民放）	適格さ			.266	***						
	ダイナミズム			-.009	--						
	社交性			.002	--						
コミュニティラジオ	適格さ					.076	--				
	ダイナミズム					-.029	--				
	社交性					.146	*				
ソーシャルメディア	適格さ							-.008	--		
	ダイナミズム							.005	--		
	社交性							.129	*		
動画共有サイト	適格さ									.184	**
	ダイナミズム									-.193	**
	社交性									.131	--
利用頻度	テレビ（NHK）			.481	***	-.046	--	-.068	*	-.004	**
	テレビ（民放）	.461	***			-.012	--	.172	***	.034	--
	コミュニティラジオ	-.007	--	.000	--			.009	--	.077	--
	ソーシャルメディア	-.066	**	.130	***	-.053	--			.204	***
	動画共有サイト	.004	--	.100	***	-.100	**	.110	***		
メディア端末		.052	--	-.185	***	.527	***	-.035	--	.017	--
避難期間		-.016	--	-.055	**	.047	--	.002	--	-.046	--
性別		-.045	*	.077	***	-.064	*	.136	***	-.066	*
年齢		.075	***	.048	*	-.031	--	-.262	***	.067	--
R2乗		.418		.359		.263		.138		.091	

注：*** p ≤ 0.01; ** p ≤ 0.05; * p ≤ 0.10; -- 無差別。

変数である性別の係数が負であることも注目に値する。男性の回答者を 1，女性の回答者を 2 とコーディングしているため，男性がより NHK を好むことを示している。

モデル2：民放テレビ——民放テレビの利用頻度も，NHKの利用頻度と同様に適格さの知覚イメージから正の影響を受けている。興味深いことに，民放テレビに関し最も顕著に知覚されたイメージがダイナミズムと社交性であったにもかかわらず，その利用頻度に影響を与えたのは適格さであった。民放テレビとNHKが利用頻度の上位2者であった点を踏まえれば，災害ニュースや情報のための視聴者のメディア選択においては，適格さの知覚が強い影響を及ぼすことを意味する。

さらに，民放テレビが，NHKのみならずソーシャルメディアとも正に相関している点にも注目すべきである。換言すれば，ソーシャルメディアと民放テレビは異なるメディアプラットフォームであるにもかかわらず，前者を利用する人は後者もまた利用していたのであり，民放テレビとソーシャルメディアメディアの間には何らかのプラットフォーム横断的な相乗作用が働いている可能性を示唆する。考えられる要因の一つは，いずれのメディアもダイナミックかつ社交的であると知覚されたからであろう。すなわち，NHKと民放テレビの利用を促したのは適格さの知覚であったが，ダイナミズムと社交性の知覚は異なるメディアプラットフォームを超えて結合しうる。最後に，民放テレビは年齢および性別とも正に相関しており，高齢者がNHKと民放テレビをより好む一方，NHKはより男性に，民放テレビはより女性に，それぞれ好まれていることがわかった。

モデル3：コミュニティラジオ——3つの知覚イメージのうち，コミュニティラジオに対し統計的に有意な影響を及ぼしたのは社交性の知覚のみであった。適格さのイメージが影響していたNHKと民放テレビの場合とは異なり，災害ニュースや情報を得るため，回答者は社交性の知覚イメージに基づきコミュニティラジオを利用したのである。社交性の知覚イメージがニュースを伝える人物に関連していた点を想起しよう。通常，コミュニティラジオの視聴者は当該地域の居住者であるため，コミュニティラジオ局のアナウンサーに親近感を覚えても全く不思議ではない。さらに，統制変数である「メディア端末」の効果も統計的に正に有意であった。利用頻度が比較的低い点と合わせて考えれば，おそらくコミュニティラジオはメインのメディアとしてではなく，第2のメディアとして利用されていたのであろう。なぜなら，コミュニティラジオの利

用頻度は，複数のメディアにアクセス可能であった人びと（すなわち複数の端末を所有している人びと）の間でより高かったからである。

モデル4：ソーシャルメディア——ソーシャルメディアの利用頻度に対し統計的に有意な影響を与えたのは，社交性の知覚イメージのみである。このパターンはコミュニティラジオにも見られたが，本質が異なるため，根本的要因も異なるかもしれない。コミュニティラジオが従来型の一方向のメディアであるのに対し，ソーシャルメディアは，利用者が情報を受け取るだけでなく，友達や家族とシェアできる双方向のメディアである。回答者は，ソーシャルメディアを通じて実際に他者と交流をできたからこそ，ソーシャルメディアを社交的であると知覚したのである。最後に，予想したとおり，ソーシャルメディアは年齢と強く負に相関しており，若年層の利用頻度がより高かったことを示している。

モデル5：動画共有サイト——動画共有サイトの利用頻度は，適格さの知覚と正に相関し，ダイナミズムの知覚とは負に相関していた。動画共有サイトは，適格さゆえに選択される一方，ダイナミックであると感じる人びとからは忌避されるという興味深い結果である。ダイナミズムの知覚イメージが，ニュースが生き生きと，あるいは面白く伝えられているか否かと関係していた点を鑑みれば，この知見は，災害ニュースや情報に関し，ダイナミックな（すなわち元気で劇的な）メディアよりも適格な（すなわち信頼性の高い）メディアを人びとが好むことを示唆している。

6. おわりに

現代のデジタル社会では，メディアの選択肢が溢れており，視聴者がニーズを満たすため特定のメディアに依存することはもはやない。さらに，ICTに牽引され，マスメディアがインターネット上でも放送を行い，インターネットメディアが大衆にも普及する状況のなか，多様なメディア間で何が異なるのであろうか。特に，情報に対する人びとのニーズが極限まで高まる災害時において，人びとは異なるメディアをいかに識別するのだろうか。

本章では，2016年の熊本地震を事例とし，災害情報を得るための一般大衆によるメディアの利用形態，異なるメディアに対する視聴者の知覚イメージ，

6. おわりに

および利用頻度とメディアに対する知覚イメージとの関係という3点について考察してきた。

　第1に，全体を通していえば，災害情報においては，従来型のマスメディア，とりわけテレビが依然最も利用頻度の高いメディアであることが明らかになった。具体的には，民放テレビとNHKがそれぞれ1位と2位を占めた。とはいえ，ソーシャルメディアは，回答者全体で3位であったものの，若年層では民放テレビとNHKとともに最も利用頻度の高いメディアでもあった。一方，コミュニティラジオと動画共有サイトの利用頻度は相対的に低く，それぞれ4位と最下位であった。

　第2に，適格さ，ダイナミズム，および社交性という，ニュースメディアに対する三次元の知覚イメージに基づき，視聴者はさまざまなメディアを異なる形で知覚することが明らかになった。NHKは，最も適格であるがダイナミズムと社交性には欠け，一方の民放テレビは，適格さよりもダイナミズムと社交性がより高いと知覚された。ソーシャルメディアに対するイメージは民放テレビと同様であるが，若年層からの共鳴を得た。他方，コミュニティラジオは，利用頻度こそ低いものの，適格さ，ダイナミズム，および社交性すべてに関し，バランスのとれたイメージを有していた。動画共有サイトは，利用頻度の低さと合わせ，イメージも最も弱く，災害情報に関しては主要メディアでないことを意味している。

　第3に，三次元の知覚イメージのうち，より強い影響力を有するのは適格さと社交性に関する知覚であった。NHK，民放テレビにならび動画共有サイトを頻繁に利用する人びとは，これら3つのメディアをより適格であると知覚していた。一方，ソーシャルメディアやコミュニティラジオを頻繁に利用する人びとは，これらの2つのメディアをより社交的であると知覚していたのである。注目すべきは，動画共有サイトに対する負の影響を除けば，ダイナミズムの知覚は有意な影響を示さなかった点である。この結果は，ダイナミックであること，すなわちニュースを面白く，あるいは劇的な形で伝えるという方法は，災害情報を伝えるメディアには適さないことを意味している。

謝辞

本研究は国際メディア財団・早稲田大学の支援を受けた。また，早稲田大学の安井清峰氏に本章を翻訳していただいた。記して感謝申し上げる。

◆参考文献

@misskaul（2016）．Twitter for crisis and disaster relief（Twitter），2016 年 6 月 28 日。参照日：2018 年 10 月 18 日，参照先：https://blog.twitter.com/official/en_in/a/2016/twitter-for-crisis-and-disaster-relief-in.html

Ball-Rokeach, J. S.（1985），"The origins of individual media-system dependency a sociological framework", *Communication Research*, 12（4），pp.485-510.

Ball-Rokeach, J. S. and L. M. DeFleur（1976），"A dependency model of mass-media effects", *Communication Research*, 3（1），pp.3-21.

Chan-Olmsted, S. and J. Cha（2008），"Exploring the antecedents and effects of brand images for television news: An application of brand personality construct in a multichannel news environment", *The International Journal on Media Management*, 10（1），pp.32-45.

Kanayama, T.（2013），"Community Radio and the Tōhoku Earthquake", *International Journal of Japanese Sociology*, 21（1），pp.30-36. doi:10.1111/j.1475-6781.2012.01157.x

Kim, J., T. H. Baek, and H. J. Martin（2010），"Dimensions of news media brand personality", *Journalism & Mass Communication Quarterly*, 87（1），pp.117-134.

毎日新聞（2016），「椅子で作った「SOS」に支援物資届く」，2016 年 4 月 18 日。参照日：2018 年 10 月 18 日，参照先：https://mainichi.jp/articles/20160418/k00/00e/040/166000c

McCroskey, J. C. and T. A. Jenson（1975），"Image of mass media news sources", *Journal of Broadcasting & Electronic Media*, 19（2），pp.169-180.

Metz, C.（2016），How Facebook is transforming disaster response（Wired），2016 年 10 月 11 日。参照日：2018 年 10 月 18 日，参照先：https://www.wired.com/2016/11/facebook-disaster-response/

村上圭子（2016），「これからのテレビ」を巡る動向を整理する Vol.8．放送研究と調査。

NHK クローズアップ現代（2017），「熊本地震 知られざる"情報爆発"～追跡・SNS2600 万件～」，2017 年 4 月 13 日。参照日：2018 年 10 月 18 日，参照先：https://www.nhk.or.jp/gendai/articles/3960/index.html

消防庁（2018），「熊本県熊本地方を震源とする地震（第 111 報）」，2018 年 2 月 14 日。参照日：2018 年 10 月 18 日，参照先：http://www.fdma.go.jp/bn/2bc2c37fda1de345bb15715eed431b9e4a667ede.pdf

総務省（2016），「平成 28 年熊本地震への対応」，2016 年 6 月 6 日。参照日：2018 年 10 月 18 日，参照先：http://www.soumu.go.jp/main_content/000424424.pdf

総務省（2017），「平成 29 年版 情報通信白書」。参照日：2018 年 10 月 18 日，参照先：http://www.soumu.go.jp/johotsusintokei/whitepaper/ja/h29/pdf/index.html

第 5 章
地域放送メディアによる「力づけ」の価値

大塚　時雄

1. はじめに

　本章では，震災復興期における地域放送メディア，特に民放テレビの地方局の役割について検討を行い，被災者が復興期の民放テレビの地方局の役割にどれくらいの価値を見出しているかを考える。2011 年 3 月の東日本大震災や 2016 年 4 月の熊本地震などの震災に直面した際に，多くのメディアがその長所を活かして被災地域において多角的な貢献を行っている。その中で，震災復興期には，地域放送メディアすなわち民放テレビの地方局や地域のケーブルテレビは，きめ細かい報道を行ったり，当該地域の地域文化に根差した番組を放送することで，震災地域住民に対する「力づけ」を行うことが期待されている。本章では，このような復興期において地域放送メディアがどのように力づけの役割を果たしているかを考えるとともに，仮想的なシナリオを背景とした複数の価値測定結果を検討する。

2. 研究の背景

2.1　震災とメディアの役割

　震災時に人々が情報源として活用するメディアの中で，テレビの地位は依然として高い。図 5.1 は，東日本大震災の際に，人びとが利用したメディアをま

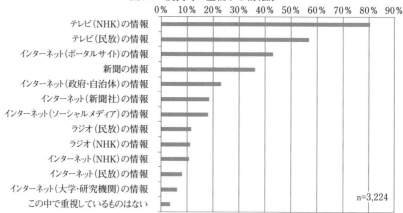

図5.1 震災時に重視する情報源

出典：総務省（2013）。

とめたものである（総務省 2011）。テレビ関連の情報源としては，テレビ放送（日本放送協会：以下 NHK）の情報が80.4％と圧倒的に高く，次いで，地方局を含む民放テレビの情報が56.9％となっている。インターネット関連の情報源ではインターネットのポータルサイトが43.2％，インターネットの政府・自治体の情報が23.1％，インターネットの新聞社の情報が18.3％，インターネットのソーシャルメディアの情報が18.3％，そして，インターネットの NHK の情報が10.8％，インターネットの民放の情報が8.0％，インターネットの大学・研究機関の情報が6.4％となっている。それ以外のメディアとしては，新聞の情報が36.3％，ラジオ関連の情報源として，ラジオ放送（民放）の情報が11.8％，ラジオ放送（NHK）の情報が11.4％となっている。

インターネット関連の情報源には，従来型のメディアであるテレビ，ラジオ，新聞の情報に基づいたものがあるために単純な比較はできないが，新しいメディアとしてインターネットが優位となっている一方，テレビが依然として最も重視されているメディアであることが明瞭に示されていることがわかる。

民放テレビの地方局をはじめとしたこれらの情報源は「放送サービス」であるが，震災時に情報源されるメディアにはこれら以外に携帯電話や電子メール，

メッセージサービスに代表される「通信サービス」が挙げられる。通信サービスはマスメディアに対してパーソナルメディアと呼ばれる。家族や友人，知人などの安否を確認するためにはなくてはならないメディアであるが，震災時には通話量が増大するために輻輳[1]が起こる。

　一方，放送サービスは一斉放送（Broadcast）であり輻輳がないため，広域に迅速な災害情報の提供が可能である。東日本大震災では，地震の影響で東北6県を含む全11県で最大時120カ所の伝送所が停波してしまったが，放送自体はNHKにおいて地震発生から2分後には地震報道が始まり，通常の番組を変更して災害関連情報を伝え続けた。そして，3月22日までの12日間に合計254時間の災害関連ニュースが流された（総務省2013）。

　震災関連放送は，ワンセグでも流されて携帯端末でも視聴可能であった。さらに，被災地では「地デジ難視聴対策衛星放送」を一時的に利用することで，岩手県，宮城県，福島県で，被災地に対して衛星を使った放送サービスが展開された。

　また，テレビ放送のうち地域密着型のケーブルテレビやコミュニティ放送も甚大な被害を受けた一方で，一部のケーブルテレビ事業者は，自主放送番組において，地域の対策本部の情報を放送した。各地のコミュニティ放送は被災者向けに生活・行政・災害・福祉医療等地域に密着したきめ細かい情報を提供した。具体的には，東北コミュニティ放送27社が被災者の生活支援のための放送を実施するとともに新たに24市町において臨時災害放送局が設置され地域住民に必要な情報を流した。

　ラジオ放送も東日本大震災の際には重要な情報伝達手段となった。特に，電話網が途絶したり，テレビが停電により利用不可になった場所において，電池式ラジオが活躍した。被災地において携帯用ラジオ1万台が配布されるとともに，政府は「震災情報 官邸発」を放送した。

　東日本大震災においては，インターネットやソーシャルメディア関連のサービスも被災地情報をリアルタイムに発信するなどの役割を演じたとされている。これらのサービスを利用して，被災者が自身の被災状況を発信したり，救援要

---

1) 電話回線やインターネット回線において利用者のアクセスが特定の宛先に集中することにより，通常行えるはずの通話・通信ができなくなる状況を指す（IT用語辞典 e-Words）。

請を求めたりということが行われ，動画中継サイトを用いてリアルタイムで被災情報が流通した。Twitterでは救援要請ハッシュタグ[2]「#j_j_helpme」のコメントが多数投稿され，ニコニコ生放送では「地震速報」として被災情報がリアルタイムに放送された。

2.2 震災復興期と地域放送メディア

　震災復興期に地域放送メディアに期待される役割として，単なる情報提供にとどまらない住民に対する力づけ（Empowerment）が挙げられる。力づけとは，社会や組織の各構成員がその社会や組織の発展や改革を成し遂げるために必要な力をつけるための『働きかけ』を意味する[3]。民放テレビの地方局の役割を考えた場合にこのような力づけは「地域に即したきめ細かい報道」を通して成し遂げられると考えられる。

　震災復興期には，マスメディアとインターネットメディアが重層的にさまざまな役割を演じることになるが，このうち，特に，テレビは地域に対して住民に精神的な安心をもたらす点が大きい（池田 2015）。また，マスメディアを介した報道には，取材場所に地理的偏りがあることは避けられない事実であり，大都市やその近郊などの言及されやすい自治体がある反面，郊外や人口過疎地域などのほとんど報道をされることのない地域が現実には存在する。地域密着型の地域放送メディアによるきめ細かい報道体制によって，このような報道の地理的偏りを補い，問題を解決することが期待される。

　被災者にとっての復興には精神面での復興が必要不可欠であり，例えば，従来の市民生活を取り戻すためには人とのつながりの回復が重要である（立木ほか 2004）。実際に，多くの震災被災者は，単なる地域のインフラ再生にとどまらず，地域の社会的なつながりが，真の復興には不可欠であると考えている

---

[2]　ハッシュタグ（#記号）はTwitterでキーワードやトピックを分類するために使われる（Twitterヘルプ：https://help.twitter.com/ja）。

[3]　力づけ（Empowerment）は1980年代における女性の権利獲得運動の中で使われるようになった言葉であるが，現在は対象が拡大しつつある。企業経営においては，従業員全員が経営の各段階で参加して生産性の向上を目指す意味で使われ，開発政策の手段としては，住民自身が貧困から脱却するための力をつけさせるという意味で使われるようになってきている（出典：ブリタニカ国際大百科事典小項目事典）。

(Tatsuki and Hayashi 2000)。生活の基盤となる道路・港湾・上下水道・公園・公営住宅・病院・学校は社会資本に分類されるが，このような地域における人びとの信頼関係や結びつきといったものはソーシャルキャピタル[4]に区分される。コンピュータシステムでいえば，社会資本がハードウェアならば，ソーシャルキャピタルはソフトウェアということになる。反面，ソーシャルキャピタルが充実して，地域の結びつきが強固で結束的であればあるほど，排他的な体制を強めることに通じ，特定の地域だけが恩恵を受けるような形で，辺縁の人々を苦しめるといった負の側面も存在することが指摘されている（アルドリッチ 2015）。このような問題に対しても，地域放送メディアは大手メディアが報道しない「辺縁」の地域をカバーすることで補完することが期待される。

　以下，本章では実証データを用いて，このような「震災復興期における地域放送メディアの住民に対する『力づけ』の役割」について確認を行う。具体的なニーズを確認するために利用者の立場で金銭的意味での民放テレビの地方局の価値についても計測した。これらを通して，地域放送メディアの重要性について考える。

3. メディアにおける「力づけ」を調査する

　ここでは，震災復興期に地域放送メディアが実際に「力づけ」役割を果たしているのかを検証するために用いた方法について説明する。

3.1 地域放送メディアにおける「力づけ」の検証

　まず，さまざまなメディアが被災地住民に与えた「精神面での復興」を調べてみたい。さらに，誰からの励ましが「精神面での復興」に影響を与えたについても考えてみる。この中には，メディアに出演して人びとを励ました人びとも含まれる。

　調査に取り上げたメディアは，新聞・雑誌，テレビ，ラジオといった従来型

---

[4] 社会・地域における人びとの信頼関係や結びつきを表す概念。抽象的な概念で，定義もさまざまだが，ソーシャルキャピタルが蓄積された社会では，相互の信頼や協力が得られるため，他人への警戒が少なく，治安・経済・教育・健康・幸福感などに良い影響があり，社会の効率性が高まるとされる（出典：小学館デジタル大辞泉）。

メディアと，ソーシャルメディア，ホームページ・ブログといったインターネットメディアであり，これに対面での会話，電話，メールといったパーソナルな接触を加えた。また，励ましを行った人びととして，個人の人的ネットワークに由来する人びと（家族，親戚，友人・知人，近所の人）とメディアを通して励ましを受けたことが想定される人びと（地元出身のTVパーソナリティ，地元出身のタレントや有名人，全国区のTVパーソナリティ，全国区の有名人，タレント，好きなアニメのキャラクター，地元の人びと，全国の人びと，海外の人びと，日本政府・政治家，県・市町村）を取り上げた。次に，住民の「精神面的な復興」として設定した項目は，以下のとおりである。

・震災で受けた被害に対して冷静に考えることができる
・震災で受けたショックは癒されつつある
・震災当時に感じた悲しみは癒されている
・震災に対する不安は癒されている
・復興に対して前向きに考えることができる

これらをまとめると，図5.2のようになる。

　図5.2の矢印の関係を統計的に検証するために，各要素間のピアソンの相関

図5.2　メディアにおける「力づけ」の検証

■力づけられたメディア
✓対面での会話，電話，メール，ソーシャルメディア，HP・ブログ，テレビ，ラジオ，新聞・雑誌
■励ましをもらった人びと
✓家族，親戚，友人・知人，近所の人，地元の人びと，地元出身のTVパーソナリティ，地元出身のタレントや有名人，全国の人々，全国区のTVパーソナリティ，全国区の有名人，タレント，好きなアニメのキャラクター，日本政府・政治家，県・市町村，海外の人びと

『精神的な復興』
✓震災で受けた被害に対して冷静に考えることができる
✓震災で受けたショックは癒されつつある
✓震災当時に感じた悲しみは癒されている
✓震災に対する不安は癒されている
✓復興に対して前向きに考えることができる

係数[5]を確認し，有意なものについては関係ありと評価した。このようにして，被災者の地域放送メディアと精神的な復興の間の関係を明らかにする。

3.2 地域放送メディアに対する金銭的な評価

次に人びとが地域放送メディア——ここではより具体的に民放テレビの地方局——を維持するためにどれ位の金額を払ってよいと考えているのかを検証する。民放テレビの地方局が復興期に果たす役割としては，地域住民に対する励ましに加えて，地域に密着したきめ細かい情報提供，具体的には，避難者名簿情報，安否情報，ライフライン情報，支援物資配布情報の提供が考えられる。

これらの役割を考慮に入れた場合に，平時にどれくらいの維持管理費用を民放テレビの地方局に対して支払ってもよいと考えるかを調査した。調査にあたっては，仮想的なシナリオを作成して，仮想評価法（Contingent Variation Method: CVM）および価格感応分析（Price Sensitivity Measurement: PSM）の2種類の調査法を採用することでさまざまな角度から評価を考えていくことを目指した。

(1) 仮想評価法について

仮想評価法は利用者の支払意思額（Willingness to Pay: WTP）をアンケート調査から推定する方法であり，本件調査では「地域放送メディア維持」のためにどれくらいの金額を負担してよいかどうかを聞く質問形式を設計ために用いられる。仮想評価法を用いた調査によって得られる結果は図5.3のような受諾曲線によって表すことができる。ここでは横軸が地域放送メディア維持のために必要とされる金額，縦軸はその金額が必要とされる場合に支払う意思を示す回答者の割合（0%～100%）である。

CVMは確立した手法（Arrow et al. 1993）であり，手順を踏むことにより「手続的な信頼性」を得られることが強みであると考えられる[6]。

---

[5] ピアソンの積率相関係数 r_{xy} は以下のように定義される。

n 組のデータ (x_1, y_1), (x_2, y_2), (x_3, y_3), …, (x_n, y_n) が存在し，s_x は x の標準偏差，s_y は y の標準偏差，s_{xy} は x と y の共分散とするとき，$r_{xy} = \dfrac{s_{xy}}{s_x s_y}$

[6] 第6章ではより厳密な仮想評価法の定義を紹介を行っている。本章では仮想評価法と価格感応分析の両者を実施することでより多くの価格指標を算出することが目的としており，用いた仮想評価

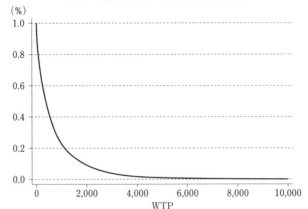

図5.3 仮想評価法における価格と受諾率

(2) 価格感応分析について

　価格感応分析は従来マーケティングで用いられる手法（Van Westendorp 1976）であり，本研究において仮想評価法の一手法として用いることは新しい試みといえる。価格感応分析では，製品・サービスの価格は，それ自体が製品・サービスの品質を表すととらえると考える。これは「価格の品質バロメータ仮説」と呼ばれ，調査にあたっては，このような仮説のもと，目的とする製品・サービスに対して4つの価格を回答者に問う。

- あなたは，この製品・サービスがいくらくらいから『高い』と感じ始めますか
- あなたは，この製品・サービスがいくらくらいから『安い』と感じ始めますか
- あなたは，この製品・サービスがいくらくらいから『高すぎて買えない』と感じ始めますか
- あなたは，この製品・サービスがいくらくらいから『安すぎて品質に問題があるのではないか』と感じ始めますか。

このような4つ質問から以下のような価格指標を求めて二次元平面上にプ

自体は基礎的なものにとどまっている。

3. メディアにおける「力づけ」を調査する

> ・「高い」価格
> ・「安い」価格
> ・「高くて買えない」価格
> ・「安くて不安になる」価格

この結果が図5.4「価格感応分析の出力」となる。図5.4では「高い」価格と「高くて買えない」価格をプロットした曲線は右肩上りであり、価格が上昇するほど「高い」または「高くて買えない」と感じる回答者の割合が高くなっていくように設計されている。一方で、「安い」価格と「安くて不安になる」価格をプロットした曲線は右肩下がりであり、値段が上昇するほど「安い」または「安くて不安になる」と感じる割合が低くなる。結果として、「高い」価

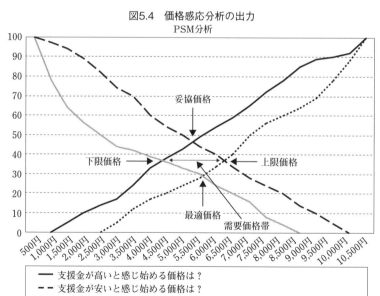

図5.4　価格感応分析の出力

表 5.1 価格感応分析の指標

交点等	意味
最適価格	最も価格拒否感がないと見られる価格
妥協価格	高いと安いに評価が分かれる価格
上限価格	これ以上高くなると，消費者に購入されなくなると見られる価格
下限価格	これ以上安くなると，消費者が品質が悪いのではないかと不安になると感じる価格
需要価格帯	上限価格と下限価格の間

格と「高くて買えない」価格は「安い」価格と「安くて不安になる」価格とそれぞれ一回ずつ交差し，最適価格，妥協価格，下限価格，上限価格の4つの交点が生まれる．価格感応分析ではこの4つの交点に注目して，表5.1「価格感応分析の指標」のような解釈を行う（Van Westendorp 1976）．

最適価格とは「高くて買えない」価格と「安くて不安になる」価格が等しくなる価格であり，最も価格拒否感がないと考えられる価格である．妥協価格とは「高い」価格と「安い」価格が等しくなる価格であり，価格に関する評価が等分に分かれる価格である．下限価格とは「高い」価格と「安くて不安になる」価格が等しくなる価格であり，これ以上，価格が安くなると消費者が財・サービスの品質が悪いのではないかと不安になると見られる価格である．上限価格とは「安い」価格と「高くて買えない」価格が等しくなる価格であり，これ以上，値段が高くなると消費者に購入されなくなると見られる価格である．最後に，価格感応分析では下限価格から上限価格までの価格を需要価格帯としている．

3.3 本章の調査計画

仮想評価法や仮想評価法をベースにした価格感応分析では，アンケート回答者にアンケート作成者が作成したシナリオに沿った状況を想定してもらい，その上で支払意思額や価格指標を回答してもらう．

今回の調査では，仮想的なシナリオとして，民放テレビの地方局について，(1)平時の役割を維持するために視聴者が直接支援金を支払う，(2)平時の役割を維持するために公的資金を支払う，(3)震災の力づけを行うために視聴者が直接支援金を支払う，(4)震災の力づけを行うために公的資金を支払う，の4つを準備した．

3. メディアにおける「力づけ」を調査する

表 5.2 実証調査におけるシナリオの分類

		シナリオ	
		平時支援	震災対応
徴収法	支援金		
	公的資金		

　4つのシナリオをまとめると表 5.2 のようになる．平時の役割を維持するための支払意思額を知ることで，民放テレビの地方局の震災時の評価についての比較対象が得られる．また，政府・自治体の財源から支出される公的支援と自らの所得から直接支払う支援金の双方を調査することで，回答者にとって民放テレビの地方局が公的な財と私的な財のどちらの性格でより強く受け止められているのかを知ることができる．

　図 5.5「金銭的評価に関する設問例」は実際に調査に用いた設問である．このような文章を回答者に読んでもらった後に，「仮想評価法の設問」で，評価額を選択肢（0円～100,000円まで）から一つ選択してもらった．なお，0円と答えた回答者については，支払いたくない理由を別途回答してもらった．仮想評価法おける0円の評価には抵抗回答が含まれるため，それぞれの回答理由を精査する必要がある．本調査においてもデータを取得しているが紙面の都合上詳細な分析については事後の課題としたい[7]．

　0円以外と答えた回答者については，次の「価格感応分析の設問」に進み，3.2節の（2）で説明を行った4つの評価指標（「高い」，「安い」，「高くて買えない」，「安くて不安になる」）について，仮想評価法と同様に選択肢（0円～100,000円まで）の中からそれぞれ一つを選択してもらった．1人の回答者は，このような設問を表 5.2 のように4つのシナリオそれぞれについて回答している．

---

[7] 仮想評価法おける0円の評価には，単に金銭を支払いないという意思表明以外に抵抗回答といわれる評価が含まれる．本調査においては，民放テレビの地方局を支援するという制度自体に反対する回答や公的資金，すなわち税金を利用することへの反発がこれに該当する．

図5.5　金銭的評価に関する設問例

【災害時の支援金】
以下のような仮想的な状況における質問にご回答ください。
民放テレビの地方局では，大規模災害の復興期，住民に対する力づけ・きめ細かい情報提供をすることが期待されています。
例えば，避難者名簿，安否情報，ライフライン情報，支援物資配布情報に始まり，地域の復興情報やイベントの情報などを提供しています。
しかしながら，民放テレビの地方局が経営上の困難を抱えた場合には，上記のような災害時のサービスの提供を行うことができなくなります。
このような状況において仮にテレビの放送局にあなたが金銭的な支援を直接行うことを検討する場合を考えて質問にお答えください。
なお，支援金はその地域に住む視聴者が直接支払うものとします。

仮想評価法の設問
あなたは，民放テレビの地方局に1ヶ月ごとに，どれくらいの支援金ならば支払っても良いと考えますか。※上限を10万円とし，お考えください。

価格感応分析の設問
以下の質問にお答えください。
※最もお気持ちに近いものをお選びください。
※上限を10万円とし，お考えください。
1. 支援金が高いと感じ始める価格は？
2. 支援金が安いと感じ始める価格は？
3. 支援金が高すぎて支払えないと感じる価格は？
4. 支援金が安すぎてテレビ放送の品質を保てなくなると感じ始める価格は？

4. 調査の実施と結果

4.1　調査計画と調査対象

　本章の課題を明らかにするための実証調査は，2011年3月の東日本大震災で被災地となった宮城，岩手，福島の東北3県および2016年4月の熊本地震の被災地となった熊本県で回答者を募って実施された。それぞれの地域において，インターネット調査を実施して約1,000人の回答データを得た。2つの震災は時期も状況も大きく異なっており2つのデータを混用して分析することはできないが，両者を比較検討することにより，より深い知見を得ることを目指

4. 調査の実施と結果

表5.3 実証調査概要

■実施機関	社団法人民間放送事業者連盟
■調査方法	インターネットリサーチ
■実施期間	2017年8月23日（水）〜 2017年8月26日（土）
■回答者	2,069名 東北3県（宮城，岩手，福島） 熊本県

すこととした。

4.2 調査対象の状況

　回答者の基本的な属性については図5.6のようになった。インターネット調査を行う際に，回答者の居住県および男女比についてはスクリーニングを行ったため，東北3県と熊本県それぞれ回答者の比率と各被災地域における男女の比率はほぼ等しくなっている。回答者の各地域における年齢区分については，19歳以下と60歳以上の回答者を除き5歳区切りで分類しており，各区分の回

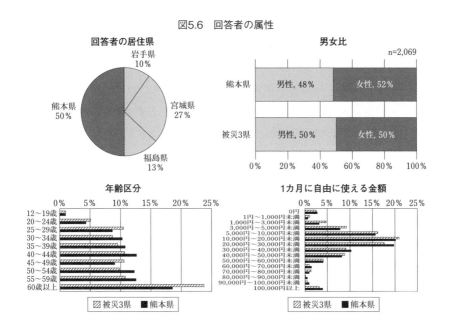

図5.6　回答者の属性

答者はそれぞれ全体の10%前後となっている。19歳以下の回答者が少ない一方，60歳以上の回答者は一つにまとめられているため割合が大きい。

また，本調査においては，年収欄が記入を義務付けられていない自由回答となっており空欄が目立つため，その代理指標として1か月に自由になる金額を用いた。回答者には学生や年金生活者などが含まれるため，1か月に自由になる金額は0円から100,000円程度に分布しており，総じて，1か月の小遣い程度の意味合いを持つと考えられる。

4.3　地域放送メディアにおける「力づけ」の検証

ここでは地域放送メディアが震災復興期に地域住民に対して行った力づけの効果について検証する。そのために，3.1節で説明したように各種メディアと励ましを行った人々を対象として，「精神的な復興」としてあげた指標との間の相関関係を求めた。

表5.4「力づけられたメディアと現在の心持ち」では各種メディアと「精神的な復興」として挙げた指標との相関係数を示す。表に数字が入っている項目が有意（p>0.05）な項目であり，相関係数は最小0から最大1までの数値で表される。東北3県および熊本の両地域とも対面での会話，電話，メールといったパーソナルな接触が多くの指標と相関を持っていることがわかる。

メディアについては，東北3県ではNHK，民放キー局，地域放送メディアが多くの指標と相関を持っている。一方で，ソーシャルメディアやインターネットのHP・ブログなどは両地域において有意な値をほとんど持たないことがわかる。

表5.5「励ましをもらった人びとと現在の心持ち」では励ましを行った人びとと「精神的な復興」として挙げた指標との相関係数を示す。表5.4と同様に，有意（p>0.05）な項目のみ数値が入れてあり，相関係数は0から1までの数値をとる。励ましをもらった人びとのうち，家族・親戚・友人・知人・近所の人びとといった身近な人びとは多くの指標と相関を持っている。アンケート回答者とこれらの人びととは，日常的に対面での会話，電話，メール等で直接的なコミュニケーションをとっていると想定されるため，励ましの効果は想像に難くない。一方で，メディアを通して接した人びとについては，東北3県では海

4. 調査の実施と結果

表5.4 カテゴライズされたメディアと現在の心持ち 東北3県(宮城・福島・岩手)

	パーソナルな接触			メディア							
	対面での会話	電話	メール	ソーシャルメディア(LINE等とり)	インターネット・ブログ	テレビ(NHK BS)	テレビ(NHK総合・Eテレ)	テレビ(民放キー局ネット)	ラジオ(NHK AM, FM)	ラジオ(民放キー局・地方局)	新聞・雑誌
震災で受けた被害に対して冷静に考えることができる	.164					.077			.067		
震災で受けたショックや悲しみは癒されつつある	.092	.109	.119			.071	.087				.081
震災当時に感じた悲しみは癒されている	.049		.083			.042	.067		.066	.106	.085
震災に対する不安は癒されている						.108	.123		.092	.087	.113
復興に対して前向きに考えることができる	.094	.098	.115		.065	.168	.161				.112

カテゴライズされたメディアと現在の心持ち 熊本

	パーソナルな接触			メディア							
	対面での会話	電話	メール	ソーシャルメディア(LINE等とり)	インターネット・ブログ	テレビ(NHK BS)	テレビ(NHK総合・Eテレ)	テレビ(民放キー局ネット)	ラジオ(NHK AM, FM)	ラジオ(民放キー局・地方局)	新聞・雑誌
震災で受けた被害に対して冷静に考えることができる											
震災で受けたショックや悲しみは癒されつつある	.162	.110	.116			.103					
震災当時に感じた悲しみは癒されている	.126		.072								
震災に対する不安は癒されている	.108		.065						.101		
復興に対して前向きに考えることができる	.173	.112	.138	.065	.072	.141	.141				.117

注:ピアソンの相関関係が p>0.05 について表記。

表5.5 励ましをもらった人びとと現在の心持ち 東北3県(宮城・福島・岩手)

	パーソナルな接触			メディアを通じて							
	家族	親戚	知人	近所の人	地元出身のパーソナリティ	地元出身の有名人	全国区の有名人	全国区の人気パーソナリティ	好きなタレント	日本政府・政治家	県・市町村	海外の人
震災で受けた被害に対して冷静に考えることができる	.151		.152	.104								.113
震災で受けたショックや悲しみは癒されつつある	.093	.115	.073		.067						.081	.088
震災当時に感じた悲しみは癒されている				.088					.065	.119	.089	.072
震災に対する不安は癒されている				.119					.140	.147	.175	
復興に対して前向きに考えることができる	.122	.096	.094	.179	.166				.104			.185

励ましをもらった人びとと現在の心持ち 熊本

	パーソナルな接触			メディアを通じて							
	家族	親戚	知人	近所の人	地元出身のパーソナリティ	地元出身の有名人	全国区の有名人	全国区の人気パーソナリティ	好きなタレント	日本政府・政治家	県・市町村	海外の人
震災で受けた被害に対して冷静に考えることができる	.165	.108	.148	.146		.084						
震災で受けたショックや悲しみは癒されつつある	.155	.097	.092	.088		.111				.091		
震災当時に感じた悲しみは癒されている	.112	.079	.093	.084		.089						
震災に対する不安は癒されている						.034						
復興に対して前向きに考えることができる	.210	.200	.195	.204	.153	.215	.161	.155	.138	.156	.119	.171	.125

注:ピアソンの相関関係が p>0.05 について表記。

外の人びと，熊本県では全国の人びとが多くの指標と有意となっており注目に値する。なお，「復興し際して前向きに考えることができる」という項目はほとんどすべての「励ましをもらった人びと」と有意な相関があり，相手が誰であれ人びとに励まされること自体が，復興時の前向きな気持ちと結びついていることが示唆される。なお，両分析とも相関係数は最大で0.2程度であり，多くの相関が0.1以下であるため，各項目とも弱い相関であると考えられ決定的な項目を抽出することはできなかった。

本分析の知見をまとめると，メディアについては，東北3県ではテレビが「精神的な復興」を後押ししていたこと，励ましをもらった人びとについては，両地域とも，さまざまな人からの励ましが「前向きに考える」ことを後押ししていたことがわかった。

4.4 金銭的評価に関する分析

本節では，3.2節で説明を行った地域放送メディアの金銭的評価についての分析結果を示す。表5.6「支払意思額」では，仮想評価法を用いた支払意思額調査の結果を東北3県および熊本県に分けて示した。さらに，比較のためにすべての回答者を用いた集計と支払意思額が0円であった回答者を除いた集計を示した。図中の各表には「平時を想定した直接支援金（平時支援金）」，「平時を想定した公的資金からの支出（平時公的支援）」，「震災時の役割を想定した直接支援金（震災対策支援金）」，「震災時の役割を想定した公的資金からの支出（震災対策公的支援）」の4つのシナリオについて，支払意思額調査の有効回答者数・平均値・中央値・最頻値が記載されている。

支払意思額調査では，一部の回答者が非常に高い支払意思額を示すことで平均値が大幅に高まってしまうことがあり，支払意思額の過大評価につながる。このようなことを避けるために本節では平均値ではなく中央値に注目して議論を進める。

東北3県ではすべての回答者を用いた集計では「平時支援金」，「平時公的支援」，「震災対策支援金」「震災対策公的支援」の中央値が等しく100円となる。一方で，支払意思額が0円であった回答者を除いた集計では，「平時支援金」と「震災対策支援金」が中央値500円，「平時公的支援」と「震災対策公的支援」

表5.6 支払意思額（平均値・中央値・最頻値）
東北3県（宮城・福島・岩手）

シナリオ	全数				シナリオ	0円回答を除いた場合			
	有効度数	平均値	中央値	最頻値		有効度数	平均値	中央値	最頻値
平時支援金	1,035	491円	100円	0円	平時支援金	672	757円	500円	500円
平時公的支援	1,035	652円	100円	0円	平時公的支援	690	977円	300円	100円
震災対策支援金	1,035	655円	100円	0円	震災対策支援金	724	936円	500円	500円
震災対策公的支援	1,035	511円	100円	0円	震災対策公的支援	735	720円	300円	100円

熊本県

シナリオ	全数				シナリオ	0円回答を除いた場合			
	有効度数	平均値	中央値	最頻値		有効度数	平均値	中央値	最頻値
平時支援金	1,034	578円	100円	0円	平時支援金	704	849円	500円	500円
平時公的支援	1,034	513円	100円	0円	平時公的支援	716	740円	300円	500円
震災対策支援金	1,034	629円	200円	0円	震災対策支援金	736	884円	500円	500円
震災対策公的支援	1,034	774円	200円	0円	震災対策公的支援	754	1,061円	500円	500円

で中央値300円であった。

熊本県ではすべての回答者を用いた集計では「平時支援金」「平時公的支援」が中央値は100円である一方，「震災対策支援金」「震災対策公的支援」は中央値200円である。また，支払意思額が0円であった回答者を除いた集計では，「平時支援金」と「震災対策支援金」が中央値500円，「平時公的支援」と「震災対策公的支援」で中央値300円となり，東北3県と全く同じ結果となる。

次に，3.2節の(1)で説明をした価格感度測定の結果を表5.7「価格感度測定に関する指標(1)」および表5.8「価格感度測定に関する指標(2)」に示す。価格感応分析は，多くの価格指標を算出することができるが，ここでは特に「価格感度測定に関する指標(2)」に示されている最適価格に注目していきたい。「最適価格」は財やサービスを購入する潜在的消費者が最も価格拒否感がないと考える価格であり，価格付けの際に重要な指標であるためである。

東北3県では平時支援金が「400円～500円」，平時公的支援が「300円～400円」，震災対策支援金が「500円～600円」，震災対策公的支援が「400円～500円」となっており，支援金，公的支援とも平時よりも震災対策が高い最適価格を示している一方で，平時，震災対策とも支援金が公的資金を上回っている。

表5.7 価格感度測定に関する指標(1)

東北3県（宮城・福島・岩手）

平時を想定した価格感度測定

	支援金				公的支援			
	高い	安い	高すぎる	安すぎる	高い	安い	高すぎる	安すぎる
平均値	2,405 円	348 円	7,227 円	142 円	2,350 円	316 円	6,132 円	143 円
中央値	1,000 円	100 円	2,500 円	10 円	1,000 円	100 円	2,000 円	10 円
最頻値	1,000 円	50 円	3,000 円	10 円	1,000 円	50 円	1,000 円	10 円

震災対応を想定した価格感度測定

	支援金				公的支援			
	高い	安い	高すぎる	安すぎる	高い	安い	高すぎる	安すぎる
平均値	2,586 円	313 円	5,784 円	128 円	2,422 円	294 円	5,562 円	118 円
中央値	1,000 円	100 円	2,000 円	10 円	1,000 円	100 円	2,000 円	10 円
最頻値	1,000 円	50 円	1,000 円	10 円	1,000 円	50 円	1,000 円	10 円

熊本県

平時を想定した価格感度測定

	支援金				公的支援			
	高い	安い	高すぎる	安すぎる	高い	安い	高すぎる	安すぎる
平均値	2,505 円	392 円	7,625 円	155 円	2,272 円	315 円	7,160 円	133 円
中央値	1,000 円	200 円	3,000 円	10 円	1,000 円	100 円	2,000 円	10 円
最頻値	1,000 円	50 円	3,000 円	10 円	1,000 円	50 円	1,000 円	10 円

震災対応を想定した価格感度測定

	支援金				公的支援			
	高い	安い	高すぎる	安すぎる	高い	安い	高すぎる	安すぎる
平均値	2,464 円	361 円	6,954 円	159 円	2,891 円	365 円	7,320 円	164 円
中央値	1,000 円	100 円	2,500 円	50 円	1,000 円	200 円	2,500 円	50 円
最頻値	1,000 円	50 円	1,000 円	10 円	1,000 円	50 円	3,000 円	10 円

　熊本県では平時支援金が「400円～500円」，平時公的支援が「400円～500円」，震災対策支援金が「500円～600円」，震災対策公的支援が「500円～600円」となっており，こちらも支援金，公的支援とも平時よりも震災対策が高い最適価格を示しているが，平時，震災対策とも支援金と公的資金の間に差異は見られない。

　価格感度測定における最適価格についてまとめると，平時よりも震災対策としての地域放送メディアの評価が高かった一方で，支払方式については，東北3県では支援金が公的資金を上回っていたことになる。

4. 調査の実施と結果

表5.8 価格感度測定に関する指標（2）

東北3県（宮城・福島・岩手）

平時を想定した価格感度測定

指標	支援金		公的資金	
	下限	上限	下限	上限
妥協価格	400円	500円	400円	500円
最適価格	400円	500円	300円	400円
下限価格	300円	400円	200円	300円
上限価格	500円	600円	500円	600円
需要価格帯	300円	600円	200円	600円

震災対応を想定した価格感度測定

指標	支援金		公的資金	
	下限	上限	下限	上限
妥協価格	500円	600円	400円	500円
最適価格	500円	600円	400円	500円
下限価格	400円	500円	300円	400円
上限価格	700円	800円	500円	600円
需要価格帯	400円	800円	300円	600円

熊本県

平時を想定した価格感度測定

指標	支援金		公的資金	
	下限	上限	下限	上限
妥協価格	400円	500円	400円	500円
最適価格	400円	500円	400円	500円
下限価格	200円	300円	200円	300円
上限価格	500円	600円	500円	600円
需要価格帯	200円	600円	200円	600円

震災対応を想定した価格感度測定

指標	支援金		公的資金	
	下限	上限	下限	上限
妥協価格	500円	600円	500円	600円
最適価格	500円	600円	500円	600円
下限価格	400円	500円	400円	500円
上限価格	600円	700円	600円	700円
需要価格帯	400円	700円	400円	700円

4.5 データの検証からわかること

実証調査を実施した東北3県と熊本県の2地域では差異はあったものの，地域放送メディアへの評価にとして以下のような知見が得られた．

(1) 震災復興期において，地域放送メディアはメディアに登場する人物からの励ましと相まって，地域住民の「精神的復興」と結びついている．
(2) 民放テレビの地方局に対する支援策を考えた場合には，平時よりも震災対策に重点をおいた場合の方が評価が高い一方で，視聴者からの直接支援金方式が公的資金援助方式の支払意思額を上回る．

震災対策を想定した場合に民放テレビの地方局への重要度が高まり，支払意思額が高まることは想像に難くないが，政府・自治体といった公的機関が民放テレビを支援する方式の評価額を，視聴者が自らお金を払わなくてはならない直接支援金方式の評価額が上回ったことは興味深いと考えられる．

5. おわりに

　本章では，地域放送メディア，特に民放テレビの地方局の役割について震災復興期に注目し，地域住民への力づけの役割とその様な役割に対する住民の評価について考察した。具体的な実証調査として，東日本大震災の経験を持つ東北3県と熊本地震を経験した熊本県においてアンケート調査を行ってデータ分析を行った。その結果，地域放送メディアの震災復興期の力づけの役割について一定の知見を得ることができた。一方で，平時および震災復興期における地域放送メディアに関する地域住民の評価を通して，地域放送メディアへの支援が必要となった場合に，住民が必ずしも公的資金による援助を望んでいるわけではないことが示唆された。

　本章における実証研究にはいくつかの課題がある。まず，メディアやメディアに登場する人物と精神的復興については相関関係を示したにとどまり因果関係ついては明らかになっていない。また，民放テレビの地方局への支援の評価については，東北3県と熊本県の2地域それぞれについて分析を行ったものの収入や年齢性別といったより詳細な回答者の属性については考慮していない。より重要なことに，災害時および災害復興期にはさまざまなメディアが役割を演じることになるが，今回の調査では近年の災害において脚光を浴びることの多いソーシャルメディアやインターネットといった新しいメディアの役割を明らかにすることができなかった。これらの新しいメディアには多くの期待と注目が集まっているため，本章の調査の枠組みを超えたさらなる調査の必要を指摘したい。最後に，本章では，地域社会メディアについて，仮想評価法に加えて価格感応測定を用いた実証調査を実施することで多くの価格関連指標を示した。これらの指標をどのように解釈して活用していくかはいまだに研究の進んでいない分野であり今後の進展に期待したい。

◆参考文献

アルドリッチ，D. P. (2015)．『災害復興におけるソーシャルキャピタルの役割とは何か：地域再建とレジリエンスの構築』(石田祐・藤澤由和訳)，ミネルヴァ書房．

Arrow, K., R. Solow, P. R. Portney, E. E. Leamer, R. Radner, and H. Schuman (1993), "Report of the NOAA Panel on Contingent Valuation", *Federal Register*, vol. 58, no. 10.
池田謙一編著 (2015), 『震災から見える情報メディアとネットワーク』東洋経済新報社.
栗山浩一 (1998), 『環境の価値と評価手法』北海道大学図書刊行会.
総務省 (2013), 『平成 24 年版 情報通信白書』ぎょうせい.
Tatsuki, Shigeo and Haruo Hayashi (2000), "Family system adjustment and adaptive preconstruction of social reality among the 1995 earthquake survivors, International," *Journal of Japanese Sociology*, vol. 9, pp.81-110.
立木茂雄・林春男・矢守克也・野田隆・田村圭子・木村玲欧 (2004), 「阪神淡路大震災の長期的な生活復興過程のモデル化とその検証, 2003 年兵庫県復興調査データへの構造方程式モデリング (SEM) の適用」『地域安全学会論文集』vol. 6, pp.251-260.
Van Westendorp, P. (1976), *NSS-Price Sensitivity Meter (PSM) - A new approach to study consumer perception of price*, Proceedings of the ESOMAR Congress.

第6章
大震災時にビッグデータを活用したサービスの利用について
―― 災害対応における「自助力」強化のために

櫻井　直子

1. はじめに：災害対応における社会の変化と研究の背景

1.1　災害対応における「自助」の重要性

　東日本大震災後，その経験や教訓から，防災・減災，災害からの復興における考え方が変化しつつある。

　災害対応には「自助」・「共助」・「公助」が大切とされる。「自助」とは，災害時に，自分自身で自分の命や身の安全を守ることであり，「共助」とは，地域コミュニティで災害発生時に相互に助け合うこと，そして「公助」は，国や県・市町村などの行政機関による救助・援助である。

　東日本大震災，熊本地震など過去の大災害時，自助，共助および公助がかみあわないと災害対策がうまく働かないことが強く認識された。東日本大震災以前は，災害時の対応や防災・減災，災害からの復興に関して，「公助」に頼りがちであったが，これら大震災の経験から，市町村の行政機能が麻痺する「公助」の限界が明らかになるとともに，「自助」および「共助」の重要性が叫ばれるようになった。

　国民の意識も同様に変化している。「防災に関する世論調査」（2013年内閣府実施）において，「公助に重点を置くべき」という回答が，2002年調査の16.6％から8.3％へと大幅に減少した。また，「公助，共助，自助のバランスが取れた対応をすべき」が18.9％から56.3％と大幅に増加した。東日本大震災で

の経験を踏まえた結果であると思われる[1]。

「自助」として必要とされるのは，防災に対する正しい知識を持つ，地震発生時の心構えを家族で共有する，十分な非常用品を備蓄する，家屋の倒壊や家具の転倒防止を行う，地震保険に加入するなど「備える」ことである。

加えて大切なのは，災害が起こった際に，「正しい情報を得る手段」を持っていることではないだろうか。災害時に正確な情報を得ることは，安全に避難するなど自分自身の身を守るうえでも，不安解消のためにも重要だといえるだろう。

1.2 今後の巨大地震の発生確率と被害想定

文部科学省地震調査研究推進本部による地震発生確率（2012年1月1日現在）によると，30年以内の地震発生確率は，南海トラフによる東海地震が88％，東南海地震が70％，南海地震が60％，首都直下地震（南関東で発生するM7程度の地震）を70％程度と推定している。

また，政府の地震調査委員会が発表した「全国地震動予測地図2018年度版（2018年6月26日）」によると，今後30年以内に震度6弱以上の大地震に遭う確率は，千葉市が85％で最も高く，横浜市が82％と続く。三大都市圏では，東京都48％，名古屋市46％，大阪市56％である。

東京都は，首都直下地震の中で最も甚大な被害をもたらすと予想される東京湾北部地震（M7.3，冬18時，風速8m/s）において，死者が約9,700人，建物被害が30万4,300棟，避難者が約339万人になると想定している。さらに，帰宅困難者は約517万人，および都内に滞留している人のうち，職場や学校など所属する場所がないために屋外で滞留する人数が約163万人と想定する（2012年4月発表）[2]。南海トラフ巨大地震の被害想定は，表6.1のとおりさらに規模が大きい。

東京都は避難所を各小中学校に開設することにしているが，2017年5月24日付け『日本経済新聞』朝刊によると，想定収容数は220万人分で，想定避難

---

1) 内閣府「平成26年版防災白書」．http://www.bousai.go.jp/kaigirep/hakusho/h26/honbun/index.html
2) 東京都「首都直下地震等による東京の被害想定」．http://www.bousai.metro.tokyo.jp/taisaku/1000902/1000401.html

1. はじめに：災害対応における社会の変化と研究の背景　　　　121

表 6.1　南海トラフ巨大地震の発生直後の被害想定

被　害	建物全壊・焼失	死　者	救助を要する人
建物倒壊	約 627,000 〜 1,346,000 棟	約 38,000 〜 59,000 人	約 141,000 〜 243,000 人
津　波	約 132,000 〜 169,000 棟	約 117,000 〜 224,000 人	約 26,000 〜 35,000 人
大規模火災	約 47,000 〜 750,000 棟	約 2,600 〜 22,000 人	―
液状化による沈下	約 115,000 〜 134,000 棟	―	―

出典：内閣府中央防災会議防災対策推進検討会議南海トラフ巨大地震対策検討ワーキンググループ「南海トラフ巨大地震の被害想定について（第二次報告）〜施設等の被害〜【被害の様相】」，2013 年 3 月 18 日，http://www.bousai.go.jp/jishin/nankai/taisaku_wg/pdf/20130318_shiryo2_1.pdf より筆者作成．

者数を大きく下回る．住居内にとどまることが可能なマンション住民は，対象に含まれないのである．災害救助法による災害救助基準は 7 日間以内で，各市区が東京都と連携して備蓄する食糧は 3 日分としている[3]．

　南海トラフ巨大地震や首都直下地震の被害は，東日本大震災や熊本地震とは異なり，被災者，避難所共に数が膨大になることから，より「自助」・「共助」の役割が大きくなることは明らかである．

1.3　大災害時の通信手段と通信各社によるサービス

　近年の大災害時において，従来の携帯電話や携帯メールから，有効な通信手段に変化が起きた．

　2011 年 3 月の東日本大震災時，携帯電話や携帯メールがつながりにくい状況のなか，安否確認などのために多く利用されたのは，Twitter などのソーシャル・ネットワーキング・サービス（以下，SNS）だった．地震発生から 1 時間以内に，東京からだけで毎分 1,200 件以上のツイートが投稿され，地震の発生翌日（3 月 12 日）の Twitter 新規加入者数は，前月 1 日当たりの新規加入者数 46 万人を大きく上回る 57 万 2 千人に上る[4] など，震災を機に SNS 利用者が爆

---
[3]　内閣府「災害救助法の概要」，http://www.bousai.go.jp/kaigirep/kentokai/hisaishashien2/wg/pdf/dai1kai/sankou4.pdf; 新宿区防災会議，「新宿区地域防災計画（平成 26 年度修正）概要版」，https://www.city.shinjuku.lg.jp/content/000165030.pdf
[4]　吉次由美「東日本大震災に見る大災害時の ソーシャルメディアの役割〜ツイッターを中心に〜」

発的に増加した。

東日本大震災から5年後2016年4月の熊本地震においても，Twitter，Facebook，LINEなどのSNSによる通信手段がさらに有効であった。熊本地震では，国のIT防災ライフライン構築に協力する通信事業者によるサービス，例えば，通信各社による公衆無線LANの無料開放「00000JAPAN」（ファイブゼロ・ジャパン）が初めて行われた。

NTT東日本・NTT西日本は，「災害用伝言ダイヤル（171）」と「災害用伝言板（web171））」，NTTドコモ・KDDI（au）・ソフトバンクの携帯大手3社は，スマートフォン・タブレットで伝言板にメッセージを登録できる「災害伝言板」を提供した。また，Googleの「パーソンファインダー」，「熊本地震リソースマップ」，Yahoo！Japanの「避難所マップ」，Facebookの「災害時情報センター」などが提供された。

熊本地震においても，東日本大震災において避難・救援ルート検索のための支援ツールとして大きな役割を果たしたホンダの「Hondaインターナビ」やトヨタの「通れた道マップ」が，実際に通行できた道路を公開した。

2018年6月18日の大阪府北部地震でも，携帯電話の通話はつながりにくい状況になったが，インターネット回線は大きな影響を受けず，やはりSNSが多く活用された。運営会社LINEによると，地震が発生した直後には国内のメッセージ送信件数が約5倍，午前8時〜午後2時の間では約2倍に膨らんだという。大阪府北部地震および2018年7月の西日本各地における大雨被害の際も，NTT東日本，NTT西日本，NTTドコモ，KDDI（au），ソフトバンクは，「災害用伝言板」と音声メッセージを残せる「災害用音声お届けサービス」を提供し，公衆無線LANの無料開放「00000JAPAN」を実施した。

さらに，2018年9月6日に北海道胆振東部地震が発生し，全道が停電となったが，携帯大手3社はいち早く「災害用伝言板」と「災害用音声お届けサービス」を立ち上げた。NTT東日本・西日本は，「災害用伝言ダイヤル（171）」と「災害用伝言板（web171））」の運用を行い，各社は被災地を対象に，データ通信量による速度制限解除などの支援策を行った。各社のWi-Fiスポットは，

『放送研究と調査』NHK放送文化研究所，2011年7月，https://www.nhk.or.jp/bunken/summary/research/domestic/133.html

1. はじめに：災害対応における社会の変化と研究の背景   123

「00000JAPAN」として無料公開された。

　今後の新たな取り組みとして，SNS 上のデータを人工知能（AI）により分析し，被害状況の早期把握，消防庁への緊急通報，帰宅困難者の安全な誘導などに活用するさまざまな検討が始まっている。

1.4　ビッグデータ利活用の意義と課題

　東日本大震災後の SNS 利用者数，その後のスマートフォン利用者数の増加にも伴い，SNS の書き込みやウェブサイトのアクセスログ，スマートフォンや携帯電話の GPS（Global Positioning System）測位情報から取得される位置情報など，それまで以上に大量かつ多様なデータがビッグデータとして蓄積されるようになった。

　ビッグデータを利活用して，世界では，すでにあらゆる産業の IT 化，IoT，AI などの技術の進歩により，新たなビジネスを創造するイノベーションが，これまでにない速さで起きている。日本の産業界が国際競争力を維持するためには，この流れに乗り遅れるわけにはいかないとして，組織や業界の枠を越えてビッグデータを利活用することによる新たなサービスの創出を目指し，さまざまな取り組みが始まっている。ビッグデータの利活用は，国際競争力向上の観点だけではなく，個人の生活の質の向上や，社会課題解決の観点からも，大きな意義がある。利用者の視点に立ったきめ細やかなサービスや，製品の提供，防災・減災における誘導・支援活動や，国民の健康増進などに貢献するとされている[5]。

　これまでビッグデータ活用を推進するための課題とされたのは，プライバシーに関わる個人情報の取り扱いであった。個人情報保護法制定から 10 年が経過し，「改正個人情報保護法」が 2017 年 5 月 30 日より全面施行された。最大の改正ポイントは，個人情報から特定の個人を識別することができる記述を削除するなどして加工した「匿名加工情報」について，本人の同意を求めることなく，第三者提供や目的外利用を可能とすることにある。

　しかし，匿名加工された情報であっても，個人に関するパーソナルデータを

---

[5]　経団連「データ利活用推進のための環境整備を求める～Society5.0 の実現に向けて～」に詳しい。https://www.keidanren.or.jp/policy/2016/054_honbun.pdf

利用されることに対する不安は依然存在するといわれる。パーソナルデータの利活用に関する課題の多くは，利活用のルールが明確でないため，企業にとっては，どのような利活用であれば適正といえるかを判断することが困難であること，他方，利用者にとっては，自己のパーソナルデータが適正に取り扱われ，プライバシーなど適切に保護されているかが不明確であることに，懸念が生じていることにある[6]。

1.5 用語の定義

ここで，混同しがちな用語について，改めて整理をしておこう。

(1) ビッグデータ

単に膨大なデータを指してビッグデータと呼ぶケースも多く，明確な定義はないが，ICT の進展により，生成・収集・蓄積等が可能・容易になる多種多様のデータを指す。

ビッグデータを利用することにより，異変の察知や近未来の予測などを通じ，利用者個々のニーズに即したサービスの提供，業務運営の効率化や新産業の創出などが可能となる。

データの例として，オンラインショッピングサイトなどの購買履歴やエントリー履歴，ウェブ上の配信サイトの視聴履歴・閲覧履歴，SNS の書込みデータ，GPS・IC カードからの位置情報・乗降履歴，ダイレクトメールのデータや会員カードデータなどカスタマーデータが挙げられる[7]。

(2) パーソナルデータ

明確な定義はないが，個人の行動・状態などに関する情報に代表されるデータを指す。次に説明する「個人情報」に加え，「個人情報」との境界が曖昧なものを含む，個人と関係性が見出される広範囲の情報を指す。

---

[6] 総務省「パーソナルデータの利用・流通に関する研究会 報告書 ～パーソナルデータの適正な利用・流通の促進に向けた方策～」，2013 年 6 月 12 日，p.1，http://www.soumu.go.jp/main_content/000231357.pdf
[7] 総務省「平成 24 年版情報通信白書」，第 1 部第 1 節，http://www.soumu.go.jp/johotsusintokei/whitepaper/ja/h24/html/nc111000.html

1. はじめに：災害対応における社会の変化と研究の背景

個人の属性情報，移動・行動・購買履歴，ウェアラブル機器から収集された個人情報，特定の個人を識別できないように加工された人流情報，商品情報なども含まれる[8]。

(3) 個人情報

生存する個人に関する情報であって，氏名，生年月日，その他の記述などにより特定の個人を識別することができるもの，および，身体の一部の特徴を電子計算機のために変換した符号（DNA，顔，虹彩，声紋，歩行の態様，手指の静脈，指紋・掌紋）や，サービス利用や書類において対象者毎に割り振られる符号（公的な番号，旅券番号，基礎年金番号，免許証番号，住民票コード，マイナンバー，各種保険証等）の「個人識別符号」が含まれる[9]。

(4) プライバシー

1964年東京地方裁判所の判決により，①私生活上の事実または事実らしく受け取られるおそれのあることがら，②一般人の感受性を基準にして当該私人の立場に立った場合公開を欲しないであろうと認められることがら，および③一般の人にいまだ知られていないことがら，を指すとされている。

しかし，プライバシー情報は，人によっても，同一人物でも状況に応じて違い，定義不能であることから，ある程度明確に定義可能な「個人情報」を保護することによって，間接的にプライバシーを保護するという考え方になっている。このため，プライバシーの範囲と個人情報の範囲は完全に一致しているわけではない[10]。

---

8) 総務省「平成29年情報通信白書」, 1.1.1「ビッグデータの定義及び範囲」, http://www.soumu.go.jp/johotsusintokei/whitepaper/ja/h29/html/nc121100.html

9) 個人情報保護委員会「個人情報保護法の基本」, https://www.ppc.go.jp/files/pdf/28_setsumeikai_siryou.pdf

10) 佐藤一郎「パーソナルデータの保護と利活用―改正個人情報保護法とその影響―」『オペレーションズ・リサーチ』2016年5月, p.290, http://www.orsj.or.jp/archive2/or61-5/or61_5_289.pdf

2. 大震災時にビッグデータを活用したサービスの利用に関する実証研究

2.1 研究の目的

　インターネット上では，さまざまなサービスが実質無料で提供されていることも多く，災害時には，前述のとおり，通常は有料の民間サービスも無料開放されてきた。しかし，今後予想される，これまでにない大規模な災害を考えると，行政や民間の無料サービスだけに頼ることはできないだろう。防災における「自助」として必要なのは，「自分で備えをすること」であり，十分な備えを考えるうえで，今後は，民間事業者による，有料の多様なサービス提供に対する期待も高まるのではないだろうか。

　例えば，セコム（株）は，法人向けに，「リアルタイム災害情報サービス」を提供している。これは，「セコムあんしん情報センター」に収集されるビッグデータを解析し，加えて気象庁からの警報・特別警報，通信社からのニュース，避難に関する情報など公式に発表される情報と，インターネット上の災害関連情報も収集して，正確で実用性の高い災害情報を提供するものである。このようなサービスが個人向けに提供されるなら，一定の費用負担をしてでも，サービスを受けるニーズがあるのではないだろうか。

　以上の背景から，本研究は大規模災害時にビッグデータを活用した民間のサービスの可能性を例として，利用者のサービスを受ける意思を計るとともに，費用負担の検討のための資料となることを目指す。

　筆者は，これまでの研究において，個人情報漏洩および情報セキュリティ被害を防ぐために，利用者が支払ってもよいと考える支払意思額を求める手法を用いて，ネットワーク利用者の視点から，「個人情報」の価値を定量的に算定することを試みてきた。本研究ではその手法を応用し，平時に個人情報を提供することで，災害発生時に受けられる情報サービスに対する支払意思額を推計することを目的とする。

2.2 先行研究

　本研究を進めるうえで参考とすべき，大規模災害と情報通信との関係，プラ

イバシーと個人情報開示について，また個人情報の価値に関する先行研究について，表 6.2 に簡単に紹介する。

表 6.2 のとおり，テレビや Twitter などを利用した避難誘導や災害情報の発

表 6.2 先行研究の概要

氏名	研究内容の概要
榎本甫ほか (2014)	ソーシャルメディアのテキスト情報と帰宅行動の関連性を定量的に把握することを目的とし，東日本大震災時の東京都内で発信された Twitter のテキスト情報と人口流動メッシュデータには相関関係があることを明らかにした。
田中秀和 (2014)	JoinTown 徳島プロジェクトを例として，地域コミュニティの災害対策の共助と互助とプライバシーの保護の関係を論じた。
石原裕規ほか (2016)	今後の災害時における Twitter の活用可能性として，通常時アクティブアカウントなどを紹介するサービスを展開し，震災時即座に情報発信・リツイートの依頼ができる状況を確保する仕組みを提案した。
田中隆文ほか (2013)	電通総研（2011）のアンケート調査結果から，東日本大震災における災害情報について問題を感じた人が多かったことを示唆しているとした。
関谷直也 (2012)	大規模災害直後に必要とされる情報として，「家族や知人の安否」のニーズが他の情報に比べて非常に高いとした。
斎藤隆一 (2012)	諸外国に比べ，日本人は安否情報であっても個人情報の公開に抵抗感が大きいとした。
上田昌史 (2011)	欧州との比較で，日本人は匿名を好む傾向があり，名前や写真を提供することに抵抗感があるという。
日立製作所・博報堂 (2013)	ビッグデータとして生活者情報[注]が利活用されることに対し，4 割弱が「期待と不安が同程度」で，「企業や条件に関係なく利活用は認めない」は，1〜2 割程度とした。
高崎晴夫ほか (2014)	プライバシー懸念がサービス利用と情報開示に与える影響について，情報の取り扱いに関して事前に規定しておくこと（透明性）が，プライバシー懸念の増加を抑制するとした。
Ackerman et al. (1999), Earp and Baumer (2003)	プライバシー懸念の度合いに年齢層による差異があり，高年齢層は，若年齢層に比べ潜在的な懸念度が高く，情報開示に慎重であるとした。
Ackerman et al. (1999), Chellappa and Sin (2005)	開示するデータの種類によって，プライバシー懸念の度合いが変化する。センシティブ（機微）情報について慎重であるのに対し，趣味嗜好・年代・性別などの情報に対しては情報開示が寛容になるとした。
トレンドマイクロ（株）(2015)	個人情報の価値に関する調査として，相手が信頼できる会社ならば，5 割強が金銭と交換に自分の個人情報を提供すると回答し，個人情報の価値は平均 1,965 円と試算した。

注：生活者情報とは，個人情報（個人情報保護法に規定する，特定の個人を識別できる情報）と，それ以外のプライバシー性のある情報（商品の購入履歴や GPS による位置情報など，特定の個人を識別しないものの，個人のプライバシーに関わるさまざまな情報）を合わせて，「生活者情報」と定義。生活者情報には，匿名の情報および氏名の付加された情報がある。

信の可能性について研究が進んでいる。また，大規模災害直後には，信頼のおける情報収集が重要であること，中でも「家族や知人の安否」情報のニーズが最も高い。他方，安否情報であっても氏名や写真を公開することについて，他国に比べて抵抗感が大きいことがわかっている。情報開示を進めるうえで重要なプライバシーの懸念を軽減させるには，事業者自身の信頼を獲得することが重要であること，プライバシー懸念の度合いは年齢やデータの種類によって変化することが示されている。

2.3 研究の対象

先行研究において，田中（2014）は，災害対策としてテレビやスマートフォンを利用した情報配信を取り上げているものの，地域コミュニティの災害対策という限定されたものであり，本研究が目的とする，大規模災害時に，個人情報を活用した情報サービス利用に対する，意思の計測に関する研究は見当たらない。

本研究は，筆者の先行研究と同じ手法を用いて，「個人情報」を提供することにより受けられる情報サービスに対する評価を，定量的に計測する。

国として利活用していくのはパーソナルデータを含むビッグデータであるが，本研究では先行研究を踏まえて，定義が明確な「個人情報」[11]を対象とする。

調査の対象とする情報種別は，先行研究で対象とした「家族情報」，「身体情報」，「医療情報」，「金融情報」に「位置情報」を加えた5種類とする。

2.4 研究の方法

具体的な研究方法は，アンケート手法による社会調査によりデータを収集し，得られたデータを基に実証的に分析を行い，サービスおよび個人情報提供の意識に対する金銭的な価値を推定する。さらに，利用者の属性や背景による影響を見ることを目的とした分析を行い，どのような変数が影響を与えているかを明らかにする。

---

11) 本研究で対象とする個人情報は，複数の利用者が，同時に減ることなしに消費することができるという性質（非競合性）を持つとともに，情報アクセスに制限を設けることで利用者を限定（排除性）することができる。したがって，個人情報はクラブ財としての特性を持つ準公共財に分類されると考える。

評価に影響を与えると想定する属性・背景は次のとおり。
①個人属性：年齢，性別，年収，持病，家族（特に子供）
②経験：過去の災害における被災経験，東日本大震災時の困難経験，ネット上のトラブル経験
③リテラシー：防災意識，緊急地震速報への対応，ネット利用・個人情報利用に対する意識

分析手法は，「仮想評価法（Contingent Valuation Method: CVM）」を利用した。CVM は，もともと市場がないものに対して，仮想的に市場をつくって考えようとするもので，自然環境の価値に関する評価に対して多く用いられてきたものである。アンケートやインタビューを利用した意識調査において，回答者に「もしもこうだったとする」仮想の状況を想像してもらい，その状態で提示された金額を支払うかという支払意思額（Willingness to Pay: WTP），あるいはそういった場合その金額を受け入れるかという受入補償額（Willingness to Accept Compensation: WTA）を聞き出す。仮想上のあらゆる価値を評価しうる手法であり，まだ存在しない財やサービスの評価ができることも，大きな特徴である。

受入補償額は実際の評価よりも過大になる可能性があることから，本研究では NOAA ガイドライン [12] が推奨する支払意思額を尋ねる調査を行うこととした。

CVM の質問形式はいくつかあるが，回答者にある金額を提示して，「はい」または「いいえ」のどちらかを答えてもらう二肢選択方式が一般的となっている。「はい」・「いいえ」のどちらかを答えるだけなので，回答者にとって回答しやすく，バイアスが比較的少ないといわれることから，本研究では二肢選択方式を用いた。

二肢選択方式による支払意思額を推定する分析方法の中で，「生存分析」は，母集団における支払意思額代表値を，直接的に推定することができる。本研究の分析方法として，「生存分析」の中で柔軟で当てはまりがよく，特定の個人

---

[12] 1992 年にアメリカ商務省国家海洋大気管理局（National Oceanic and Atomospheric Administration: NOAA）が組織したパネルによって提示された。NOAA ガイドラインは CVM を用いて信頼性のある評価を得るために考慮すべき項目が網羅されたもので，CVM は他のアンケート調査に比べてバイアスが生じやすいため，できる限りこのガイドラインに従うことが推奨されている。同ガイドラインの中では，CVM が提示する評価額について，十分信頼性があると結論付けている。

属性と支払意思額の関連を見るうえで有効な手法である「ワイブル回帰分析（Weibull Regression）」を用いて，推定を行った（分析方法の詳細については，櫻井ほか（2018）を参照）。

2.5 調査の概要

アンケートによる社会調査実施にあたっては，CVM におけるバイアスをできる限り排除するために，NOAA ガイドラインに従って実施した筆者の先行研究に基づき，調査内容を十分精査したうえで，予備調査を，紙面によるものとウェブによるものの2回実施した。

ウェブ予備調査は，2016 年 3 月 18 日から 22 日までの5日間実施し，730 サンプルを回収し，分析を行った。

予備調査の結果分析により，CVM を用いる調査の設定金額を，表 6.3 のとおり 10 段階の金額とした。

本調査は 2016 年 8 月 5 日・6 日の2日間，20 歳以上の関東地方在住者を対象に，ウェブ調査を実施した。関東地方在住の成人を対象とした理由は，全国を対象とするのに比べて，居住環境や物価など大きな相違がなく，首都直下地震などの発生が予想されていることから，金銭尺度および大震災に対する危機意識が近いグループであると想定したからである。

設問数は，CVM を用いる調査について，仮想的な状況を提示し，それに対する支払意思額を尋ねる設問を5種類設定した。さらに，個人属性および背景調査として，過去の大震災の被災経験，東日本大震災時の状況（困った経験など），災害に対する備え，危機管理意識，ネット上のトラブル経験，行動履歴・通信履歴・検索履歴・購買履歴などに関する知識と，ビッグデータとして個人情報が利用されることに対する意識に関する質問など，計 15 問とした。

表 6.3 支払意思額を尋ねる調査の設定金額

	金　額（円）		
1	250	6	3,000
2	400	7	5,000
3	650	8	8,000
4	1,100	9	13,000
5	1,800	10	22,000

アンケート調査の目的として，回答者に以下の説明を与えた。
- 近い将来，首都直下地震が起こる可能性が高く，想定被害はこれまでになく大きい。
- 東日本大震災の教訓を生かし，被害をできるだけ少なくするために，携帯電話などの位置情報や車の走行データ，Twitter などのビッグデータを活用して，これまでとは次元の異なる防災や救命への備えが進んでいる。
- そのために必要となるのは，位置情報など個人の情報の提供である。
- アンケートの目的は，大震災時に避難，救助，物資の支援などに関する情報を得られるサービスのために，個人情報を提供したうえで，どのぐらいの費用負担を考えるか調査することにある。

CVM を用いる調査について，図 6.1 に位置情報を利用したシナリオの例を示す。

登録する情報は，基本情報（氏名，住所，性別，年齢，携帯・スマートフォン番号とアドレス），およびシナリオ別の情報であり，受けられるサービスの例は次のとおりである。

(1) 位置情報
①登録情報：基本情報と携帯電話やスマートフォンから自動で送られる「位置情報」
②サービスの例：今いる場所から帰宅できる避難経路，電車・バスに乗れるルート，近くの避難場所，宿泊できる場所についての信頼できる情報を，携帯電話やスマートフォンに発信する。また，家屋の下敷きになった場合など，位置情報から救助が可能になる。

(2) 家族情報
①登録情報：基本情報と「家族の基本情報」と「顔写真」
②サービスの例：家族の安否確認についての信頼できる情報，避難後の家族に必要な支援物資が得られる。

(3) 身体情報
①登録情報：基本情報と「サイズに関する情報」
②サービスの例：自身のサイズに合った品物が買える店についての，信頼でき

132　　　　第6章　大震災時にビッグデータを活用したサービスの利用について

図6.1　シナリオの例（位置情報）

仮定に基づく質問です。このようなサービスがあったとしたらという状況を想像してお答えください。
・近い将来，あなたの住んでいる場所に大地震が起こると言われています。
・大地震発生時，自分では携帯電話やインターネットから情報を得られない状況とします。
・保険のようなイメージで，あらかじめあなたの個人情報を登録しておき，お金を支払っておくことによって，大災害時に企業から提供されるサービスがあるとします。
・このサービスを提供するのは，信頼できる企業であるとします。
・個人情報の漏洩はないという前提で考えてください。
・支払う費用は，月額でなく1回だけです。

　登録するのは，あなたの基本情報（氏名，住所，性別，年齢，携帯・スマートフォン番号とアドレス），携帯電話やスマートフォンから自動で送られる「位置情報」です。
　これらを登録しておくことで，あなたのいる場所から帰宅できる避難経路，電車・バスに乗れるルート，あるいは近くの避難場所，宿泊できる場所についての信頼できる情報を，あなたの携帯電話やスマートフォンに発信してくれるとします。また例えば，あなたが家屋の下敷きになった場合，あなたの位置情報から救助が可能になります。

250円〜22,000円のうち1つをランダムに表示

このサービスが＿＿＿＿＿＿円だとしたら，あなたはこの費用を支払いますか。
なお，支払う費用は1回だけで，あなた自身のお金から支払うことを前提としてください。
1．はい
2．いいえ　（次の中から理由をお答えください）
　(1)個人情報は提供したくない。
　(2)個人情報を提供してもよいが，金額を支払いたくない。
　(3)サービスの料金を支払う意思はあるが，提示された金額が高すぎる。
　(4)個人情報を収集するいかなるシステムにも反対である
　(5)質問の意味がわからない
　(6)その他（ご記入ください）

る情報，避難所で不足しがちな衣類や下着を得られる．
(4) 医療情報
①登録情報：基本情報と「病気」，「アレルギー」，「薬」などに関する「医療情報」
②サービスの例：意識がない場合でも，救急搬送時に救急隊が迅速な医療処置ができ，望む病院に搬送することができる．また，避難後も必要な医療が受けられ，必要な薬が得られる．
(5) 金融情報
①登録情報：基本情報と「金融資産」，「支払能力に関する情報」
②サービスの例：家，家財，銀行の通帳やカードなどすべてを失っても，優先的に資産に応じた融資が可能になる

3. 調査結果

3.1 被災経験とビッグデータの利用意向
(1) 個人属性の集計

アンケート回答者の個人属性の集計は，表 6.4 のとおりである．

図 6.2 に示すとおり，調査結果の世帯年収は，国民生活基礎調査と比較すると 100 万円多いが，国民生活基礎調査の回答者には 19 歳未満および 70 歳以上

表 6.4　回答者の個人属性

1	回収サンプル数	3,090
2	性別	男性 1,545 (50.0%)，女性 1,545 (50.0%)
3	年齢	20 歳から 69 歳　平均 44.6 歳　性別・年代 (20 歳代，30 歳代，40 歳代，50 歳代，60 歳代) 別に各 309 の同数 (先着方式による)
4	婚姻	既婚 1,806 (58.4%)，未婚 1,284 (41.6%)
5	職業	就労者 2,041 (66.1%)，学生・生徒 138 (4.5%)，未就労者 911 (29.5%)
6	同居人あり	2,542 (82.3%)
7	同居の子供あり	1,116 (36.1%)
8	持病あり	本人 821 (26.6%)，家族 1,348 (31.5%)
9	世帯年収	図 6.2 のとおり．「答えたくない」は 22.0%
10	1 ヵ月に自由に使える金額	図 6.3 のとおり

134　第6章　大震災時にビッグデータを活用したサービスの利用について

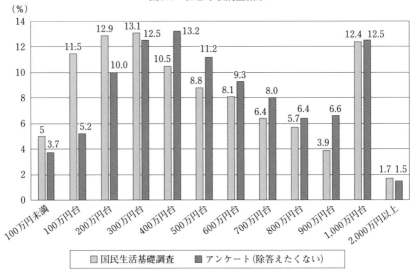

図6.2　世帯年収調査結果

注：平成28年国民生活基礎調査（厚生労働省）所得票第028表「世帯数，地域ブロック・所得金額階級別」，
　　http://www.e-stat.go.jp/SG 1 /estat/List.do?lid=000001184705
出典：平成28年国民生活基礎調査より関東在住者について筆者らが作成。

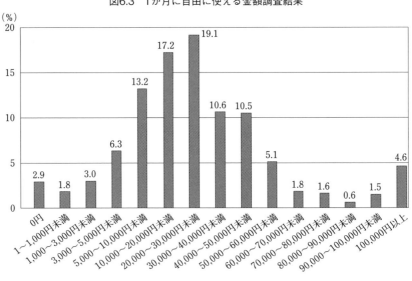

図6.3　1か月に自由に使える金額調査結果

を含んでいることから，本調査の世帯年収分布は，関東在住者のものと大きな違いはないといえる。

(2) 背景調査結果
(1) 過去の大震災での被災経験
　表 6.5 のとおり，過去の大震災で，自身や家族が大きな被害を受けた経験がある回答者は，それぞれの項目で 10% 未満と少なく，大きな被害を受けた経験がないと答えたのは，84.4% だった。
(2) 東日本大震災の際の困難経験
　回答者は関東地方在住者であるが，表 6.6 のとおり，東日本大震災の際，何

表 6.5　過去の大震災での被災経験

あなたやあなたの家族は，大震災で大きな被害を受けた経験はありますか。該当するものをすべてお選びください。（複数回答）	回答数	比率（%）
家族が死亡・行方不明になった	11	0.4
本人や家族が怪我をした	36	1.2
自宅が全壊・大規模半壊になった	42	1.4
自宅にひびが入るなど被害があった	299	9.7
自宅が液状化に遭った	24	0.8
家財を喪失または破損した	143	4.6
その他	61	2.0
大きな被害を受けた経験はない	2,607	84.4
全体	3,090	100.0

表 6.6　東日本大震災の際の困難経験

東日本大震災の際，困ったことがありましたか。該当するものをすべてお選びください。（複数回答）	回答数	比率（%）
帰宅できなかった，あるいは帰宅が大幅に遅くなった	1,106	35.8
電車・バスを待つために長時間待機した	391	12.7
避難所で1晩過ごした	87	2.8
渋滞に巻き込まれた	380	12.3
家族の安否が確認できなかった	524	17.0
必要な情報が得られなかった	422	13.7
食料・水・ガソリン・電池・オムツ等必需品が手に入らなかった	767	24.8
停電・断水した	887	28.7
その他具体的に【　　　】	102	3.3
困ったことはなかった	848	27.4
全体	3,090	100.0

らかの困難があったと答えたのは，72.6％と多かった。最も多かったのは，「帰宅できなかった，あるいは帰宅が大幅に遅くなった」で35.8％あった。次に「停電・断水した」が28.7％，「食料・水・ガソリン・電池・オムツ等必需品が手に入らなかった」が24.8％と続く。

(3) 大震災に対する備え

表6.7のとおり，「自宅に水・食料・生活必需品などの備蓄をしている」が49.4％，「自宅に防災グッズなど十分な準備をしている」が20.6％という回答がある一方で，「何もしていない」33.5％，「わからない」3.2％と，危機意識が低い回答者が3割以上あった。

(4) 緊急地震速報への対応

「緊急地震速報が鳴ったらどうするか」については，60.7％が「地震に関する情報を得てから行動する」，次が「周りの様子を見て，人が動き出したら行動する」で12.9％だったが，「すぐに避難など行動する」は10.5％にとどまった。

災害時のバイアスの一つとして，周囲の人が逃げなかったら自分も大丈夫と思ってしまう心理によって，被害が拡大することが実証されているが，すぐに行動する回答者は1割程度しかいないことがわかった。

(5) ビッグデータの利用に関する意識

「スマートフォンから行動履歴や通信履歴などの情報が，通信事業者などに収集されていることを知っているか」という質問に関して，知っているが37.8％だった。「ポイントカードでの買い物やインターネット検索から何を買っ

表6.7　大震災に対する備え

あなたは，大震災に対する備えをしていますか。該当するものをすべてお選びください。	回答数	比率(％)
自宅に防災グッズなど十分な準備をしている	638	20.6
自宅に水・食料・生活必需品などの備蓄をしている	1,528	49.4
普段から水・充電器・チョコレートなど必要最低限のものを持ち歩いている	388	12.6
家族や親しい人と避難方法・避難場所などを話し合っている	608	19.7
避難訓練をしている	115	3.7
その他（具体的に：【　　　】）	22	0.7
わからない	99	3.2
何もしていない	1,034	33.5
全体	3,090	100.0

たり何を調べたりしたかの情報が，ポイントカードの運営企業，Google，Facebook，楽天などに収集されていることを知っているか」については，知っているが57.7％だった。

また，「携帯電話や交通系ICカードから収集される位置情報や移動情報，インターネット検索から収集される検索履歴など通信事業者に収集された情報が，ビッグデータとして企業に利用されることについてどう思うか」という質問に対して，「構わない」が3.9％，「個人が特定されないなら構わない」が20.3％，その他条件付を含めると合計42.9％が利用可としているのに対して，29.0％が不快・不安に思っているという結果だった。なお，利用拒否回答は16.1％だった。

(6) 調査実施後の感想

回答が多い順に，「大災害の備えを，自分でしなければならないと思った」が50.6％，「このような災害に対するサービスがあったらよいと思った」が27.4％，「大災害に個人情報を活用することに対する理解が深まった」が19.4％，「自分の情報がビッグデータとして収集されていることが理解できた」が19.7％と理解が深まっている一方で，「災害時の救援などは，国や地方公共団体がするべきだ」が19.0％，「どんな条件でも個人情報は提供したくない」が12.5％だった。

3.2 CVMを用いて支払意思額を求める調査

(1) 分析対象サンプル数

アンケート回答の際，支払手段に反対，シナリオの詳細が不明などの理由で，示されたシナリオに納得できず，自己の支払意思額をゼロとした回答を，抵抗回答という。抵抗回答はCVMを手法とした調査では必ず生じる回答であるが，シナリオに対する正しい支払意思額を表しているものでないため，有効回答から除外して分析することが望ましいとされている[13]。

以下のような理由で「いいえ」を選んだ回答を，抵抗回答として除外した。
・金額の根拠が不明。
・お金を払ってやることではない。やるなら国や市で全員を対象にするべき。

---

[13] 肥田野登『環境と行政の経済評価』勁草書房，1999年，pp.52-53。

表6.8 分析対象サンプル数

情報種別	サンプル数	欠損値	比率（％）
位置情報	2,867	223	7.2%
家族情報	2,899	191	6.2%
身体情報	2,845	245	7.9%
医療情報	2,935	155	5.0%
金融情報	2,901	189	6.1%

・情報が安全に管理されるか不安。
・実際にそのような状況になったとき，システムが正常に機能するとは考えにくい。
・大災害時に自分だけ特別な扱いを受けたいという気はない。
・本来個人が費用負担して解決する問題ではない。
・もっと詳しく知ってから考える。
一方で，以下の理由は，通常の支払拒否回答として，分析の対象とした。
・興味ない。
・すでに無料で同様なサービスがある。
・金額が見合わない。
・自費を払ってまで受けるサービスとは思えない。
・必要性を感じない。
その結果，分析対象サンプル数は，表6.8のとおりとなった。

(2) 属性による影響を見るための変数

どのような個人属性・背景が，支払意思額に影響を与えているかを求めるため，表6.9の変数を加えて分析を行った。収入に関しては，「世帯年収」の拒否回答が22.0％と多かったことから，「1か月に自由に使える金額」を世帯年収の代理変数とした。

3.3 CVMによる支払意思額の推定

(1) 支払意思額推定結果

ワイブル回帰分析による，一段階二肢選択方式の，支払意思額代表値の推定結果より，過大推計にならないよう裾きりした平均値（裾きり点22000）を，

表 6.9　分析に加えた変数（有意なもののみ）

変数	データ
性別	男：0　女：1
年齢	20-24 歳から始まる 5 歳単位，60 歳以上までの 9 階梯
震災被害経験あり	被害あり：1，なし：0
東日本大震災で困難経験あり	あり：1　なし：0
同居の子供あり	あり：1　なし：0
持病：本人あり	あり：1　なし：0
持病：家族あり	あり：1　なし：0
防災：十分な防災グッズ	あり：1　なし：0
防災：食糧等備蓄	あり：1　なし：0
防災：必要品を常時携帯	あり：1　なし：0
防災：避難方法等話し合い	あり：1　なし：0
防災：避難訓練実施	あり：1　なし：0
緊急地震速報：即避難	あり：1　なし：0
緊急地震速報：情報収集後	あり：1　なし：0
緊急地震速報：他人と同調	あり：1　なし：0
利用時間：スマホ	1 から 21 時間までの数
利用時間：PC	1 から 21 時間までの数
ネットサービス利用数	何種類使っているかの数
ネット上のトラブル経験あり	あり：1　なし：0
個人情報利用に対する意識	肯定的回答 1-4 が 1，否定的回答 5-8 が－1，不定 10 が 0
1 か月に自由に使える金額	各選択肢の金額の中位を対数化

表 6.10　シナリオ別支払意思額

(単位：円)

情報種別	全サンプル	抵抗回答除く	補正後（利用者の支払意思額）
位置情報	2,737	2,943	2,960
家族情報	2,908	3,085	3,091
身体情報	2,024	2,202	2,203
医療情報	3,432	3,618	3,619
金融情報	2,783	2,963	2,963

支払意思額とみなす（表 6.10）。抵抗回答を除いたことによる支払意思額の変化をみるため，抵抗回答を含む全サンプルによる分析結果も示す。両者を比較すると，差は 177 円から 206 円であり，抵抗回答を除いたことによる，過大評価には当たらないと判断できる。

さらに，これらが関東 1 都 6 県の人々の支払意思をより反映するように，関東地方の人口統計（2017 年・20 歳以上）と本調査サンプルとを比較し，WTP

表6.11 支払意思額の限界効果

(単位：円)

変数	位置情報	家族情報	身体情報	医療情報	金融情報
性別	84***	34***		79***	
年齢	14***	6***	1*		0**
震災被害経験あり					2**
東日本大震災で困難経験あり		32**			
同居の子供あり	45**	38***	7***	44**	2**
持病あり				69***	2**
家族の持病あり	−54**				
防災：避難訓練実施		51*			
緊急地震速報：即避難	88**	61***	14***	133***	3*
緊急地震速報：情報収集後に避難				78***	3**
利用時間：スマホ		5**			
利用時間：PC		−3*	−1*	−6**	0***
ネットサービス利用数			2*	21***	
ネット上のトラブル経験あり	68***	46***	5*	52***	2*
個人情報利用に対する意識	80***	45***	10***	67***	3***
1か月に自由に使える金額	37***	17***	4***	26***	1***

注：***1%水準有意，**5%水準有意，*10%水準有意。

の補正額を計算した[14]。補正後の金額を，利用者の支払意思額と見ることができる。

(2) 属性による影響の推定結果

　支払意思額に影響を与える個人属性・背景を見るための分析結果として，表6.11に，支払意思額の限界効果を示す。

　表6.11は，例えば，位置情報の支払意思額2,960円に対して，女性は男性よりも84円多く，年齢が5歳上の回答者は14円多く，同居の子供がいる回答者は45円多く支払う意思があるということを示す。

　支払意思額に影響する変数のうち，5種類の情報すべてに影響があったのは，「同居の子供あり」，「緊急地震速報の際即避難する」，「ネット上のトラブル経験」，「個人情報利用に対する意識」，「1か月に自由に使える金額」であった。しかし，今回の数字は，最大でも133円と小さいものであったことから，変数

---

14) 総務省統計局「都道府県別人口と人口増減率」，日本の統計2017 より人口統計（千人）と本調査サンプルとを比較した。サンプル補正値は，櫻井ほか（2018）を参照。

による明らかな影響とまではいえない結果となった。これら以外に影響を想定していた，「過去の大震災の被災経験」，「東日本大震災時の困難経験」，「災害に対する備え」は，有意な結果が得られず，「持病」は「医療情報」に対しても 69 円にとどまった。

4. おわりに

4.1 本研究のまとめと今後の課題

　個人情報を提供して受ける，情報サービスに対する支払意思額は，位置情報 2,960 円，家族情報 3,091 円，身体情報 2,203 円，医療情報 3,619 円，金融情報 2,963 円と推定することができた。金額の妥当性については，さまざまな意見もあるだろうが，これらは個人情報の価値評価の一つとして，個人情報提供に対する支払意思額と見ることができるだろう。

　サービスに対する支払意思がある回答者は，位置情報 21.3％，家族情報 20.7％，身体情報 14.9％，医療情報 23.9％，金融情報 17.2％だった。また，2.6 節（2）の（6）で説明したように「このような災害に対するサービスがあったらよいと思った」と回答したのが 27.4％，「大災害に個人情報を活用することに対する理解が深まった」が 19.4％だったことからも，こうした有料サービスの利用意思があるのは 2 割前後ではないかと推定される。

　本研究により，筆者のこれまでの研究のフレームワークを，個人情報を提供することに応用できたことは，一つの成果といえよう。災害時という限定された状況ではあるが，個人情報を提供することによる，新たなサービスに対する利用者ニーズを見ることができたことは，パーソナルデータを利活用する新たな産業の創出検討のために，良いインプットになるのではないだろうか。

　本研究は，ネットショッピングのように，何かを買うために個人情報を登録するのではなく，「個人情報を提供する」ことにより災害時にサービスが受けられるという設定で，個人情報提供に主眼を置いたのであるが，仮想的な状況を想定した調査であることから，提供されるサービスに回答が左右されたということも否めない。これらは今後の課題としたい。

4.2 自助に向けた情報活用の重要性

　政府は，第5期科学技術基本計画[15]の中で，人々に豊かさをもたらす「超スマート社会」を未来社会の姿とした。実現に必要な取り組みとして，さまざまな「もの」がネットワークを介してつながり，それらを高度システム化，複数の異なるシステムを連携協調させることにより，多種多様なデータを収集・解析してシステム間で横断的に活用できるようになる。それにより，既存にとらわれない新しい価値やサービスが生まれてくる，としている。

　また，2017年2月に公表された情報銀行[16]構想は，パーソナルデータを，所有者自身が管理・運用しながら，情報銀行に預けたデータに応じた対価を得るもので，様々な事業者が，パーソナルデータを横断的に利活用できるようにすること目指すものである。

　国内での実用化も，間もなく始まる。2018年8月31日付『日本経済新聞』朝刊は，（株）電通は2018年11月から，購買履歴などの個人データを預かり，民間企業に提供する「個人データ銀行」に参入すると報じた。すでに2018年7月18日付け『日本経済新聞』朝刊で報じられた三菱UFJ信託銀行は，2019年にもサービスを開始する方針である。

　このように，国としてパーソナルデータを利活用する流れになっている。本研究により得られた，個人情報を提供して受けられるサービスに対する定量評価は，防災・減災や国民の生活の質の向上にもつながる新たな産業の創出や，情報銀行などパーソナルデータの運用を促進するための，基礎的資料となりうるものと考える。

　繰り返しになるが，自然災害の多いわが国において，防災・減災のために自分の身を自分で守る「自助」の力を強めることが何より重要である。最近の内閣府調査（2017）では，災害時「自助」に重点を置くべきという回答が39.8％あり，2013年の前回調査から1.8倍に増えたという。大規模災害時の情報サービスは一例であるが，「自助」の重要性が高まるに従って，民間による新たなサービスの必要性も大きくなるだろう。新たなサービス創出の検討材料となる

---

[15]　内閣府「科学技術基本計画」, 2016年1月22日, p.11, http://www8.cao.go.jp/cstp/kihonkeikaku/5honbun.pdf

[16]　2017年2月24日，政府のIT総合戦略本部の検討会がワーキンググループ中間とりまとめとして公表。実証実験を経て，2018年度中の法整備を目指す考えである。

べく，同様の研究を，今後も継続して実施することが大切だと考える。

謝辞

　本章は，『日本セキュリティ・マネジメント学会誌』第32巻第2号（2018年9月発行）に掲載された筆者らの論文を用いて執筆したものである。「通信とメディアが大災害からの復興と地域社会の再興に果たす役割の解明」プロジェクトにおける研究と本章の執筆にあたり，三友仁志先生，大塚時雄先生にはご指導と貴重な助言をいただいた。ここに記して感謝の意を表したい。

◆参考文献

Ackerman, Nark S., Lorrie Cranor, and Joseph Reagle（1999），"Privacy in E-Commerce: Examining User Scenarios and Privacy", *In Proceedings of the ACM Conference in Electronic Commerce*, pp.1-8.

Chellappa, R. K. and R. G. Sin（2005），"Personalization Versus Privacy: An Empirical Examination of the Online consumer's Dilemma", *Information technology and Management*, Vol.6（2-3），pp.181-202.

Earp, J. B. and D. Baumer（2003），"Innovative Web Use to Learn about consumer Behavior and Online Privacy", *Communications of the ACM*, vol.46, No.4, pp.81-83.

Koguchi, Teppei and Toshiya Jitsuzumi（2014），"The Economic value of Location Data: Conditions for Big Data Secondary Markets", *Proceedings of the 2014 European Regional Conference of the International Telecommunications Society, International Telecommunication Society*.

Ranghieri, Federica, and Mikio Ishiwatari, eds.（2014），*Learning from Megadisasters: Lessons from the Great East Japan Earthquake*（「大規模災害から学ぶ 東日本大震災からの教訓」），Washington, DC: World Bank. doi:10.1596/978-1-4648-0153-2. License: Creative Commons Attribution CC BY 3.0 IGO, https://www.gfdrr.org/sites/default/files/publication/LearningFromMegadisasters-Japanese% 20Version.pdf

石原裕規・諏訪博彦・鳥海不二夫・太田敏澄（2016），「東日本大震災前後における重要アカウントとコミュニケーション形態の変容」『電子情報通信学会論文誌』Vol.J99-D, No.5, pp.501-513, http://search.ieice.org/bin/pdf.php?lang=J&year=2016&fname=j99-d_5_501&abst=

上田昌史（2011），「行動科学から見た情報セキュリティとプライバシー」『Nextcom』Vol.8, pp.22-31，KDDI総研．

榎本甫・桑野将司・小池淳司（2014），「災害時のソーシャルメディアと帰宅行動の関連性分析」『土木学会論文集D3（土木計画学）』70巻1号，pp.102-111, https://www.jstage.jst.go.jp/article/jscejipm/70/1/70_102/_article/-char/ja/

栗山浩一（1997），『公共事業と環境の価値－CVMガイドブック』築地書館，p.94.

高口鉄平（2014），「「パーソナルデータ」活用時代『競争評価』」『Nextcom』Vol.17, pp.52-

59.

斎藤隆一（2012），「東日本大震災における解体からの安否確認等の実態」『Nextcom』Vol.11, pp.34-43, KDDI総研．

櫻井直子・大塚時雄・三友仁志（2007），「セキュリティ被害に対するネットワーク利用者の主観的評価額の算定」『公益事業研究』第59巻第2号, pp.11-20．

櫻井直子（2008），「情報セキュリティ確保に対する利用者の価値評価に関する研究」『日本セキュリティ・マネジメント学会誌』第22巻第3号, pp.15-27．

櫻井直子（2011），『情報セキュリティの価値と評価―消費者が考える個人情報の値段―』文眞堂．

櫻井直子・大塚時雄・三友仁志（2018），「大規模災害時の情報サービスと個人情報提供の意思に関する研究」『日本セキュリティ・マネジメント学会誌』第32巻第2号, pp.3-16．

関谷直也（2012），「東日本大震災と安否確認」『Nextcom』Vol.11, pp.24-33, KDDI総研．

総務省（2017），「平成29年版情報通信白書」, pp. 80-84, http://www.soumu.go.jp/johotsusintokei/whitepaper/ja/h29/pdf/n2200000.pdf

総務省緊急時等における位置情報の取扱いに関する検討会（2013），「人命救助等におけるGPS位置情報の取扱いに関するとりまとめ」, http://www.soumu.go.jp/main_content/000237319.pdf

総務省統計局（2017），「都道府県別人口と人口増減率」『日本の統計2017』．

高崎晴夫・高口鉄平・実積寿也（2014），「パーソナライゼーション・サービスにおける利用者のプライバシー懸念の要因に関する研究」『公益事業研究』第66巻第2号, pp.25-34．

田中隆文・石尾浩市・今村隆正・逢坂興宏・亀江幸二・後藤宏二・鈴木清敬・西本晴男・尾頭誠・深見幹朗・町田尚久・松浦純生・松本美善，（2013），「東日本大震災を契機とする災害情報に関する多様な取り組み事例を問題点の検討」『砂防学会誌 Vol.65』No. 5 (304), pp.69-78, https://www.jstage.jst.go.jp/article/sabo/65/5/65_69/_pdf/-char/ja

田中秀和（2014），「減災ビッグデータの処理とプライバシーの保護」『技術倫理研究』11巻, pp.123-144．

電通総研（2011），「震災一ケ月後の生活者意識」調査, http://www.dentsu.co.jp/news/release/2011/pdf/2011040-0427.pdf

トレンドマイクロ（株）（2015），「IoT時代のセキュリティ，プライバシーに関する意識調査2015」, http://sp.trendmicro.co.jp/jp/about-us/press-releases/articles/20150423011206.html

内閣府（2017），「防災に関する世論調査」, https://survey.gov-online.go.jp/h29/h29-bousai/index.html

日立製作所・博報堂（2013），「ビッグデータで取り扱う生活者情報に関する意識調査」, http://www.hakuhodo.co.jp/uploads/2013/05/20130527.pdf

無線LANビジネス推進連絡会（2016），「大規模災害発生時における公衆無線LANの無料開放に関するガイドライン」, https://www.wlan-business.org/wp/wp-content/uploads/2016/03/Wi-Fi_Free_Guideline_v3.0_0225.pdf

第7章
災害時における個人情報利活用サービスに対する利用意向＊
―― 運営主体と個人情報の利用方法に着目した検討

高口　鉄平

1. はじめに

1.1 災害時におけるパーソナライゼーション・サービスの有効性

　前章では，災害時の自助の観点から，平時に個人情報を提供することで災害発生時に受けられる情報サービスに対する分析が示された。分析では，個人情報を利用した災害時の情報サービスについて一定の支払意思があることが示された。本章では，前章の結果を踏まえ，前章と同様の情報サービスについて，運営主体および個人情報の利用方法に焦点を当てた検討を行う。

　近年，さまざまな場面でパーソナルデータの利活用が進んでいる。その一つにパーソナルデータを利用して個人向けのコンテンツなどを提供する「パーソナライゼーション・サービス」（高崎 2018）の進展がある。パーソナルデータを用いることで，各個人に特化したサービス提供が可能となる。

　前章で示された災害時の情報サービスもまさにパーソナライゼーション・サービスである。災害時の情報提供において，画一的な避難所の情報提供などは決して無意味ではないが，一方で，自身にとって最適な避難所の情報が瞬時に提供されれば，より有用であることは間違いない。被災時には時間との勝負となる対応が迫られることがある。また，被災後には多くの情報であふれる場面がある。これらの点を考えると，災害時の情報提供におけるパーソナライゼー

＊　本章は，Koguchi and Jitsuzumi（2018）をもとに加筆修正したものである。

ション・サービスは重要な役割を果たすことは間違いないだろう．

1.2　プライバシーに関する懸念

　ただし，パーソナライゼーション・サービスには，プライバシーに関する懸念というマイナスの側面も存在する．パーソナライゼーション・サービスではパーソナルデータが利用されることから，情報漏えいなどが起こると個人のプライバシーが侵害されることになる．情報漏えいが起こらないとしても，個人は，パーソナルデータを収集した主体がいったいどのように自身のパーソナルデータを利用しているのか，不安に感じることもあるかもしれない[1]．パーソナライゼーション・サービスの利活用においては，このプライバシーに関する懸念を低減することが重要となる．

　災害時に有益な情報サービスについて考えると，避難情報や物資に関する情報，また，病院の状況などの医療情報の提供サービスが挙げられる．このとき，パーソナライゼーション・サービスとしてこれらを提供しようとすれば，個人の位置情報や病歴に関する情報などが必要となり，センシティブな情報が扱われる可能性が高い．したがって，災害時にパーソナルデータを利用した情報サービスを提供する際には，いっそうこの点に留意する必要がある．

1.3　パーソナルデータに関する経済学の視点からの研究

　パーソナルデータに関する研究では，前項に示したようなプライバシーに関する懸念に着目し，プライバシーが保護されるような制度を検討するための法的研究がこれまで多かった．また，セキュリティに関する技術的視点からの研究も蓄積がある．

　一方で，近年では，パーソナルデータについての経済学的研究も蓄積され始めている．パーソナライゼーション・サービスが有用であるということは，パーソナルデータ自体に価値が生じていることを意味する．そうであれば，パーソナルデータにどの程度価値があるのか，パーソナライゼーション・サービスに

---

[1] パーソナライゼーション・サービスに関して，サービス運営主体はパーソナルデータの取り扱いに関してプライバシーポリシーを設定し，サービス利用者はそのポリシーに同意する．しかし，必ずしもすべての個人がプライバシーポリシーの内容を完全に理解しているとはいえないだろう．

はいかなる利用意向が示されるのか，また，プライバシーに関する懸念はどの程度のデメリットとなっているのか，といった視点が求められる。

パーソナルデータについての経済学的研究は，Acquist, Taylor, and Wagman（2016）に代表される「プライバシーの経済学」として確立してきており，日本を対象とした実証的な研究も進められている[2]。本章も，サービスの利用意向という，経済学的視点からの検討となっている。

1.4 本章の目的

本章では，前章と同様，個人情報を提供することで地震発生時に受けられる情報サービスに対する分析を行う[3]。前章の分析でサービスに対する一定の支払意思，すなわち利用意向が示されたことから，本章ではその利用意向が，特にサービスの運営主体や個人情報の取り扱いによってどのように変化するかについて検討する。

2. 検討のねらい

2.1 利用意向とプライバシー懸念

前節で述べたとおり，パーソナライゼーション・サービスとしての災害時の情報提供サービスは有用であるが，一方で，プライバシーに関する懸念も存在する可能性があり，両者のトレードオフの中で利用意向が決定されると考えられる。したがって，サービスが普及するためには，サービスの有用性を高めると同時に，プライバシー関する懸念を低減しなければならない。

実際にプライバシーに関する懸念に影響を与える要因にはさまざまなものがあると考えられるが，本章では，運営主体と個人情報の取り扱いという2つの要因を取り上げる。

---

[2] 先行研究に関しては，前章を参照のこと。また，高崎・高口・実積（2014）でも先行研究について整理されている。
[3] 本章で分析するサービスは，前章を踏まえたものとなっているが，併せて，Sakurai et al.（2017）も参考としている。

2.2 サービス運営主体に対する信頼

災害時の情報提供サービスについて，その運営主体が誰かという点は重要である。いざ災害が発生した際にサービスが機能するか，適切な情報が提供されるかといったことは，恒常的に提供されないサービスである以上，必ずしも明確ではない。その際，運営主体がどの程度信頼できる主体であるかは利用者の利用意向に影響を与える。

これは，プライバシーに関する懸念についても同様である。運営主体が適切に自身のパーソナルデータを扱ってくれるか，漏えい事故等を起こさないかといったことに関する期待は，運営主体への信頼感等と関係するだろう。過去に漏えい事故などの問題を起こした企業には，安心して自身のパーソナルデータを提供できない可能性がある。また，自身がよく知らない企業に対しても安心して提供できないかもしれない。プライバシーに関する懸念の点からも，運営主体は利用意向に影響を与える要因といえるだろう。

2.3 個人情報の取り扱い

プライバシーに関する懸念については，個人情報[4]（あるいはパーソナルデータ）の取り扱い方も利用意向に影響を与える。災害時の情報提供サービスに限らず，パーソナライゼーション・サービスを提供する企業は，プライバシーポリシーにおいて，収集する個人情報の種類や，収集した個人情報の利用目的を規定している。法的に定義された個人情報に限らず，パーソナルデータ全般についても，利用者へ説明，理解を得る観点からプライバシーポリシーで示されることが多いだろう。

このとき，利用者にとっては，自身のパーソナルデータがどの程度収集され，どういう目的に利用されるかはきわめて重要である。当然，多くのパーソナルデータを収集されるほど，また，収集された自身のパーソナルデータが多様な目的に利用されるほど，プライバシーに関する懸念は高まるだろう。

特に，災害時の情報提供サービスということを考えると，利用者にとってセンシティブな情報がサービスのために利用される可能性がある。また，サービ

---

[4] ここで，個人情報とは，前章の定義と同様，個人情報保護法で定義されるものを指し，パーソナルデータとは，より広い意味（個人識別性がない情報等）を指すものとする。

スを高度化しようとすれば，収集した情報をいろいろな分析等に利用しなければならない可能性がある．したがって，個人情報の取り扱いはサービスの利用意向に影響を与える要因といえるだろう．

3. 分析の方針と調査の概要

3.1 分析の方針

分析では「地震発生時の情報サービスの利用意向に対し，運営主体の相違，個人情報の取り扱いの相違がいかなる影響を与えるか」をあきらかにするため，コンジョント分析を用いることとする．

コンジョイント分析は表明選好法の一つであり，まだ市場に普及していないサービスなどについて，利用者に選好を表明してもらうことにより，その価値を評価する方法である．また，サービスなどを構成する複数の要素について，その要素が変化した場合の影響をそれぞれ個別に選好に与える評価できる方法となっている．今回のように，いまだ普及していないサービスに関し，複数の要因の影響をあきらかにしたい場合に妥当な分析方法といえる．

コンジョイント分析では，サービスなどを構成する要素のうち，影響をあきらかいにしたい（分析で取り上げる）要素を属性，その属性のバリエーションを水準と呼ぶことが多い．今回の分析では，属性と水準をつぎのように設定する．

属性①：地震発生時の情報サービスの運営主体
　水準：国／民間企業
属性②：サービスでの個人情報の取り扱い
　水準：当人のみへの利用／サービス全体への活用
属性③：登録・利用料
　水準：500円／1,500円／3,500円／6,000円

【属性①：地震発生時の情報サービスの運営主体】
　本分析の一つ目の属性は，サービスの運営主体である．この属性の水準とし

て，国と民間企業の2水準を設定した。実際には，サービスの運営主体としてはさまざまな主体が考えられ，一口に民間企業といっても，大企業から中小企業，歴史のある企業から新興企業まで多様である。しかし，そもそも国が運営主体となるのか，あるいは，民間企業が運営主体となるのかは，大きな違いがあると考えられる。

ただし，どちらが運営主体となることが利用者の利用意向を高めるかは，必ずしもあきらかではないだろう。国が運営主体となった方が，安心感があるという利用者もいるかもしれないし，民間企業が運営主体となった方が機動的なサービスとなると考える利用者もいるかもしれない。どちらにもメリットとデメリットがあるなかで，平均的にはどちらの方が利用意向を高めるかをあきらかにすることが分析のねらいである[5]。

ここで，前章では災害対応において「公助」だけでない「自助」の重要性が示されたが，サービスの運営主体が国であることがすなわち「公助」となることを意味するわけではないことを強調しておきたい。本章の分析ではあくまでも「自身で利用するための」情報サービスを対象としており，それは「自助」にほかならない。その「自助」のためのサービスの運営主体が国か否かということである。

実際には，国が単独でサービスを運営することや，民間企業が公的機関とまったく連携せずにサービスを運営することは現実的ではない。そこで，具体的には「国（災害時には全国の自治体と連携）」「民間企業（国からの委託を受けて実施）」という水準とした。

【属性②：サービスでの個人情報の取り扱い】

本分析の2つ目の属性は個人情報の取り扱いである。この属性の水準としては，当人のみへの利用とサービス全体への活用の2水準を設定した。当人のみへの利用とは，具体的には，収集した個人情報は当該個人への情報提供等のみに用いるという意味である。また，サービス全体への活用とは，具体的には，より適切な情報提供のために，当該個人含めサービス利用者の個人情報をサー

---

5) したがって，民間企業について，具体的にどのような企業が利用意向を高めるかについては分析できておらず，この点は本分析の限界である。

ビス向上のために活用するという意味である。

　個人情報の取り扱い方については，収集する情報の種類もその利用方法も多様である。そのすべての組み合わせを分析で取り上げることは難しい。その中で，分析では収集した情報の利用範囲は個人に止まるか否かに着目した[6]。個人にとっては，自身の情報が自身のみに利用されるのか，他の個人の情報と連携されるなどするのかは，不安感に影響を与える可能性があるのではないか。この点を分析であきらかにする。

【属性③：登録・利用料】
　分析で取り上げる情報提供サービスは，有料のサービスを想定している。無料のサービスとなると，それは公的機関からの提供が前提となる可能性が高い。また，「自助」という観点からは，個人が自身の必要性に応じて能動的に利用することが望ましいと思われることから，有料のサービスへの利用意向をあきらかにすることが有益であろう。前章の分析では，さまざまなシナリオのサービスについて正の支払意思額が示されている。この点でも，サービスの内容によっては有料サービスが実現する可能性がある。

　分析にあたっては，前章で推計された支払意思額を踏まえ，500円から6,000円までの4水準を設定した。

3.2　調査の概要

　分析に際し，ウェブによるアンケート調査を実施した。実施時期は2018年3月2日であり，全国20歳代以上の1,699人の回答を得た。また，分析に用いる調査項目として，コンジョイント分析関連設問と，基本属性関連設問を設定した。

　コンジョイント分析関連設問については，先ほどの3つの属性およびそれらの各水準について，直交計画に基づき8つのプロファイルを作成した。そのうえで，これら8つのプロファイルについて1点から10点の得点で評価しても

---

[6]　実際には，当該個人のためだけに情報が利用されるとしても，データ管理上は利用者全員の情報が一括されるなど，利用の「見かけ」と技術的な内容は異なる。本分析は，「見かけ」上であっても，情報の利用が個人に閉じていることが利用意向に影響を与えるか否かについて見ていることになる。

らう方法を採用した．回答に関して，8つのプロファイルすべてに同じ点数をつけた回答を抵抗回答とみなし，分析から除外した．最終的に採用された回答者数は949人である．

　分析では，情報提供サービスとして位置情報を利用したサービスと医療情報を利用したサービスの2種類を用意した．2種類のサービスに関する設問は図7.1および図7.2の要領で行った．

　基本属性設問については，年代，性別，個人年収，未既婚の各属性のほか，つぎのような設問を設定した．

図7.1　位置情報サービスの設問

つぎのような状況を想定してください．
　これまで日本は大きな地震を経験してきましたが，今後も，東南海地震や首都直下型地震などの大きな地震の可能性が指摘されています．大きな地震が起きた際，インターネットを通じていろいろな情報を収集することは重要になりますが，地震後の混乱で，自分にとって必要な情報を正しく効率的に収集することが難しい場合があります．
　そこで，あなたに適切で有用な情報を提供するサービスが登場することを考えてください．このサービスでは，あなたが氏名，性別，年齢，住所，携帯電話番号，メールアドレス，GPS位置情報を登録しておくと，地震発生時に，あなたの現在の位置や家からの適切な避難経路（関連する交通機関の運行状況，開設される避難場所も含む）を教えてくれます．また，もしも建物の倒壊等により身動きがとれないときに，救助隊があなたの位置情報を利用して救助に当たれます．
　このサービスには，つぎのようなバリエーションがあるとします．

①サービス運営主体（個人情報の管理主体でもあります）
　　a．国（地震時には全国の自治体と連携します）
　　b．民間企業（国からの委託を受けて実施します）
②個人情報の利用方法
　　a．当人のみへの活用（あなたの個人情報はあなたへの情報提供等のみに用います）
　　b．サービス全体での活用（より適切な情報提供のために，あなたを含めサービス利用者の個人情報をサービス向上のために活用します）
③登録・利用料
　　サービス利用のためには，初回のみ，登録・利用料が必要になります

　このようなサービスが，つぎのような組み合わせで提供された場合，どの組み合わせがどの程度あなたにとって望ましいか，10点～1点でそれぞれの組み合わせを評価してください（「望ましい：10点」～「望ましくない：1点」）．なお，問題の意味がわからない，このような個人情報を扱うサービスはどのようなものであっても絶対に受け入れられない，等の場合は，すべてに0点を記入してください．

3. 分析の方針と調査の概要

図7.2 医療情報サービスの設問

> いまお答えいただいた問題は,「位置情報をベースとしたサービス提供」でしたが,今度は,同じ枠組みで,「医療情報をベースとしたサービス提供」の場合を考えてください。
> このサービスでは,あなたが氏名,性別,年齢,住所,携帯電話番号,メールアドレス,これまでの病歴やアレルギー等の医療情報を登録しておくと,地震発生後の医療施設の空き状況,あなたに必要な薬等の入手方法,あなたに特別な医療が必要な場合はその医療が受けられる施設の情報などを教えてくれます。
> このようなサービスが,前問と同様につぎのような組み合わせで提供された場合,どの組み合わせがどの程度あなたにとって望ましいか,10点〜1点でそれぞれの組み合わせを評価してください(「望ましい:10点」〜「望ましくない:1点」)。なお,問題の意味がわからない,このような個人情報を扱うサービスはどのようなものであっても絶対に受け入れられない,等の場合は,すべてに0点を記入してください。

【地震に関する恐怖の経験】

情報サービスへの利用意向について,サービス内容とは別に,これまでの地震に関する経験は影響を与える可能性がある。この点について,とても感じたことがある/経験はしたが,感じたことはない/地震を経験していない,という点を問うた。

【地震による身体的または物的被害の経験】

地震に関しては,恐怖などの精神的な被害のほか,当然物的な被害も深刻な状況となる可能性がある。この点についても,情報サービスへの利用意向に影響を与える可能性があることから,被害の経験の有無を問うた。

【特別な薬や医療の必要性】

特に医療に関する情報サービスについては,通常のドラッグストアや病院では手に入らない薬や,受けられない医療を必要とする場合,利用意向を高める可能性がある。そこで,特別な薬や医療の必要性の有無を問うた。

3.3 調査の結果

分析に先立ち,調査の結果について要点を示す。

図7.3から図7.6は,年代,性別,個人年収,未既婚の各割合を示したものである。本分析の調査対象に関して,年代は30歳代以上が中心となっており,

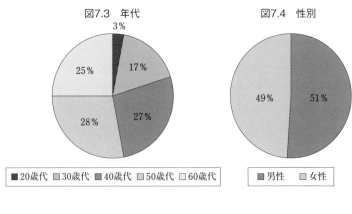

図7.3 年代　　図7.4 性別

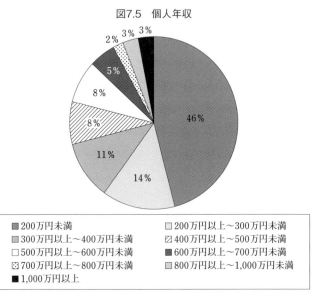

図7.5 個人年収

20歳代以下が少ないことも影響している可能性があるが，既婚者の割合が高くなっている．また，性別はバランスがとれており，個人年収については200万未満が約46%と最も割合が大きい[7]．

図7.7および図7.8は，地震に関する恐怖の経験，および身体的または物的

---

7) 年収については，家計年収ではなく個人年収であることに留意．

3. 分析の方針と調査の概要　　　155

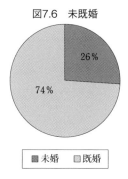

図7.6　未既婚

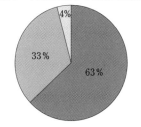

図7.7　地震に関する恐怖の経験

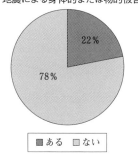

図7.8　地震による身体的または物的被害の経験

被害の経験の割合を示したものである．地震で恐怖を感じたことがある割合は6割を超えており，近年頻繁に起こっている地震により相当程度恐怖を感じていることがうかがえる．一方で，身体的または物的被害については，被害の経験は約4分の1という割合にとどまっている．ただし，逆に言えば回答者の4人に1人は実際の被害を受けているということであり，地震の脅威がうかがえる．

　図7.9は，特別な薬や医療の必要性を示したものである．回答者の約4分の1は何らかの特別な医療を必要としていることがわかる．このことは，災害時の特別な医療への対応は，決して特殊なケースではなく，広く準備しておく必要があることを示唆している．

図7.9 特別な薬や医療の必要性

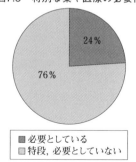

4. 分析結果

4.1 位置情報を用いた情報サービスの利用意向分析

はじめに，位置情報を用いた情報サービスの利用意向に影響を与える要因について見る．推計結果は表7.1のとおりである．

表7.1を見ると，運営主体および個人情報の取り扱いがプラスに有意となっていることがわかる．このことは，運営主体については国が運営主体となったほうが利用意向が高まること，また，個人情報の取り扱いについては，情報の利用は当該個人に止めることが利用意向を高めることを示している．

表7.1 推計結果（位置情報を用いた情報サービス）

	係数	標準誤差	p 値
定数項	4.525	0.142	0.000***
運営主体（国=1）	0.716	0.057	0.000***
個人情報の取り扱い（当該個人への利用のみ=1）	0.461	0.057	0.000***
登録・利用料（単位：10円）	−0.004	0.000	0.000***
地震での恐怖の経験（恐怖を感じたことがある=1）	−0.019	0.062	0.761
身体的または物的被害の経験（ある=1）	−0.116	0.074	0.115
特別な薬または医療の必要（ある=1）	−0.070	0.068	0.307
個人年収（10段階の順序変数）	0.044	0.013	0.001***
性別（男性=1）	0.034	0.066	0.605
年代	−0.067	0.027	0.014**
未既婚（既婚=1）	0.174	0.063	0.006***

注：*** は1%，** は5%の水準で有意．

運営主体に関しては，国を中心とした運営と民間企業を中心とした運営の両方にメリットとデメリットがあると考えられるが，現状では国の運営によるメリットの方が大きいことがうかがえる。これは，一つの解釈として，国による運営のほうが個人情報の取り扱いなどにおいて安心感があるということがいえるかもしれないが，引き続き検討を進める必要があるだろう。

個人情報の取り扱いに関しては，当該個人への利用のみに止めた方が，プライバシーに関する懸念が低減されることが示唆される。先に述べたとおり，情報利用を当該個人に止めるというのは，見かけ上のことかもしれない。ただし，利用者にとっては，自身の情報が広い用途に用いられることに不安を感じている可能性がある。情報の利用を当該個人に止めることは，サービスの高度化にとってはデメリットとなる可能性が高い。このトレードオフに関しては，今後のサービス展開における課題といえるだろう。利用意向を低下させずに，個人情報を広く用いるためには，このようなサービスにいおいていっそうの個人への説明を通じて，長期的には広い情報利用がサービスの高度化を通じて当該個人にメリットとして還元されることなどを理解してもらう必要があるだろう。

地震での恐怖の経験，物理的な被害の経験等は利用意向に影響を与えるとは認められなかった。この点については，近年の地震の頻発により，経験の有無問わず，各個人が災害対応を意識していることなどが考えられる。

なお，年代や未既婚についてみると，比較的若年層，また，既婚者（家族）に対して，このようなサービスのニーズがあることがうかがえる。

4.2 医療情報を用いた情報サービスの利用意向分析

つぎに，医療情報を用いた情報サービスの利用意向に影響を与える要因について見る。推計結果は表7.2のとおりである。

表7.2を見ると，運営主体および個人情報の取り扱いがプラスに有意となっている。また，地震での恐怖の経験，物理的な被害の経験等は利用意向に影響を与えるとは認められなかった点，比較的若年層，また，既婚者（家族）に対して，このようなサービスのニーズがあることがうかがえる点についても位置情報を用いた情報サービスと同様の結果である。位置情報の利用と医療情報の利用では，情報サービスの内容は異なるが，災害時の情報サービスという枠組

表7.2 推計結果（医療情報を用いた情報サービス）

	係数	標準誤差	p値
定数項	4.493	0.140	0.000***
運営主体（国＝1）	0.639	0.056	0.000***
個人情報の取り扱い（当該個人への利用のみ＝1）	0.385	0.056	0.000***
登録・利用料（単位：10円）	－0.004	0.000	0.000***
地震での恐怖の経験（恐怖を感じたことがある＝1）	－0.015	0.061	0.804
身体的または物的被害の経験（ある＝1）	－0.104	0.072	0.151
特別な薬または医療の必要（ある＝1）	－0.059	0.067	0.377
個人年収（10段階の順序変数）	0.034	0.013	0.010**
性別（男性＝1）	－0.083	0.065	0.201
年代	－0.039	0.027	0.152
未既婚（既婚＝1）	0.139	0.062	0.025**

注：*** は1％，** は5％の水準で有意。

みにおいて，利用意向に影響を与える要因は共通していることが考えられる。仮に共通する要因が存在するとすれば，それらの要因は災害時の多様な情報サービス展開にとって見逃してはならないポイントとなる。本分析では運営主体や個人情報取り扱いがそれに該当するが，これらについて検討を進めることが，ICTを利用した災害時のサービス展開にとって不可欠であろう。

4.3 サービスへの支払意思額

分析では，有料サービスを想定し，利用意向へ影響を与える要因として登録・利用料を設定した。また，登録・利用料はマイナスに有意（価格が低いほど利用意向が高まる）という結果になった。そこで，この結果を利用し，運営主体および個人情報の取り扱いに関して支払意思額を推計し，各要因への金銭評価を行った（表7.3）。

推計の結果，運営主体が国であることは，民間企業であることと比較すると約1,586円分のメリット，また，サービスでの情報利用を当該個人に止めることは，サービス全体に利用することと比較すると約996円のメリットがあるこ

表7.3 支払意思額の推計

運営主体が民間企業と比較し国であることの金銭評価	1,586円
情報利用が当該個人に止まることの金銭評価	996円

とが示唆された。前章では，同様のサービスに対して 3,000 円前後の支払意思額が示されていたが，これを踏まえると，運営主体や個人情報の取り扱いの影響は相当大きいと考えられる。

5. おわりに

　本章では，前章と同様の災害時の情報サービスについて，サービスを構成する要素，具体的には運営主体の相違や個人情報の取り扱いがいかなる影響を与えるかについて分析，検討した。分析の結果，同じ種類の情報を用いたサービスであっても，運営主体が異なったり，個人情報の取り扱い方が異なったりすると，利用意向が変化することがあきらかとなった。

　現状では，このようなサービスについて利用者は，自身の情報が利用されることを通じたプライバシーに関する懸念などから，運営主体は民間企業よりも国の方が利用されることが示された。また，自身が提供した個人情報は，自身にのみの利用に止まることが利用意向を高めることも示された。

　プライバシーに関する懸念を低減する観点から情報利用を制限することと，サービスの高度化，また展開のために情報を幅広く利用することは，トレードオフの関係にある。これらのバランスをとることが，今後の自助のための情報サービス普及に向けた課題といえる。

　また，「国が運営する方が，民間企業が運営するよりも安心だ」という認識が利用者に広く存在するとすれば，それは正しい認識であろうか。国や自治体であっても運用を軽視すれば情報漏えいを起こす可能性もあり，民間企業であっても適切に情報を取り扱っている企業が大半であろう。個人がプライバシーポリシーや企業行動を慎重に評価すること，同時に公的機関や民間企業が個人に対し適切な情報利用に関する「情報」を提供することなどが求められる。

◆参考文献

高崎晴夫（2018），『プライバシーの経済学』勁草書房。
高崎晴夫・日口鉄平・実積寿也（2014），「パーソナライゼーション・サービスにおける利用者のプライバシー懸念の要因に関する研究」『公益事業研究』第 66 巻第 2 号，pp.25-24。
Acquisti, A., C. Taylor, and L. Wagman (2016), "The economics of privacy", *Journal of*

Economic Literature, 54 (2), pp.442-492.

Koguchi, Teppei and Toshiya Jitsuzumi (2018), "Analysis of people's willingness to use personalization services in times of disaster", Proceedings of the 29th European Regional International Telecommunications Society Conference.

Sakurai, N., T. Otsuka, and H. Mitomo (2017), "Provision of Personal Information and the Willingness-to-Pay for Receiving Critical Information in Time of an Unprecedented Disaster", Proceedings of the 14th Asia-Pacific Regional Conference of the International Telecommunications Society.

第8章
大規模災害時における放送メディアの役割と機能
―― 東日本大震災，熊本地震，北海道胆振東部地震における検証と考察

木村　幹夫

1. はじめに

　2011年3月11日に発生した東日本大震災は，地震・津波による直接的な死者・行方不明者が2万人近くに及ぶ，日本における第二次大戦後最大の自然災害となった。この大災害に当たって，メディアはどういった役割を果たし，また，果たすことができなかったのだろうか？
　本章では，震源に近い被災地域の居住者に対する調査の結果から，大規模地震災害時に放送を中心とするメディアが果たした役割，機能とそれに対する被災者の評価を検証している。取り扱う地震災害は，東日本大震災（東北3県太平洋沿岸部，2011年），熊本地震（熊本と大分の一部，2016年），北海道胆振東部地震（北海道の一部，2018年）であり，このうち東日本大震災を中心として，可能な範囲で3つの異なる時点，地域における調査結果を比較しながら見ていくこととする。

2. 東日本大震災時のメディアの役割に関する調査

2.1　調査の概要
　東日本大震災の影響は多方面にわたり，現在でも継続しているが，調査[1]で

---
1)　調査の主体は日本民間放送連盟研究所（民放連研究所）。以下の調査もすべて同じ。

は，津波からの避難および震災直後の時期（発災から1週間）における被災者とメディアの関係に焦点を絞った．災害時のメディアに課せられた役割は多いが，第一の使命は人命を守ることと考えたことと，これ以降の期間を含めると，震災の影響だけでなく，原発事故の影響がメディア利用に大きな影響を与え始めるためである．

調査では，津波等で家を失い仮設住宅に居住している被災者と津波による浸水があった自治体に居住するインターネットユーザーのみを調査対象とし，被災地でも津波の浸水がなかった地区は調査対象から除外した．調査は，仮設住宅居住者調査（以下，仮設調査）とネットユーザー調査（以下，ネット調査）の2つから構成される．調査の仕様は表8.1のとおり．仮設調査では福島県で調査を行っていないが，これは福島の仮設住宅の場合，原発事故の避難者と津波被災者を分けることが実査において不可能であったためである．ネット調査では岩手，宮城，福島のうち，実際に津波被害があった39市区町村（岩手県12市町村，宮城県17市区町，福島県10市町村）居住者に対象を限定した．

回答者の属性は，ネット調査では対象地域の性・年齢構成に概ね合致しているが，仮設調査は男女比はほぼ半々だが年齢が高齢層にかなり偏っている（60歳代以上が42.4％）．また，仮設調査は調査員が訪問して回答を聞き取りながら調査票に記入する方式であり，ネット調査とは調査方法が異なることに留意されたい．

表8.1　調査の仕様

○仮設住宅居住者調査	○ネットユーザー調査
・調査対象 仮設住宅に居住する20歳以上の男女500人 ・調査地域 仙台市，名取市，気仙沼市，陸前高田市の仮設住宅で各125人割り当て ・調査方法 訪問聞き取り法 ・調査時期 2011年8月19日〜28日 ・調査実施機関：(株)サーベイリサーチセンター	・調査対象 15歳以上70歳未満の男女2,268人 （マクロミルのモニター会員） ・調査地域 岩手県，宮城県，福島県の各沿岸部市区町村 ・抽出方法 対象地域の性年齢構成による割り当て ・調査方法 インターネット調査 ・調査時期 2011年9月6日〜16日 ・調査実施機関：(株)マクロミル

2.2 調査結果

①津波警報の認知状況と避難行動

　大津波警報の認知率（"聞いた"との回答）は仮設調査57.0％，ネット調査39.8％。大津波情報を聞いたメディア・情報源は仮設調査では防災無線が約50％を占め，ラジオがそれに続く。ネット調査ではラジオとテレビが約40％で並んでおり，防災無線がそれに続いている。居住地域別に見ると，仮設調査では気仙沼，陸前高田での警報認知率が約7割なのに対し，名取は約5割，仙台は約4割と地区によって違いがある。ネット調査でも岩手の約7割に対し，宮城・福島は4割前後と違いが見られる。居住地域別のメディア・情報源別では，仮設調査で警報の認知率が高い気仙沼，陸前高田で防災無線がかなり多い一方，仙台ではラジオ，名取ではラジオと周りの人が多い。また名取では防災無線が他の地区に較べて明らかに少なく（注：名取市では市役所内の防災無線送信装置が地震で壊れ，使用できなかった），気仙沼では自治体等による呼びかけで聞いたとの回答が他の地区より少ない。ネット調査では，岩手で防災無線がかなり多く，宮城・福島ではラジオ，テレビが多い。両調査とも，大津波警報の認知率が高い地域は防災無線で聞いたとの回答が多く，防災無線が機能したかどうかが警報認知率に大きく影響していた（表8.2）。

　次に，大津波警報を聞いた後の行動を見ると，仮設調査ではすぐに避難を開始した人が約60％を占めるのに対し，ネット調査では27％程度しかない。ネット調査では"避難の必要はないと思い，家族等と連絡をとろうとした"，"避難の必要はないと思ったので何もしなかった"が比較的多い。仮設住宅居住者でも大津波警報の認知後，すぐに避難を開始した人が60％程度というのは決して高い水準ではない。これは最初の津波警報では津波の高さが3m（岩手, 福島）～6m（宮城）程度であったことや前々日（3月9日）の地震で津波注意報が出たが津波は来なかったこと，約1年前のチリ沖地震では大津波警報が出たが最大で1m程度の波しか来なかったことなどから，根拠のない安心感があったためともいわれているが，いわゆる"正常性バイアス"の存在も大きかったものと推測される。

②避難時に役に立った情報源

　次に，津波から避難するのに実際に役に立ったメディア・情報手段を見ると，

表8.2 津波警報の媒体別認知状況

%	地震直後の大津波警報を聞きましたか。		大津波警報は何で聞きましたか。（いくつでも）									
	聞いた	聞かなかった	ラジオ（カーラジオを含む）	テレビ（ワンセグ、車載TVを含む）	携帯、PCでニュース等のウェブサイトから	携帯、PCでメールから	携帯、PCでSNS、掲示板等から	携帯、PCでTwitterから	防災無線（屋外拡声器、屋内受信機）	自治体警察消防署等による広報車あるいは口頭での呼びかけ	家族、隣人、友人知人等周りの人から	その他
○仮設調査												
全体（500）	57.0	43.0	21.4	9.1	1.8	1.4	0.0	1.1	49.5	13.7	15.1	0.4
仙台市（125）	40.8	59.2	43.1	9.8	2.0	3.9	0.0	0.0	15.7	23.5	15.7	2.0
名取市（125）	48.0	52.0	35.0	21.7	5.0	3.3	0.0	1.7	3.3	16.7	33.3	0.0
気仙沼市（125）	71.2	28.8	9.0	6.7	1.1	0.0	0.0	2.2	80.9	4.5	4.5	0.0
陸前高田市（125）	68.0	32.0	11.8	2.4	0.0	0.0	0.0	0.0	69.4	15.3	12.9	0.0
○ネット調査												
全体（2,266）	39.8	60.2	40.0	38.9	5.1	2.5	0.2	0.7	27.8	12.5	7.6	0.7
岩手県（170）	71.8	28.2	27.0	15.6	4.1	1.6	0.0	0.8	71.3	17.2	4.1	0.0
宮城県（1,628）	35.4	64.6	47.2	33.7	5.0	2.8	0.3	0.9	25.7	14.1	9.2	1.0
福島県（468）	43.6	56.4	27.5	67.6	5.9	2.5	0.0	0.0	7.8	5.4	5.4	0.0

　仮設調査では家族・隣人・友人等周りの人からの情報がかなり多く，ラジオがこれに続き，続いて防災無線，自治体等からの呼びかけ，自分の経験・知識となっている．ネット調査では，ラジオが最も多く，家族・隣人・友人等周りの人がこれに続き，続いてテレビとなった（表8.3）．津波の状況は地域によって異なり，また時々刻々と変化したため，マスメディアや自治体等の広報・周知活動ではフォローしきれず，口コミへの高評価が多かったものと考えられるが，その中でラジオが役に立ったとの回答が多かったのは特徴的である．

③分野別情報欲求とメディアへの評価

　調査では津波からの避難時およびその直後の時期の情報欲求と各メディアへの評価を，震災当日（3月11日），震災の翌日・翌々日，震災の3日後から1週間後頃の3期間に分けて聞いている．

　まず求めていた情報について見てみると，避難場所に辿りつくまでの間では，仮設調査で安否情報，津波情報，震度・震源情報が，ネット調査（当日，避難した人のみ回答）では安否情報，震度・震源情報，津波情報などが多く回答さ

表8.3 避難時の情報源別有用度

%	仮設調査		ネット調査	
地震・津波から避難するのに実際に役に立った情報源をお聞かせください。（役に立った＝"非常に役に立った","かなり役に立った","やや役に立った"の合計：7段階評価）	役に立った	接触なし	役に立った	接触なし
ラジオ（カーラジオを含む）	29.2	59.4	69.3	23.1
テレビ（携帯電話のワンセグ，車載テレビを含む）	12.4	69.6	46.9	25.1
携帯電話の通話	3.4	64.6	10.8	21.5
固定電話の通話	1.0	81.6	3.2	42.3
メール	3.6	72.6	22.3	24.0
Twitter	0.2	95.4	3.4	72.5
mixi，掲示板，FacebookなどのSNS	0.0	95.8	4.6	71.7
ニュース・地震／災害関連サイトなどのウェブサイト	0.8	93.2	8.7	60.4
動画／ストリーミングサイト（YouTube，ニコニコ動画／ニュース，Ustream等）	0.4	95.4	2.1	72.2
防災無線（屋外拡声器，屋内受信機）	21.6	60.6	17.1	51.3
自治体・警察・消防等（広報車あるいは口頭での呼びかけ）	21.4	67.4	23.6	42.5
家族，隣人，友人等周りの人びと	43.6	41.8	53.3	19.2
自分の経験と知識	24.8	0.0	24.5	21.2

れている．当日，避難場所に着いてから得たかった情報は，仮設調査では安否情報，津波情報，余震の震度・震源情報と着く以前と全く同じ順序．ネット調査も安否情報，余震の震度・震源情報，津波情報と避難場所に着く前と全く同一の順序であった．翌日・翌々日では，仮設調査は安否情報，被害情報，生活物資・医療情報の順序であり，ネット調査は電気・ガス・水道・燃料情報，生活物資・医療情報，被害情報および余震情報および安否情報の順序となる．3日後から1週間後頃になると，仮設調査では安否情報，生活物資・医療情報，電気・ガス・水道・燃料情報とやや変化が見られるが，ネット調査では電気・ガス・水道・燃料情報，生活物資・医療情報，被害情報および余震情報と安否情報がやや減少するほかは，あまり変化がない（次頁および次々頁の表を参照）．仮設調査では安否情報は1週間後まで常に最も必要とされていた情報だったが，当日は避難者でも翌日以降はその多くが帰宅し，また大部分は当初から避難していなかったネット調査の回答者では，当然のことながら，翌日以降になると生活物資・医療情報，電気・ガス・水道・燃料情報など自らが生活するための

情報を最も欲するようになったことがわかる。

　この設問で（今さらながら）明らかになったのは，マスメディアが特に全国規模では最も注力していた被災情報は，震災の翌日以降，被災地においては2番目，3番目以降の順位の情報ニーズであったことであろう。被災3県の被災者が最も求めていたのは安否情報であり，生活情報であったことがわかる。

〇仮設調査

震災発生から当日に避難した場所に辿り着くまでに得ておきたかった情報
（大変得たい＋得たい：7段階評価）
1　家族・友人・知人の安否等の情報　　　　　　　　　　　　　　　　　　65.0%
2　津波に関する情報　　　　　　　　　　　　　　　　　　　　　　　　　48.6%
3　震度／震源等地震に関する情報　　　　　　　　　　　　　　　　　　　41.8%
4　食料・水などの生活物資や医療に関する情報　　　　　　　　　　　　　29.0%
5　避難所の場所，受入状況などの情報　　　　　　　　　　　　　　　　　24.2%
6　固定・携帯電話，インターネット等情報インフラに関する情報　　　　　21.2%
7　電気・ガス・水道やガソリン・灯油などに関わる情報　　　　　　　　　18.6%
8　自治体，政府等の対応に関する情報　　　　　　　　　　　　　　　　　18.4%
9　鉄道・道路用交通インフラに関する情報　　　　　　　　　　　　　　　16.4%

当日避難した場所に来てから得たかった情報（大変得たい＋得たい：7段階評価）
1　家族・友人・知人の安否等の情報　　　　　　　　　　　　　　　　　　76.2%
2　津波地震の被害に関する情報　　　　　　　　　　　　　　　　　　　　61.2%
3　余震の震度／震源等地震に関する情報　　　　　　　　　　　　　　　　53.4%
4　食料・水などの生活物資や医療に関する情報　　　　　　　　　　　　　43.2%
5　他の避難所の場所，受入状況などの情報　　　　　　　　　　　　　　　34.0%
6　電気・ガス・水道やガソリン・灯油などに関わる情報　　　　　　　　　30.8%
7　固定・携帯電話，インターネット等情報インフラに関する情報　　　　　30.8%
8　自治体，自衛隊，政府等の対応に関する情報　　　　　　　　　　　　　29.4%
9　鉄道・道路等交通インフラに関する情報　　　　　　　　　　　　　　　24.4%

震災発生の翌日から翌々日までで得ておきたかった情報（大変得たい＋得たい：7段階評価）
1　家族・友人・知人の安否等の情報　　　　　　　　　　　　　　　　　　76.2%
2　津波地震の被害に関する情報　　　　　　　　　　　　　　　　　　　　63.2%
3　食料・水などの生活物資や医療に関する情報　　　　　　　　　　　　　62.0%
4　余震の震度／震源等地震に関する情報　　　　　　　　　　　　　　　　58.0%
5　電気・ガス・水道やガソリン・灯油などに関わる情報　　　　　　　　　50.6%
6　自治体，自衛隊，政府等の対応に関する情報　　　　　　　　　　　　　40.4%
7　固定・携帯電話，インターネット等情報インフラに関する情報　　　　　38.8%
8　他の避難所の場所，受入状況などの情報　　　　　　　　　　　　　　　38.2%
9　鉄道・道路等交通インフラに関する情報　　　　　　　　　　　　　　　28.8%

2. 東日本大震災時のメディアの役割に関する調査

震災発生3日後から1週間までで得ておきたかった情報（大変得たい＋得たい：7段階評価）
1 家族・友人・知人の安否等の情報　　　　　　　　　　　　　　　　　70.2%
2 食料・水などの生活物資や医療に関する情報　　　　　　　　　　　　68.8%
3 電気・ガス・水道やガソリン・灯油などに関わる情報　　　　　　　　62.2%
4 津波地震の被害に関する情報　　　　　　　　　　　　　　　　　　　59.0%
5 余震の震度／震源等地震に関する情報　　　　　　　　　　　　　　　55.4%
6 自治体，自衛隊，政府等の対応に関する情報　　　　　　　　　　　　48.0%
7 固定・携帯電話，インターネット等情報インフラに関する情報　　　　45.8%
8 他の避難所の場所，受入状況などの情報　　　　　　　　　　　　　　38.0%
9 鉄道・道路等交通インフラに関する情報　　　　　　　　　　　　　　35.8%

震災発生から当日に避難した場所に辿り着くまでに得ておきたかった情報
（大変得たい＋得たい：7段階評価）
1 家族・友人・知人の安否等の情報　　　　　　　　　　　　　　　　　90.4%
2 震度／震源等地震に関する情報　　　　　　　　　　　　　　　　　　83.5%
3 津波に関する情報　　　　　　　　　　　　　　　　　　　　　　　　69.7%
4 食料・水などの生活物資や医療に関する情報　　　　　　　　　　　　61.1%
5 固定・携帯電話，インターネット等情報インフラに関する情報　　　　61.0%
6 電気・ガス・水道やガソリン・灯油などに関わる情報　　　　　　　　58.3%
7 鉄道・道路用交通インフラに関する情報　　　　　　　　　　　　　　45.9%
8 避難所の場所，受入状況などの常雄報　　　　　　　　　　　　　　　45.7%
9 自治体，政府等の対応に関する情報　　　　　　　　　　　　　　　　44.7%

当日避難した場所に来てから得たかった情報（大変得たい＋得たい：7段階評価）
1 家族・友人・知人の安否等の情報　　　　　　　　　　　　　　　　　93.4%
2 余震の震度／震源等地震に関する情報　　　　　　　　　　　　　　　89.6%
3 津波地震の被害に関する情報　　　　　　　　　　　　　　　　　　　86.8%
4 食料・水などの生活物資や医療に関する情報　　　　　　　　　　　　72.5%
5 電気・ガス・水道やガソリン・灯油などに関わる情報　　　　　　　　70.7%
6 固定・携帯電話，インターネット等情報インフラに関する情報　　　　68.2%
7 自治体，自衛隊，政府等の対応に関する情報　　　　　　　　　　　　53.6%
8 鉄道・道路等交通インフラに関する情報　　　　　　　　　　　　　　51.3%
9 他の避難所の場所，受入状況などの情報　　　　　　　　　　　　　　43.3%

震災発生の翌日から翌々日までで得ておきたかった情報（大変得たい＋得たい：7段階評価）
1 電気・ガス・水道やガソリン・灯油などに関わる情報　　　　　　　　92.0%
2 食料・水などの生活物資や医療に関する情報　　　　　　　　　　　　90.2%
3 津波地震の被害に関する情報　　　　　　　　　　　　　　　　　　　89.9%
4 余震の震度／震源等地震に関する情報　　　　　　　　　　　　　　　89.7%
5 家族・友人・知人の安否等の情報　　　　　　　　　　　　　　　　　89.3%
6 固定・携帯電話，インターネット等情報インフラに関する情報　　　　80.6%
7 鉄道・道路等交通インフラに関する情報　　　　　　　　　　　　　　63.0%
8 自治体，自衛隊，政府等の対応に関する情報　　　　　　　　　　　　59.0%
9 他の避難所の場所，受入状況などの情報　　　　　　　　　　　　　　37.0%

震災発生3日後から1週間までで、得ておきたかった情報（大変得たい＋得たい：7段階評価）
1　電気・ガス・水道やガソリン・灯油などに関わる情報　　　　　　95.1%
2　食料・水などの生活物資や医療に関する情報　　　　　　　　　　92.8%
3　津波地震の被害に関する情報　　　　　　　　　　　　　　　　　88.0%
4　余震の震度／震源等地震に関する情報　　　　　　　　　　　　　87.9%
5　家族・友人・知人の安否等の情報　　　　　　　　　　　　　　　79.7%
6　固定・携帯電話，インターネット等情報インフラに関する情報　　78.7%
7　鉄道・道路等交通インフラに関する情報　　　　　　　　　　　　67.5%
8　自治体，自衛隊，政府等の対応に関する情報　　　　　　　　　　62.7%
9　他の避難所の場所，受入状況などの情報　　　　　　　　　　　　36.5%

　次に期間別のメディアへの評価を情報の分野別に見ると，まず被災情報では，仮設調査，ネット調査ともにラジオが全期間でかなり高く評価されており，次は仮設調査では家族・隣人・友人等，ネット調査でテレビであった。新聞は仮設調査，ネット調査とも3日後以降は評価が高い。

被災状況の情報源として役に立ったもの（複数回答）

仮設調査			ネット調査		
当日					
1	ラジオ	52.0%	1	ラジオ	73.1%
2	家族・隣人・友人等周りの人びと	47.8%	2	テレビ	47.8%
3	自治体・警察・消防等	15.8%	3	家族・隣人・友人等周りの人びと	24.9%
4	テレビ	14.6%	4	新聞	12.3%
5	自分の経験と知識	9.6%	5	メール	11.3%
翌日・翌々日					
1	ラジオ	61.6%	1	ラジオ	77.5%
2	家族・隣人・友人等周りの人びと	58.8%	2	テレビ	49.6%
3	自治体・警察・消防等	22.8%	3	家族・隣人・友人等周りの人びと	33.4%
4	テレビ	19.8%	4	新聞	31.2%
5	新聞	15.8%	5	メール	16.9%
3日後〜1週間後					
1	ラジオ	66.6%	1	ラジオ	71.9%
2	家族・隣人・友人等周りの人びと	60.4%	2	テレビ	69.7%
3	新聞	36.8%	3	新聞	45.4%
4	テレビ	32.4%	4	家族・隣人・友人等周りの人びと	40.2%
5	自治体・警察・消防等	24.8%	5	メール	30.8%

　安否情報では，仮設調査は全期間で1位に家族・隣人・友人等，続いてラジオ，ネット調査ではラジオは全期間で1位，2位・3位はメールとテレビない

し携帯の通話となる。

安否情報の情報源として役に立ったもの（複数回答）

仮設調査			ネット調査		
当日					
1	家族・隣人・友人等周りの人びと	53.8%	1	ラジオ	30.7%
2	ラジオ	35.8%	2	メール	28.3%
3	その他	14.6%	3	携帯の通話	24.0%
4	自治体・警察・消防等	10.4%	4	役に立ったものはない	21.3%
5	テレビ	7.6%	5	テレビ	16.9%
翌日・翌々日					
1	家族・隣人・友人等周りの人びと	67.4%	1	ラジオ	40.9%
2	ラジオ	47.6%	2	メール	24.9%
3	自治体・警察・消防等	21.0%	3	テレビ	23.6%
4	テレビ	13.0%	4	家族・隣人・友人等周りの人びと	22.1%
5	新聞	12.4%	5	携帯の通話	20.6%
3日後～1週間後					
1	家族・隣人・友人等周りの人びと	66.2%	1	ラジオ	42.9%
2	ラジオ	51.6%	2	テレビ	38.9%
3	新聞	30.0%	3	メール	31.3%
4	テレビ	25.0%	4	携帯の通話	27.2%
5	自治体・警察・消防等	22.4%	5	家族・隣人・友人等周りの人びと	27.1%

　次に避難所・生活・医療情報では，仮設調査はこれも全期間で家族・隣人・友人等が最も高く評価され，それにラジオが続く。ネット調査ではこれもラジオが全期間で1位，2位，3位には家族・隣人・友人等とテレビが続く。

避難所・生活・医療情報などの情報源として役に立ったもの（複数回答）

仮設調査			ネット調査		
当日					
1	家族・隣人・友人等周りの人びと	46.6%	1	ラジオ	47.4%
2	ラジオ	40.0%	2	家族・隣人・友人等周りの人びと	31.7%
3	自治体・警察・消防等	15.2%	3	テレビ	30.4%
4	その他	15.2%	4	役に立ったものはない	18.9%
5	日分の経験と知識	9.4%	5	新聞	17.5%
翌日・翌々日					
1	家族・隣人・友人等周りの人びと	61.6%	1	ラジオ	53.0%
2	ラジオ	51.2%	2	家族・隣人・友人等周りの人びと	34.5%
3	自治体・警察・消防等	23.8%	3	テレビ	31.7%

170　　　第 8 章　大規模災害時における放送メディアの役割と機能

	4 テレビ	14.6%	4	携帯の通話	20.3%
	5 新聞	14.2%	5	役に立ったものはない	15.0%
3日後～1週間後					
	1 家族・隣人・友人等周りの人びと	60.4%	1	ラジオ	52.5%
	2 ラジオ	59.8%	2	テレビ	50.0%
	3 新聞	33.6%	3	家族・隣人・友人等周りの人びと	41.2%
	4 テレビ	29.0%	4	新聞	32.8%
	5 自治体・警察・消防等	28.4%	5	自治体・警察・消防等	13.6%

　最後にそれら全分野を総合した"総合的に見て役に立ったもの"との設問では，仮設調査はラジオと家族・隣人・友人等が全期間で他のものより高く評価され，ネット調査では全期間でまずラジオ，次にテレビと家族・隣人・友人等となる。

総合的に見て役に立ったもの（非常に＋かなり：7段階評価）

仮設調査			ネット調査		
当日					
1	ラジオ	43.2%	1	ラジオ	66.3%
2	家族・隣人・友人等周りの人びと	40.4%	2	テレビ	37.1%
3	自治体・警察・消防等	10.4%	3	家族・隣人・友人等周りの人びと	31.2%
4	テレビ	10.2%	4	新聞	13.6%
5	自分の経験と知識	8.0%	5	メール	11.1%
翌日・翌々日					
1	家族・隣人・友人等周りの人びと	55.0%	1	ラジオ	68.9%
2	ラジオ	53.2%	2	テレビ	41.4%
3	自治体・警察・消防等	18.4%	3	家族・隣人・友人等周りの人びと	36.3%
4	新聞	14.4%	4	新聞	25.9%
5	テレビ	13.6%	5	メール	18.7%
3日後～1週間後					
1	ラジオ	58.6%	1	ラジオ	64.1%
2	家族・隣人・友人等周りの人びと	55.0%	2	テレビ	60.3%
3	新聞	34.0%	3	家族・隣人・友人等周りの人びと	41.4%
4	テレビ	26.6%	4	新聞	39.8%
5	自治体・警察・消防等	22.6%	5	メール	30.6%

　ネット調査での安否情報の情報源を除いては，各分野，総合評価とも全期間でかなり共通の回答傾向を示している。仮設調査では被災情報と総合評価の当日を除いては常に家族・隣人・友人等が最も高く評価され，ラジオがそれに続いている。ネット調査では1位はすべてラジオであり，安否情報以外では2位

はテレビないし家族・隣人・友人等である。新聞は3日目以降の時期になって各分野および総合評価で評価が急速に上がっている。

　ラジオはどちらの調査でも，また全期間を通じて，すべての情報分野でかなり高く評価されているといえる。また，仮設調査で特に評価が高い家族・隣人・友人等は，避難所での密接なコミュニケーション環境が影響しているものと推測される[2]。

　ネット系メディアの接触が非常に少なかった仮設住宅調査とは異なり，ネット調査ではネット系を含むすべてのメディアへの評価を同列に比較することができる。ネット調査では震災から1週間後までの期間を総合したメディア別の全体的な信頼度についても聞いている。信頼度で高く評価されているのはここでもラジオであり，テレビ，新聞，周りの人との会話が続く。信頼できなかったとの評価はどのメディアでも高くないが，特にラジオおよび周りの人との会話ではほとんどなかったのが特徴的といえる（表8.4）。

④震災前後でのメディア接触・信頼度の変化

　震災の前後でメディア別の接触時間や信頼度に変化はあったのだろうか。仮設調査では，過半数がテレビの接触時間が震災前よりも増えたと認識している。ラジオ，新聞も比較的多くの回答者が増えたと認識している。一方，ネット調査では過半数がラジオと地震・ニュース関連ウェブサイトの接触が増えたと認識している。これに続いて多いのはテレビ，新聞，Twitter，動画・ストリーミングサイトなどである。信頼度では，仮設調査ではまずラジオ，続いてテレビ，そして新聞の信頼度が増加したとの回答が多い。ネット調査ではラジオの信頼度が増加したとの回答が6割に迫っており，テレビ，新聞がこれに続いている（表8.5）。ここでいえるのはテレビ，ラジオ，新聞の3大マスメディアは接触時間，信頼度ともに両方の調査で多くの回答者が上昇したと認識していること，信頼度ではラジオの上昇を挙げる回答が共通して最も多いことである。

2.3　まとめと考察

　"ラジオは災害に強いメディア"とは阪神大震災以来，繰り返しいわれてきたことだが，東日本大震災でもそれは立証された。被災地におけるラジオのあ

---

[2]　いわゆる"A Paradise in Built in Hell"（Solnit 2009）現象の一面と考えられる。

表 8.4　総合的な信頼度

○ネット調査 震災発生から1週間後頃までの期間で下記のメディアやコミュニケーション手段からの情報はどの程度信頼できましたか。（7段階評価） %	非常に信頼できた＋かなり信頼できた	あまり信頼できなかった＋ほとんど信頼できなかった
ラジオ	64.2	1.2
テレビ	48.9	8.4
新聞	43.4	6.6
携帯／固定電話での家族・親戚・友人・知人との通話	36.1	9.5
メール	31.5	10.9
Twitter	3.7	10.7
SNS，掲示板，Facebookなどのソーシャル・ネット	5.7	10.6
ニュース・地震／災害関連ポータルサイトなどのウェブサイト	16.7	9.8
動画／ストリームサイト（YouTube，ニコニコ動画／ニュース，Ustream等）	5.2	10.6
避難所，被災現場等での自治体，自衛隊，政府等の組織からの情報提供	14.7	9.2
避難所，被災現場等でのボランティアおよびボランティア組織等からの情報提供	11.2	8.4
周りの人や家族・親戚・友人との口頭での会話	40.3	3.1

　らゆる分野での有用性の認識，高評価は，事前の予想を超えていた。東日本大震災では広範囲の停電がかなりの期間続いたことが，ラジオがかなり利用され，高く評価されたことの最大の要因ではあるが，ラジオが持つリスナーとの距離の近さやリスナーに直接語りかけるような臨場感，密着感，放送を通じたコミュニティの形成機能などが，高い信頼度を生みだした背景になっていることは充分考えられる。ネット調査の自由回答欄で"ラジオに物心両面で救われた"，"ラジオがなければ精神的にどうなっていたか考えると怖くなる"といった回答が多く見られたことからも，ラジオが持つ心理的な効用は災害時には特に顕在化するといえよう。また，ネットユーザーへの調査で仮設調査以上にラジオへの評価が突出して高かったことにも注目すべきである。これは，震災前にはあまりラジオに接触することがなかったネットユーザーの多くが，震災を契機としてラジオの効用を認識したものと推測することもできる。
　テレビや新聞も概ね高く評価されたといえる。テレビは大規模停電が長期間

表 8.5 震災前後での接触度・信頼度の上昇度

震災前後での接触時間,信頼度の上昇 (接触時間:"大きく""かなり""やや"増えたの合計,信頼度:"大きく""かなり""やや"上がったの合計)				
	仮設調査		ネット調査	
%	接触時間	信頼度	接触時間	信頼度
ラジオ（カーラジオを含む）	28.2	39.6	54.9	59.0
テレビ（ワンセグ,車載テレビを含む）	50.2	33.2	36.7	33.9
新聞	32.6	27.4	36.5	34.5
雑誌	7.6	3.8	11.4	7.1
書籍	6.2	3.4	12.5	6.3
Twitter	2.4	1.8	37.7	12.5
SNS,掲示板	4.0	3.0	31.1	12.6
地震・ニュース関連ウェブサイト	7.2	5.8	51.6	27.9
動画／ストリーミングサイト	3.6	2.0	35.6	18.4
自治体・政府・公的機関からの情報	＊＊＊	12.4	＊＊＊	18.8

続く一方で復電の見通しが立たないため，バッテリーを温存しようとワンセグの使用も控えられたといわれる（筆者による被災地でのヒアリングより[2011年8月]）状況下，信頼度，貢献度の両面でかなり善戦したことがうかがわれる。新聞も直後の時期は存在感を示せなかったが，震災の数日後からは貢献度が急速に上昇しており，信頼度も高かった。

通信系の情報手段は，固定・携帯電話，ソーシャルメディア／インターネットを問わず，津波からの避難やその後の避難所での生活，自宅での生活に対して，少なくとも1週間後頃までの期間では，あまり貢献できなかった。通信系の情報手段は停電が解消されてもインフラそのものがすぐには復旧できなかったため，被災地では直後の時期には役割を充分に果たせなかった。

全体として，東日本大震災の避難時および直後の時期には，ラジオを筆頭にマスメディアがその存在感を大きく示した。東京など周辺地域ではソーシャルメディアやストリーミングサイトに代表されるネット系メディアの役割が注目されたが，少なくとも被災3県についていえば，マスメディアの貢献度，評価がネット系メディアをはるかに凌いでいたといえる。

3. 熊本地震時のメディア利用行動

3.1　調査の概要

　2016年4月14日～16日に発生した熊本県を中心とする地震について，ネットユーザーに対して東日本大震災と同様の設問での調査を熊本県および大分県の一部で実施した。調査の概要等は以下のとおりである。調査対象は揺れが大きかった地域に限定し，熊本，大分の計24自治体で地震から約1か月後に実施した。

```
熊本地震調査の概要
・調査対象地域
　熊本県，大分県で前震または本震時に震度6弱以上を記録した自治体（熊本22，大分2）
・抽出方法
　対象地域の性年齢構成による割り当て
・回答者
　15歳から69歳までの男女1,190人（ネット調査会社のモニター会員）
・調査方法
　インターネット調査
・調査時期
　2016年5月13日～18日
```

3.2　調査結果

①緊急地震速報の認知状況

　以下，気象庁の定義に従い，4月14日21時26分に発生した地震を"前震"，16日1時25分に発生したものを"本震"と呼ぶことにする。まず，地震の揺れが来る前に緊急地震速報を聞いた人は，ゴールデンタイム中に発生した前震で44.7％，夜中に発生した本震で47.3％であった。速報を聞いたデバイスや手段は，前震，本震ともに携帯・スマホが圧倒的に多い。ほとんどの人が第一報を携帯・スマホで受けており，テレビがこれに続く（表8.6）。

②避難時の情報収集手段

　前震，本震の両方ないしどちらかで一時的にでも避難を行った人は62.1％であり，そのうちの59.3％は車による避難である。避難した人に対して，避難時に各メディア，情報源がどの程度役に立ったかを聞いた設問では，"役に立った"

表 8.6 緊急地震速報を聞いた手段

緊急地震速報は何で聞きましたか。 (いくつでも)	前震 4月14日 (21：26)		本震 4月16日 (1：25)	
	N	%	N	%
ラジオ (カーラジオ, radiko.jp を含む)	32	6.0	32	5.7
テレビ (ワンセグ, カーナビ, 車載テレビを含む)	150	28.2	94	16.7
携帯電話・スマートフォン, PC (ネット, テレビ・ラジオを含む)	473	88.9	523	92.9
防災無線 (屋外拡声器, 屋内受信機を含む)	15	2.8	9	1.6
自治体, 警察, 消防等による広報車または口頭での呼びかけ	3	0.6	2	0.4
家族・同僚・隣人・友人・知人等周りの人から	8	1.5	7	1.2
全体	532	100.0	563	100.0

(7段階評価で"非常に役に立った","かなり役に立った","やや役に立った"の合計。以下順序尺度で聞いた設問はすべて同様) が回答者の60％を超えるのは周りの人とテレビ。これに地震関連ウェブサイト, 携帯・スマホ通話, ソーシャルメディア, ラジオが50％以上で続く (表8.7)。2011年の東北でのネット調査では, 地震・津波からの避難時に役立った情報源としては, ラジオが69.3％と突出し, 周りの人53.3％, テレビ46.9％とこの3つを他の情報源に比べて明らかに高く評価する人が多かったが, 今回の調査では, 周りの人の高評価が多く, 放送系の情報源と通信系の情報源の評価が拮抗している。東日本大震災と熊本地震では災害の種類・規模だけでなく, 停電の状況や避難手段, 通信の輻輳の状況などさまざまな条件がかなり異なるが, スマートフォンの普及が避難時の情報源に変化をもたらした可能性が考えられる。

③分野別の情報欲求とメディアへの評価

　本調査では地震発生後の期間を "(前震または本震の) 当日","(本震発生の) 3日後まで","(同) 4日後から1週間後まで" の3期間に分け, それぞれの期間において被災情報, 安否情報, 避難所・生活情報など情報の種類別に各情報源の有用度を聞いている。

　表8.8は, 情報源としての各メディア, コミュニケーション手段が役に立ったのかどうかを情報の分野別, 発災後の期間別に聞いたもの。被災・余震情報では全期間で圧倒的にテレビが役に立ったとの回答が多く, 災害関連サイト, ソーシャルメディア, ラジオなどがこれに続く。安否情報では, 発災当日は携

表 8.7 避難時の情報源別有用度

以下の情報源は，地震発生から（最終的に）避難する場所までの移動中にどの程度お役に立ちましたか。（%） N = 739	役に立った	どちらともいえない	役に立たなかった	利用していない	全体
ラジオ（カーラジオ, radiko.jp を含む）	50.1	10.8	4.7	34.2	100.0
テレビ（ワンセグ，カーナビ，車載テレビを含む）	**61.4**	9.5	6.9	22.2	100.0
携帯電話の通話	55.2	12.3	15.8	16.6	100.0
LINE 通話などの IP 電話	51.1	9.6	5.2	34.0	100.0
固定電話の通話	12.1	14.3	16.8	56.7	100.0
電子メール／SMS	44.4	12.3	8.5	34.9	100.0
Twitter, LINE, Facebook などのソーシャルメディア	52.1	10.0	5.5	32.3	100.0
地震／災害関連安否確認サイトなどのウェブサイト	58.0	9.7	5.7	26.7	100.0
動画／ストリーミングサイト（YouTube, ニコ生等）	8.5	14.3	12.5	64.5	100.0
防災無線（屋外拡声器，屋内受信機等を含む）	22.8	14.2	15.4	47.5	100.0
自治体・警察・消防等の広報車・口頭での呼びかけ	26.3	16.2	15.3	42.2	100.0
家族・隣人・友人・知人等周りの人	**71.7**	12.0	5.3	11.0	100.0
自分の経験，知識，判断（直感を含む）	46.4	26.7	12.2	14.9	100.0

帯電話と LINE 通話などを合計した電話が 71% 程度と圧倒的に多く，翌日から 3 日後までででも電話の合計が最も多いが，この頃からテレビの有用度が上がり，4 日後から 1 週間後ではテレビが電話の合計（48%）を抜いて最も役に立ったメディアとなる。避難所・生活・医療情報では，被災・余震情報同様，全期間でテレビが圧倒的に多く選ばれた。

東日本大震災時の調査では，被災・余震情報で今回のテレビの位置をラジオが占め，災害関連サイトやソーシャルメディアの位置をテレビや家族・隣人・友人等が占めていた。安否情報ではこれもテレビの位置をラジオが，電話の位置をメールと携帯の通話，家族・隣人・友人等が占め，避難所・生活・医療情報でも同様にテレビの位置をラジオが占めていた。今回の調査ではテレビとラジオの位置付けが逆転し，スマートフォンを使うネット系メディアの高い有用度が目立つといえよう。また，被災・余震情報でのテレビへの高評価は予想通

3. 熊本地震時のメディア利用行動

表8.8 情報分野別・発災後期間別の有用度評価

(○ N = 1,190。上位5位まで。複数回答／総回答件数に対する構成比：％)

		被災・余震情報		安否情報		避難所・生活・医療情報	
当日	1	テレビ（ワンセグ，カーナビ等含む）	72.9	携帯電話の通話	40.8	テレビ（ワンセグ，カーナビ等含む）	58.7
	2	災害関連ウェブサイト	37.1	テレビ（ワンセグ，カーナビ等含む）	35.3	家族・隣人・友人等周りの人	28.3
	3	ラジオ（カーラジオ，radiko.jp含む）	35.3	ソーシャルメディア（SNS）	30.3	ソーシャルメディア（SNS）	24.9
	4	家族・隣人・友人等周りの人	30.7	LINE通話などのIP電話	29.7	ラジオ（カーラジオ，radiko.jp含む）	24.5
	5	ソーシャルメディア（SNS）	30.0	家族・隣人・友人等周りの人	21.0	災害関連ウェブサイト	21.3
翌日〜3日後	1	テレビ（ワンセグ，カーナビ等含む）	79.2	テレビ（ワンセグ，カーナビ等含む）	47.7	テレビ（ワンセグ，カーナビ等含む）	62.9
	2	災害関連ウェブサイト	41.5	携帯電話の通話	36.1	家族・隣人・友人等周りの人	28.7
	3	ソーシャルメディア（SNS）	31.3	ソーシャルメディア（SNS）	32.4	ソーシャルメディア（SNS）	25.5
	4	ラジオ（カーラジオ，radiko.jp含む）	31.0	LINE通話などのIP電話	23.2	災害関連ウェブサイト	24.0
	5	家族・隣人・友人等周りの人	26.4	家族・隣人・友人等周りの人	22.4	ラジオ（カーラジオ，radiko.jp含む）	23.7
4日後〜1週間後	1	テレビ（ワンセグ，カーナビ等含む）	82.1	テレビ（ワンセグ，カーナビ等含む）	53.1	テレビ（ワンセグ，カーナビ等含む）	67.6
	2	災害関連ウェブサイト	42.8	携帯電話の通話	29.6	災害関連ウェブサイト	29.8
	3	ソーシャルメディア（SNS）	30.3	ソーシャルメディア（SNS）	28.4	家族・隣人・友人等周りの人	25.4
	4	ラジオ（カーラジオ，radiko.jp含む）	26.1	災害関連ウェブサイト	22.4	ソーシャルメディア（SNS）	24.7
	5	新聞	25.4	家族・隣人・友人等周りの人	20.6	ラジオ（カーラジオ，radiko.jp含む）	20.4

りとして，避難所・生活・医療情報で東日本大震災時のラジオに比べてもテレビが相対的に高く評価されていることも特徴的である。東日本大震災時には，この分野では家族・隣人・友人等がラジオには及ばないもののかなり役に立ったとの評価が多かったが，今回はテレビへの高評価が目立った。熊本では，（ラジオ局も同様であったが）地元のテレビ各局が特に生活関連情報の提供に力を入れたことも寄与したものと推測される[3]。

---

[3] ネットワークは被災情報，地元局は生活情報という棲み分けがある程度なされていたという（熊

表8.9 発災後期間別の有用度総合評価

情報源として，下記のメディアやコミュニケーション手段等は総合的に見てどの程度お役に立ちましたか．（%） N ＝ 1,190（"非常に役に立った"，"かなり役に立った"，"やや役に立った"の合計）

	当日			翌日〜3日後			4日後〜1週間後	
1	テレビ(ワンセグ，カーナビ，車載テレビを含む)	79.8	1	テレビ(ワンセグ，カーナビ，車載テレビを含む)	84.9	1	テレビ(ワンセグ，カーナビ，車載テレビを含む)	85.1
2	地震／災害関連安否確認などのウェブサイト	64.7	2	地震／災害関連安否確認などのウェブサイト	66.5	2	地震／災害関連安否確認などのウェブサイト	64.9
3	家族・隣人・友人・知人等周りの人	61.1	3	家族・隣人・友人・知人等周りの人	59.7	3	家族・隣人・友人・知人等周りの人	53.5
4	携帯電話の通話	56.3	4	携帯電話の通話	57.6	4	携帯電話の通話	51.9
5	Twitter，LINE，Facebookなどのソーシャルメディア	49.8	5	Twitter，LINE，Facebookなどのソーシャルメディア	50.7	5	Twitter，LINE，Facebookなどのソーシャルメディア	49.2

　また，すべての情報を合わせた総合評価では，いずれの期間でも1位から5位までの順序は全く同じで，テレビ＞地震関連ウェブサイト＞周りの人＞携帯通話＞ソーシャルメディアの順である（表8.9）．特にテレビは全期間を通じて，約8割を超える人が役に立ったと評価している．2011年東北ネット調査の同じ設問では，ラジオへの高評価が抜きん出ており，これにテレビ，周りの人，新聞が続いていたが，熊本調査ではネット系情報源への高評価が比較的多いといえる．これも停電や通信インフラの被害状況がかなり異なることが大きく影響していると考えられるが，地震関連情報を提供するウェブサイト利用の拡大や情報の充実も無関係ではない可能性もある．

　表8.10は情報の分野別に，得られた情報量の充足度について聞いたものである．食料・水・医薬品・医療と電気・ガス・水道・ガソリンの情報量が少なかったとの回答が50％を超えている．一方，安否情報，被災者の救出情報，通信インフラなどの情報量はちょうどよかったとの回答が60％を超えた．多すぎたとの回答は全体的に少ないが，災害発生前の警報，被害・余震情報で比較的多い．熊本地震は活断層型の内陸地震であったため，前震，本震ともに緊急地震速報は揺れとほぼ同時に届いたとされる．本調査の自由記入欄でも緊急地震速報は聞いたが揺れとほぼ同時だったので何も準備はできなかったとの回答が非常に多かった．災害発生前の警報が多すぎたとの回答とは一見矛盾があ

本のテレビ局でのヒアリングより［2016年8月末〜9月初］）．

3. 熊本地震時のメディア利用行動

表8.10　情報分野別情報量の充足度

○4月の地震以来現在までに得た情報の量（単一回答／回答数に対する構成比：%）

N = 1,190	少なすぎた＋やや少なかった	ちょうどよかった	多すぎた＋やや多かった
緊急地震速報など災害発生前の警報等の情報	42.6	39.5	17.9
被害状況，余震の震度・震源等に関する情報	32.1	53.5	14.4
避難所の場所等避難に関する情報	44.4	48.9	6.7
安否に関する情報	27.6	66.1	6.2
被災者の救出活動に関する情報	25.8	64.5	9.8
食料や水などの生活物資や薬品／医療に関する情報	54.5	40.8	4.7
電気・ガス・水道・ガソリンなどに関する情報	53.3	42.4	4.2
電話やインターネットなど通信インフラに関する情報	35.7	60.0	4.4
鉄道・道路等交通インフラに関する情報	36.5	58.7	4.8
住宅の供給に関する情報	43.5	52.2	4.3
自治体・政府の復旧・復興政策に関する情報	47.9	48.2	3.9
寄付，支援，ボランティアの受け入れに関する情報	40.3	54.0	5.7
原子力発電所の状況に関する情報	51.9	42.2	6.0

るが，余震が多発する状況下で警戒を呼びかける情報が多かったため，情報の過剰感を感じたことが推測される。食料・水，電気・ガス等の生活情報は放送，ウェブ，ソーシャルメディアを問わず活発に供給されたものの，まだ足りないと考える回答者の方が多かった。

表8.11は今後，メディアが強化すべき情報分野をテレビ・ラジオ等のマスメディアとウェブ・ソーシャルメディア等のネットメディア別に聞いた設問の結果である。両者の回答傾向はかなり似通っているが，全体的にマスメディアへの強化期待の方が高水準といえる。強化すべきとの回答が特に多いのは，表8.10の設問で情報量の充足度が足りないとの回答が多かった食料・水，電気・ガスなどの生活関連情報である。地元の民放事業者はニュース，L字画面に加えて，データ放送，ウェブサイト，ソーシャルメディアを活用してフロー，ストックの両面で生活関連情報の提供に特に注力したが，被災者はこの分野の情報のさらなる充実を求めているといえよう。

④安心感の醸成効果

災害時にはコミュニケーション手段と正確な情報の存在が，パニックを防いだり，被災者が平常心を取り戻し，安心感を得るのに役立つことが知られている。地震発生後1週間程度の期間において，各メディア・コミュニケーション

表8.11 災害時に今後メディアが強化すべき情報分野

○7段階評価トップ2カテゴリー("非常にそう思う","そう思う")合計，単一回答／回答数に対する構成比：%

N = 1,190	テレビ・ラジオ等のマスメディア	ネット系のメディア
緊急地震速報など災害発生前の警報等の情報	65.8	58.0
被害状況，余震の震度・震源等に関する情報	63.3	58.4
避難所の場所等避難に関する情報	65.3	59.4
安否に関する情報	52.9	49.7
被災者の救出活動に関する情報	46.8	44.5
食料や水など生活必需品や薬品・医療に関する情報	72.2	64.8
電気・ガス・水道・燃料などに関する情報	70.1	62.8
公共交通機関・道路など交通インフラに関する情報	62.2	55.6
電話やインターネットなど通信インフラに関する情報	54.5	49.3

手段が安心感の醸成にどの程度役に立ったかを聞いた設問では，テレビと周りの人との口頭での会話が他の手段に比べて高い評価を受けた割合が明らかに高い（表8.12）。2011年東北ネット調査ではラジオが最も高評価が多く，テレビ，口頭での会話が続いたが，今回はテレビの高評価の多さが特徴といえる。テレビは利用率が他のコミュニケーション手段よりかなり高いことも寄与しているが，正確な情報の提供や呼びかけを通じて安心感の醸成に役立ったことが推測される。

⑤信頼度

地震発生後1週間程度の期間におけるメディア・コミュニケーション手段別の情報への信頼度では，テレビ，地震関連ウェブサイト，ラジオ，周りの人との会話が8割を超える人から信頼できたと回答された（表8.13）。この4手段の間の差はあまりなく，ほぼ同程度の信頼率といえる。ここで注目すべきは，地震関連ウェブサイトの情報が信頼できたとの回答者の割合が新聞のそれを若干上回っている傾向が見られることである。少なくともネットユーザーについては，地震・災害関連サイトは，よく利用され有用性が広く評価されているだけではなく，マスメディアに比べても遜色のない広範な信頼を得たことがうかがわれる。

次に，メディア別の情報への信頼度が地震の前後で変化したかを聞いた設問では，発生後の信頼度同様，テレビと地震関連ウェブサイトの信頼度が上がったとの回答が他のメディアよりも明らかに多くなっている（表8.14）。

表 8.12 安心感を得るのに役に立ったメディア・情報源／手段

前震および本震発生から1週間程度までを総合して，自分自身の平常心を取り戻したり，安心感を得たりするうえで，下記のメディアやコミュニケーション手段等がどの程度お役に立ちましたか．(%) N = 1,190	役に立った	どちらともいえない	役に立たなかった	利用しなかった	全体
ラジオ（カーラジオ，radiko.jpを含む）	37.6	11.8	5.3	45.2	100.0
テレビ（ワンセグ，カーナビ，車載テレビを含む）	**76.6**	10.1	7.2	6.1	100.0
電話（IP電話含む）での家族・親族・友人等との通話	59.6	14.5	4.8	21.0	100.0
電子メール／SMS	46.2	16.6	6.0	31.3	100.0
Twitter，LINE，Facebookなどのソーシャルメディア	49.9	11.9	4.8	33.4	100.0
地震／災害関連安否確認サイトなどのウェブサイト	59.5	14.8	5.6	20.1	100.0
動画／ストリーミングサイト（YouTube，ニコ生等）	12.7	15.3	7.9	64.1	100.0
新聞	38.5	15.4	6.8	39.3	100.0
避難所，被災現場等での自治体・自衛隊・政府等からの情報提供	26.8	18.5	8.2	46.5	100.0
避難所，被災現場等でのボランティア／ボランティア組織等からの情報提供	23.0	16.6	8.8	51.5	100.0
周りの人や家族・親戚・友人との口頭での会話	**66.9**	12.4	4.4	16.3	100.0

表 8.13 総合的な信頼度

前震および本震発生から1週間程度までを総合して，下記のメディアやコミュニケーション手段等からの情報は，どの程度信頼できましたか．(%) N = 1,190	信頼できた	どちらともいえない	信頼できなかった	全体
ラジオ（カーラジオ，radiko.jpを含む）	82.7	14.3	3.1	100.0
テレビ（ワンセグ，カーナビ，車載テレビを含む）	86.4	9.6	4.0	100.0
電話（IP電話含む）での家族・親族・友人等との通話	75.2	21.4	3.4	100.0
電子メール／SMS	65.7	29.5	4.8	100.0
Twitter，LINE，Facebookなどのソーシャルメディア	59.7	28.9	11.4	100.0
地震／災害関連安否確認サイトなどのウェブサイト	83.8	13.9	2.3	100.0
動画／ストリーミングサイト（YouTube，ニコ生等）	31.6	48.9	19.5	100.0
新聞	78.7	17.7	3.6	100.0
避難所，被災現場等での自治体・自衛隊・政府等からの情報提供	64.5	29.7	5.8	100.0
避難所，被災現場等でのボランティア／ボランティア組織等からの情報提供	58.0	33.6	8.3	100.0
周りの人や家族・親戚・友人との口頭での会話	80.6	16.5	2.9	100.0

表 8.14 地震前後での信頼度の変化

前震および本震発生以降，下記のメディアからの情報の信頼度は変化しましたか．(%)N = 1,190	信頼度が上がった	変化なし	信頼度が低下した	接触なし	全体
ラジオ（カーラジオ，radiko.jpを含む）	31.8	36.0	1.4	30.8	100.0
テレビ（ワンセグ，カーナビ，車載テレビを含む）	**44.6**	46.1	7.5	1.8	100.0
Twitter，LINE，Facebookなどのソーシャルメディア	26.3	40.4	10.4	22.9	100.0
地震／災害関連安否確認などのウェブサイト	**44.4**	41.3	3.2	11.2	100.0
動画／ストリーミングサイト（YouTube，ニコ生等）	7.6	42.7	4.3	45.6	100.0
新聞（ウェブ版を含む）	24.6	45.3	2.4	27.6	100.0
雑誌（ウェブ版を含む）	7.2	41.2	2.6	49.0	100.0
書籍（ウェブ版を含む）	5.7	42.5	2.7	49.1	100.0

ただし，この設問を避難の有無別で集計したところ，ほとんどのメディアで，避難した人の方が信頼度が向上したとの回答がやや多い傾向は見られたが，ラジオではその傾向が最も顕著であった（避難した人で信頼度向上 = 38.0%，避難しなかった人で信頼度向上 = 21.7%）。これは普段あまりラジオを利用していなかった人が，避難を機にカーラジオあるいは避難所でラジオに接触することで，ラジオへの信頼を高めたためと推測される。同様のことは前述した東日本大震災においてより顕著な傾向として確認できている。

3.3 まとめと考察

以上，見てきたように，2016年4月の熊本地震における被災地でのメディア利用行動の特徴としては，a) 幅広い分野で，テレビの情報への有用度や信頼度等への高評価が目立った，b) ネットユーザーの間での地震関連ウェブサイトの情報の有用度や信頼度は，マスメディアに迫るかほぼ匹敵するものになっている，などが挙げられる。また，現在では常識であるが，緊急地震速報を受信する端末は，時間帯を問わず，携帯・スマホになっていることがデータとして確認された。

熊本地震では，ウェブやソーシャルメディアなどのネット系メディアがテレビ・ラジオに迫る高い評価を被災地のネットユーザーから受けた。この背景としては，東日本大震災に比べると停電の規模や期間がかなり限定されていたこと，津波がなく通信インフラの損失が少なかったことなどが大きいが，通信イ

ンフラの頑健性やバックアップ体制，輻輳を防ぐための対応が進歩していたことも無視できない。本震が未明に発生した4月16日の午後には，電力供給の停止や送信機の損壊によりドコモとKDDIでそれぞれ70〜80局程度，ソフトバンクで240局程度の基地局が停波した（ピーク時）が，移動・可搬基地局によるカバーなどによって「避難所や役場，自衛隊駐屯場所などでは回線は確保されていた」とされ，「特に輻輳の報告も受けていない」とのこと[4]。ほとんどの避難所で通信事業者などが設置した無料Wi-Fiが利用できたことはよく知られている。

　スマートフォンが緊急地震速報を受信する端末となり，ウェブ系災害関連メディアがその存在感を大きく増したのが熊本地震時のメディア利用行動の大きな特徴であったといえよう。総合的には最も高い評価を受けたテレビも，熊本地震では自社のデータ放送，自社ウェブサイトの活用だけでなく，災害関連サイト・アプリへの情報提供，ソーシャルメディアの活用などを通じて被災者への情報提供に努めた。特にソーシャルメディアは放送局からの情報提供だけでなく，被災者からの情報提供にも利用された。放送事業者はソーシャルメディアから寄せられた情報，そこで得た情報を報道機関としてチェック，精査して伝えた。こうしたことが本格的に行われるようになったのも熊本地震からではないだろうか。

4. 北海道胆振東部地震

4.1 調査の概要

　2018年9月6日に発生した北海道胆振東部地震についても，発災時およびその直後の時期のメディア利用行動や各メディアへの評価について調べるネットユーザー調査を実施した。調査の仕様等は以下のとおり。前2回同様，被災地に居住する人に限定した調査である。以下，東日本大震災，熊本地震との比較を一部交えながら，今回の調査結果について概観する。

---

[4] 総務省九州総通でのヒアリングより（2016年8月末）。

```
┌─────────────────────────────────────────────────────────┐
│              北海道胆振東部地震調査の概要                   │
│ ・調査対象地域                                            │
│   2018年9月6日未明に発生した本震で震度4以上を記録した北海道の自治体（81市町村） │
│ ・抽出方法                                                │
│   対象地域の性年齢構成による割り当て                      │
│ ・回答者                                                  │
│   15歳から69歳までの男女2,032人（ネット調査会社のモニター会員） │
│ ・調査方法：インターネット調査                            │
│ ・調査時期：2018年10月5日～7日                           │
└─────────────────────────────────────────────────────────┘

### 4.2 調査結果

**①緊急地震速報の認知**

まず，表8.15で地震発生前の緊急地震速報に関する設問について見てみよう。地震の揺れが来る前に緊急地震速報を聞いた人は52.9％。熊本地震の47.3％，東日本大震災の38.0％から着実に増加してきていることがうかがわれる。速報を聞いたデバイスや手段は，携帯・スマホが圧倒的に多い。速報を聞いた人の90％程度が携帯・スマホ等で聞いたとしている一方，本震の発生時間が午前3時過ぎだったこともあり，テレビ・ラジオはどちらも10％程度。テレビで緊急地震速報を聞いた人の割合は過去3回の調査で最低であった。

表8.15　緊急地震速報を聞いた手段

| 緊急地震速報は何で聞きましたか。（複数回答）<br>＊回答総数に占めるシェア（％）。以下同。 | 北海道<br>2018年9月6日<br>（3時8分） | 熊本（本震）<br>2016年4月16日<br>（1時26分） | 東日本（東北3県）<br>2011年3月11日<br>（14時46分） |
|---|---|---|---|
| ラジオ（カーラジオ，radiko.jpを含む） | 10.5 | 5.7 | 9.9 |
| テレビ（ワンセグ，カーナビ，車載テレビを含む） | 10.1 | 16.7 | 19.0 |
| 携帯電話・スマホ，PC（ネットテレビ・ラジオを含む） | 90.0 | 92.9 | 74.6 |
| 防災無線（屋外拡声器，屋内受信機を含む） | 1.3 | 1.6 | 6.3 |
| 自治体，警察，消防等による広報車・口頭での呼びかけ | 0.7 | 0.4 | 1.0 |
| 家族・同僚・隣人・友人・知人等周りの人から | 1.0 | 1.2 | 2.6 |
| その他 | 0.7 | － | 2.7 |
| 緊急地震速報を聞いた人の割合（％） | 52.9<br>N = 1,075 | 47.3<br>N = 563 | 38.0<br>N = 862 |
```

②避難時に役に立った情報源

　発災直後の時期に一時的にでも避難を行った人は回答者の 7.4％と熊本地震の 62.1％, 東日本大震災の 39.6％に比べると著しく低い。これは調査対象地域を震度 4 以上の揺れを記録した地区とかなり広めにとったことが大きく影響している[5]。

　避難した人に避難時に各情報源がどの程度役に立ったかを聞いた設問（表 8.16）では, ラジオと周りの人で"役に立った"（7 段階評価で"非常に役に立った", "かなり役に立った", "やや役に立った"の合計, 以下順序尺度で聞いた設問はすべて同様）との回答が回答者の 60％を超えている。携帯・スマホの通話と災害関連サイト・アプリが 50％超でこれに続く。SNS, 自分の経験・知識・判断も 50％近く回答されている。テレビは 34.4％とこれまでの調査中最低の水準。利用しなかったとの回答も 33.1％とこれまでで最大であり, 利用率そのものが 3 回の調査で最も低かった。テレビの有用度評価および利用率の低さには, 地震の直後（約 18 分後）に全道停電が起きたことが大きく影響していると考えられる。停電下ではバッテリーの懸念からワンセグによる長時間のテレビ視聴を避ける傾向が東日本大震災時などにも見られた。北海道の地震では車での避難が熊本地震ほどは多くなかったので, 車載テレビの利用も利用率, 利用時間の両面で限定的だったとも考えられる。利用できたとしても利用可能時間や利用環境（移動しながら利用できるのかどうかなど）が限定されれば役に立ったとの評価は必然的に少なくなると考えられる。

　東日本大震災で地震・津波からの避難時に役立った情報源としては, ラジオが約 7 割と突出しており, 周りの人 53.3％, テレビ 46.9％とこの 3 つを他の情報源に比べて高く評価する人が明らかに多かったが, 熊本地震で避難時に役に立った情報源は, 周りの人が 7 割超と最も多く, テレビと災害関連サイト・アプリが 6 割程度で続いていた。北海道地震では東日本大震災同様, ラジオへの高評価が多く, 周りの人もラジオと同水準の評価になった。これに続くのがテレビではなく, 通話と災害関連サイト・アプリなのが今回調査の特色であろう。

---

[5] 東日本大震災では津波の浸水地域, 熊本地震では本震で震度 6 弱以上の揺れを記録した地域を調査対象とした。北海道の対象条件を緩和したのは, これ以上対象地区を限定すると充分な回答数が得られない危惧があったためである。

表 8.16 避難時の情報源別有用度

・地震（東北は津波）から避難するのに実際に役に立った情報源をお聞かせください。(%)	北海道 (2018年10月調査)		熊本 (2016年5月調査)		東北3県 (2011年9月調査)	
	役に立った	利用していない	役に立った	利用していない	役に立った	利用していない
ラジオ（カーラジオ，radiko.jp を含む）	62.3	29.1	50.1	34.2	69.3	23.1
テレビ（ワンセグ，カーナビ，車載テレビを含む）	34.4	33.1	61.4	22.2	46.9	25.1
携帯電話／スマホの通話	54.3	15.2	55.2	16.6	10.8	21.5
LINE 通話などの IP 電話	45.7	29.1	51.1	34.0	—	—
国定電話の通話	7.9	51.0	12.1	56.7	3.2	42.3
電子メール／SMS	42.4	29.8	44.4	34.9	22.3	24.0
Twitter，LINE，Facebook などのソーシャルメディア	49.0	26.5	52.1	32.3	4.6	72.5
地震／災害関連安否確認サイトなどのウェブサイト	53.1	27.2	58.0	26.7	8.7	60.4
動画／ストリーミングサイト（YouTube, ニコ生等）	10.6	59.6	8.5	64.5	2.1	72.2
テレビ局が提供するインターネット上のテレビ同時配信	11.9	60.3	—	—	—	—
防災無線（屋外拡声器，屋内受信機等を含む）	14.5	61.6	22.8	47.5	17.1	51.3
自治体・警察・消防等の広報車・口頭での呼びかけ	12.0	56.3	26.3	42.2	23.6	42.5
家族・隣人・友人・知人等周りの人	61.6	15.9	71.7	11.0	53.3	19.2
自分の経験，知識，判断（直感を含む）	47.0	7.9	46.4	14.9	24.5	21.2
一次的にでも避難した人数／回答総数	N=151/2,032		N=739/1,190		N=897/2,268	

注：役に立った＝"非常に役に立った"，"かなり役に立った"，"やや役に立った" の合計（7段階評価）。

全道停電という状況に加え，通信の輻輳が限定的だったと推測されること，災害関連サイト・アプリが人びとの生活に根差しつつあることなどが影響していると考えられる。

③ 3日後までの期間に役に立った情報源

表8.17は避難した人に限定しないで，全員に地震関連の情報を得るために利用した情報手段（いくつでも選択）を"当日"と"翌日から3日後まで"の2期間に分けて聞いたもの。当日はやはりラジオが圧倒的に多く，テレビ，SNS，周りの人，災害関連サイト・アプリが続くが，2位以下に大きな差はない。大部分の地域で停電が解消された翌日以降になると，テレビがラジオを上回って最も多く利用された情報手段となり，災害関連サイト・アプリもやや増加する。停電が解消されるとテレビを利用するようになるのは当然としても，5割以上の回答者が停電解消後もラジオを利用していたのは，多くの人が停電時からの聴取を継続させているためと考えられる。

次に，各情報手段への評価を見てみよう。同様に地震発生後の期間を"当日"と"翌日から3日後まで"の2期間に分け，各情報手段について情報の種類別に有用度を聞いた。ここではすべての情報を合わせた総合評価の上位5位までを表8.18に示す。左欄はその情報手段を利用していない人を含む回答者全体での"役に立った"との回答の回答率，右欄が利用者に限定した回答率である。

表8.17　使用したメディア・コミュニケーション手段

・あなたが地震関連の情報を得るために使用したメディアやコミュニケーション手段をすべてお答えください。（%） 複数回答，N = 2,032（上位5つまでのみ表示）					
	当日			翌日〜3日後	
1	ラジオ（カーラジオ，radiko.jpを含む）	62.2	1	テレビ（ワンセグ，カーナビ，車載テレビを含む）	64.4
2	テレビ（ワンセグ，カーナビ，車載テレビを含む）	37.8	2	ラジオ（カーラジオ，radiko.jpを含む）	56.3
3	Twitter，LINE，Facebookなどのソーシャルメディア（SNS）	32.0	3	ニュース・地震／災害関連安否確認サイトなどのウェブサイト，防災アプリ	39.0
4	家族・隣人・友人・知人等周りの人	31.6	4	Twitter，LINE，Facebookなどのソーシャルメディア（SNS）	33.6
5	ニュース・地震／災害関連安否確認サイトなどのウェブサイト，防災アプリ	30.7	5	家族・隣人・友人・知人等周りの人	32.3

表 8.18　発災後期間別の有用度総合評価

・情報源として，下記のメディアやコミュニケーション手段等は総合的に見てどの程度お役に立ちましたか。(%)
("非常に役に立った","かなり役に立った","やや役に立った"の合計。上位5つまでのみ表示)

	当日	全体	利用者		翌日～3日後	全体	利用者
1	ラジオ（カーラジオ，radiko.jpを含む）	59.4	95.5	1	テレビ（ワンセグ，カーナビ，車載テレビを含む）	58.9	91.4
2	テレビ（ワンセグ，カーナビ，車載テレビを含む）	28.1	74.4	2	ラジオ（カーラジオ，radiko.jpを含む）	53.0	94.1
3	家族・隣人・友人・知人等周りの人	26.3	83.1	3	ニュース・地震／災害関連安否確認サイトなどのウェブサイト，防災アプリ	34.6	88.8
4	Twitter，LINE，Facebookなどのソーシャルメディア（SNS）	26.2	81.7	4	Twitter，LINE，Facebookなどのソーシャルメディア（SNS）	28.9	86.1
5	ニュース・地震／災害関連安否確認サイトなどのウェブサイト，防災アプリ	24.3	79.3	5	家族・隣人・友人・知人等周りの人	28.2	87.5

　全体の回答率はどちらの期間も利用率とほぼ同様の傾向であり，利用率が評価に大きく影響していることがわかる。利用者に限定した回答率では，他の情報手段に比べてラジオへのプラス評価がどちらの期間でも多い。特に利用率が低下した翌日以降の期間でもテレビを上回る評価を得ていることは特徴的である。
④安心感醸成への寄与と情報源への信頼度
　災害時には，コミュニケーションの手段と正確な情報の両方の存在がパニックを防いだり，被災者が平常心を取り戻して安心感を得るために必要なことが知られている。地震発生後1週間程度の期間において，各情報手段が安心感の醸成にどの程度役に立ったかを聞いた設問では，ラジオとテレビへの評価の割合が他の情報手段に比べて明らかに高いことがわかる。また，ラジオと公的機関やボランティア，周りの人からの情報提供を除いては，2016年熊本地震での調査結果とかなり似通っていることもわかる[6]。ラジオが熊本地震よりも大幅に評価が高いのは，停電の影響で利用率が上がったことが大きいと考えられる。同様にテレビは発災当日の停電の影響で当日の利用率が低く，評価率もや

---

[6] 東日本大震災時の調査でも同様の設問はあったが，"使用していない"との選択肢がなかったため数値の比較は困難。因みに最も高い評価を受けたのはラジオでテレビと周りの人がこれに続いていた。

4. 北海道胆振東部地震

表8.19 安心感を得るうえで役に立ったメディア・コミュニケーション手段

地震から1週間程度までを総合して，自分自身の平常心を取り戻したり，安心感を得たりするうえで，下記のメディアやコミュニケーション手段等がどの程度お役に立ちましたか。(%) N = 2,032	役に立った	どちらともいえない	役に立たなかった	利用しなかった	全体	[参考]熊本地震(役に立った)
ラジオ（カーラジオ，radiko.jp を含む）	68.1	8.3	3.8	19.8	100.0	37.6
テレビ（ワンセグ，カーナビ，車載テレビを含む）	69.6	9.8	9.6	10.9	100.0	76.6
電話（IP 電話を含む）での家族・親戚・友人・知人との通話	56.6	17.4	10.1	15.9	100.0	59.6
電子メール／SMS	45.6	20.3	11.9	22.2	100.0	46.2
Twitter，LINE，Facebook などのソーシャルメディア（SNS）	47.8	16.1	10.8	25.3	100.0	49.9
ニュース・地震／災害関連安否確認サイトなどのウェブサイト，防災アプリ	54.2	14.9	8.9	21.9	100.0	59.5
動画／ストリーミングサイト（YouTube，ニコ生，AbemaTV 等）	11.5	18.1	16.3	54.2	100.0	12.7
テレビ局が提供するインターネット上のテレビ同時配信	13.9	16.9	12.5	56.6	100.0	−
新聞	34.6	16.4	12.4	36.7	100.0	38.5
避難所，被災現場等での自治体・自衛隊・政府等からの情報提供	16.2	20.4	13.6	49.9	100.0	26.8
避難所，被災現場等でのボランティア／ボランティア組織等からの情報提供	11.3	18.6	11.4	58.7	100.0	23.0
周りの人や家族・親戚・友人との口頭での会話	53.2	20.9	10.1	15.9	100.0	66.9

や低下したことが推測される（表 8.19）。

最後に表 8.20 で地震発生後 1 週間程度の期間における情報手段別の信頼度について見る[7]。この設問でもテレビ・ラジオへの評価の高さは抜きんでているが，災害関連サイト・アプリと新聞がテレビ・ラジオに次いで信頼度が高いグループを形成している。こうした傾向は熊本地震時の調査と同様だが，ほとんどの情報手段について，熊本地震時よりは信頼できたとの回答率が低下している一方で，ラジオはむしろやや上昇し，テレビはほぼ同水準になっているのが特徴的といえよう。テレビ・ラジオは異なる地域の異なる災害でもかなり高い信頼度を得ており，新聞と災害関連サイト・アプリにもほぼ同様のことがい

---

[7] 安心感同様，東日本大震災では "使用していない" を把握していなかったため直接の比較は困難。

表 8.20 総合的な信頼度

・地震から1週間程度までを総合して，下記のメディアやコミュニケーション手段等からの情報は，どの程度信頼できましたか。(%)	北海道胆振東部地震			熊本地震
	信頼できた	どちらともいえない	信頼できなかった	信頼できた
ラジオ（カーラジオ，radiko.jp を含む）	89.5	8.2	2.3	82.7
テレビ（ワンセグ，カーナビ，車載テレビを含む）	84.1	11.9	4.0	86.4
電話（IP電話を含む）での家族・親戚・友人・知人との通話	64.4	29.1	6.4	75.2
電子メール／SMS	49.0	39.5	11.5	65.0
Twitter，LINE，Facebook などのソーシャルメディア（SNS）	42.8	33.7	23.6	59.7
ニュース・地震／災害関連安否確認サイトなどのウェブサイト，防災アプリ	71.6	23.6	4.8	83.8
動画／ストリーミングサイト（YouTube，ニコ生，AbemaTV 等）	26.1	52.0	21.9	31.6
テレビ局が提供するインターネット上のテレビ同時配信	42.6	46.4	11.0	-
新聞	69.3	23.5	7.2	78.7
避難所，被災現場等での自治体・自衛隊・政府等の組織からの情報提供	44.7	46.4	8.9	64.5
避難所，被災現場等でのボランティア／ボランティア組織等からの情報提供	37.2	53.6	9.2	58.0
周りの人や家族・親戚・友人との口頭での会話	61.4	29.7	8.9	80.6

える。

4.3 まとめと考察

　以上，見てきたように，北海道胆振東部地震では，東日本大震災同様，ラジオがきわめて大きな役割を果たし，現地の多くの人から評価された情報手段となった。その最大の要因は地震直後の全道停電だが，電源復旧後も引き続き主要な情報源として機能し，被災地の人の役に立ったことがうかがわれる。これは普段ラジオに接しない人が，災害時のラジオの有用性に気がつき，継続して利用したことによると考えられる。

　ラジオはその電源制約からの自由度の高さや可搬性に加え，（当然のことながら）輻輳の問題もない。通信に比べれば格段に広い一（無線）局あたりのカバー範囲，アクセスの容易さや確実性の観点などから災害時のメディアとしては現在でも，最も有用なものであることは間違いない。加えてテレビ同様，平

常時からの放送に対する信頼性の高さから情報内容に対する信頼度がきわめて高い[8]。テレビ・ラジオは安心感を与えることでも高く評価されているが，これはテレビ・ラジオが冷静な対応を呼びかけたことだけでなく，情報内容への常日頃からの信頼感に裏付けされたものと考えることができるだろう。

一方，震災関連ウェブサイト・アプリも熊本地震に引き続いて，大規模災害時の情報手段として着実に定着し，発展してきていることがうかがわれる。放送とは相互に補完的な役割分担を行いながら，被災者の避難行動や情報充足を支援する構図が定着しつつあることがうかがわれる。

5. おわりに

東日本大震災の被災地では，発災時および被災直後の時期にラジオを中心とするマスメディアの役割や有用度が非常に高く評価された。ただマスメディアは，戦後最大の自然災害にあたって被災地で高く評価されたと安心することもできない。例として，避難行動に関わる呼びかけを効果的に行うことができたのか？ 被災者のニーズが常に最も高かった安否情報や生活関連情報を充分に提供できていたのか？ 被災者の心情や心理状態をよく考慮しない番組や表現・取材方法はなかったのか？ などについては，メディアが自ら検証を行い，次の大規模災害へ向けた備えとするべきである。

具体的には，津波からの避難の呼びかけについて，パニックを恐れて穏やかな表現に終始したことが，避難者の危機感を薄めたのではないかとの反省は民放，NHK を問わず共有されている。テレビについては，ネット調査の自由記入欄で"直後の時期は別として，しばらくするとテレビが伝える内容は東京発の情報が多くなり被災地のニーズとのかい離が大きくなった"といった意見や，"精神的にダメージを受けている時期に繰り返し津波の映像を見せられ気分がさらに落ち込んだ"といった意見が比較的多く見受けられた。こういった点は今後の反省材料にすべきと考えられる。

熊本地震では，スマートフォンの普及が災害時のメディア利用の形態を大き

---

[8] 民放連研究所の調査では，テレビについて，日常テレビを信頼する最大の理由は"災害や事故の際，信頼できる情報を提供する"であった（民放連研究所「民放経営四季報 2018 秋号」pp.16-17）。

く変えた。警報の受信から安否確認，情報収集までを一つの端末で行えるスマートフォンは災害時の最重要端末になった。加えて，モバイルバッテリーの普及で充電問題も緩和されつつある。"災害時に強い"という放送インフラの優位性は，技術の進歩によりかなり相対化されつつある。インフラの優位性が相対化する一方で，調査結果にもあるように，地元に根ざしたローカル放送局が得意とする生活関連情報への被災者のニーズはかなり高い。放送事業者は，放送インフラの強靭化を継続して進めるのは当然として，被災者が求める情報を質・量の両面でさらに充実させることで，災害時の役割を強化すべきであろう。

　さいごに，ラジオが大規模災害時に果たせる役割の大きさは，スマートフォンが100％近く普及した現在でも全く損なわれていない。停電下の北海道では，東日本大震災同様，ラジオは幅広い情報分野，状況でとりわけ高く評価されたメディアになった。北海道胆振東部地震では災害時のラジオの有用性が再確認されたが，災害時に期待される役割を十分に果たすためにも，今後ともラジオは地元で信頼されるメディア，コミュニティを作るメディアとして機能し続ける必要があるだろう。

◆参考文献

木村幹夫（2012），「東日本大震災時にメディアが果たした役割」『情報の科学と技術』62巻9号，情報科学技術協会。

木村幹夫（2016a），「熊本地震における被災地でのメディア利用の実態2－高い生活情報への充実ニーズ，ローカル局が注力－」『民放経営四季報』No.113，日本民間放送連盟・研究所。

木村幹夫（2016b），「熊本地震における被災地でのメディア利用の実態－放送が高評価もネットも広く活用－」『民放経営四季報』No.112，日本民間放送連盟・研究所。

木村幹夫（2018），「北海道胆振東部地震時のメディア利用行動－ラジオの有用性を再確認－」『民放経営四季報』No.122，日本民間放送連盟・研究所。

広瀬弘忠（2004），『人はなぜ逃げおくれるのか－災害の心理学』集英社新書。

三友仁志，ジョン・ウィリアム・チェン（2016），「群衆の中の行動とメディア情報の役割－東日本大震災後の帰宅者困難者はなぜパニックに陥らなかったか－」日本民間放送連盟編『ソーシャル化と放送メディア』学文社。

日本民間放送連盟・研究所（2011），「東日本大震災時のメディアの役割に関する綜合調査報告書」，日本民間放送連盟・研究所。

Solnit, Rebecca（2009）, *A Paradise Built in Hell: The Extraordinary Communities That Arise in Disaster*, Viking Adult.

第 9 章
シビック・メディアとしての震災アーカイブの多様な試み
── 311 ドキュメンタリーフィルム・アーカイブ，3 がつ 11 にちをわすれないためにセンター，およびリアス・アーク美術館常設展示の事例から

中嶋　聖雄

1．はじめに

　2011 年 3 月 10 日，木曜日の夕方，私はいつものように，マノアの谷の入り口にある大学から谷奥の自宅へ，車で帰宅した。その日は，学部講義と大学院ゼミがある日で，いつもより少し遅め，20 時の帰宅だった。自宅の駐車場に車を停めて家に入ろうとしたとき，たまたま居合わせた隣人から声をかけられた。「日本で大きな地震があったみたいだけれど，あなたの家族は大丈夫？」東日本大震災が発生した日本時間の 2011 年 3 月 11 日，金曜日，14 時 46 分 18 秒は，ハワイ時間では 10 日水曜日の 19 時 46 分 18 秒。私が大学から自宅まで，15 分ほどの帰路を運転中に，東日本大震災が起こっていたのだった。自宅に戻り，家族と遅めの夕食をとりながら，地震のことに話が及び，食後，ローカル・テレビをつけてみたが，東北地方で大きな地震が起こったこと以外，詳細な報道はなかった。その日は，事の重大さを知ることなく眠りについた。
　次の日の朝起きると，現地のテレビでも東日本大震災のニュースが続々と報道されていた。CNN などのケーブル・テレビ・ニュースでは，津波の被害を含む生々しい映像が放送され始めていた。東京と埼玉にいる家族・親族のことがとても心配だったが，ハワイの朝は東京では深夜，お昼過ぎまで待ち，自宅に国際電話をかけて，ようやく無事を確認した。
　すぐにでも日本に帰国し，家族のもとに駆け付けたい気持ちだったが，学期

中の授業を急遽休講にすることもできず，その後の数週間は，居ても立っても居られない時間を過ごした。アメリカのメディア報道は，外部からの視点であることもあり，日本よりも「客観的」だった一面もあるが，他方，日本語を解しない著名ニュースキャスターたちを日本に派遣し，彼ら／彼女らが戸惑う姿を目にし，アメリカ在住の日本出身者には，不安をより増幅させるような一面もあった。例えば，これは今でも心に焼き付いているが，CNN のスター・アンカーパーソンとしてその取材力には定評のあるアンダーソン・クーパー氏が，日本からの生中継で，原子力関連研究の専門家である MIT のジム・ウォルシュ氏とのインタビュー中に福島第一原発での2度目の水蒸気爆発を知り，ウォルシュ氏との会話を中断して，傍にいる取材クルーに「われわれは福島からどのくらいの距離の場所にいるのか？　風はどの方向に吹いているのか？」と問いかけた後，再びウォルシュ氏に向かって，「われわれはここから逃げた方が良いのか？」と質問する姿は，それだけ事態が緊迫していたとも理解できるが，少なくとも視聴者である私たちの不安を増幅させた（Henig 2011）。

　2014 年 4 月に日本に帰国後，いろいろな機会に，東日本大震災のときの状況を聞かされることがあったが，そのたびに，私にはいくばくかの「負い目と違和感」があった。震源地から比較的遠隔の地域の住民も，多くはそのときの地震の揺れは経験しているし，東京の家族や友人たちは，公共交通機関がストップしてしまったときの体験を，実体験として語ることができる。他方，当時ハワイ在住の私は，揺れは 1 ミリも感じていないし，東日本大震災を，主にアメリカのメディアを通してか，リアルタイムでは見聞していない。震災からの復興における ICT の役割を考えるという本研究プロジェクトに参加してからも，東日本大震災のときには，日本にさえいなかった私にどのような研究ができるのか，という疑問が常にあった。このようなある種の負い目と違和感とともに研究テーマを模索するなかで，東日本大震災という出来事を，それを同時代に生きて直接経験した人びと，東日本から離れていて同時代に生きながらも直接体験していない人びと，さらには，これから生まれてくる人びと——すなわち未来に向けて——どのような形で記録し，伝えていけば良いのだろうか？そもそも震災を記録する（アーカイブする）とはどのような行為なのだろうか？という本章のテーマにたどりついたのである。

1. はじめに

　本章は，インタビュー，参与観察および二次資料の分析に基づき，東日本大震災に関するアーカイブの3つの事例を検討することによって，震災アーカイブの現状と課題を論じる。第2節では，「311ドキュメンタリーフィルム・アーカイブ」（在山形市）の事例を紹介する。このアーカイブを，本章では「アカデミック（学術的）・アーカイブ」と特徴付け，論じることとする。特定の価値観ではなく，多様な視点から製作されたドキュメンタリー映画を，利用者が各々のニーズに即して選択できるように，できる限りまんべんなく収集・収蔵しているからである。第3節では，「3がつ11にちをわすれないためにセンター」（在仙台市）の活動を紹介する。本アーカイブは，ウェブサイト，インターネット放送，ビデオ・カメラとPCを使った映像製作・編集・発信といった多様なICT実践を通じて，市民と協働でアーカイブをつくり上げている。ゆえに，本章では，本アーカイブを，「コミュニティ・アーカイブ」と特徴付けて記述していくことにする。第4節では，リアス・アーク美術館常設展示「東日本大震災の記録と津波の災害史」（在気仙沼市）の事例を紹介する。本アーカイブは，美術家・学芸員である山内宏泰氏が中心となって行った震災災害調査に基づく，写真・「被災物」（後述）・資料のアーカイブであるが，伝統的なアーカイブ概念である「事実を客観的に記録する」ことにとどまらず，実際に収集した「被災物」にフィクショナルなキャプションをつけるなど，人びとの災害に関するイマジネーションを喚起することのできる，能動的なアーカイブである。本アーカイブは，そのほかにも，従来のアーカイブの枠組みを越えようとする試みがなされているので，本章ではこのアーカイブを「アヴァンギャルド（前衛的）・アーカイブ」と特徴付け，論じていくこととする。結論では，多様なアーカイブ活動を許容する空間を保証することが，シビック・メディアとしてのアーカイブの役割である，という本章の主張を展開する。

　事例の記述に移る前に，2つの用語について簡単に説明しよう。まず「アーカイブ」という用語。ある新聞記事によると，この語は，「知ってるようで知らないカタカナ語　ベスト10」の第2位にランクインしている。そこで紹介されている定義によると，アーカイブとは「文書やデータなどの資料を収集し，保存したもの。その保管施設を意味することもある。アーカイブズともいう」（「知ってるようで知らないカタカナ語　ベスト10」2014）。同記事には，さらに，

国立国語研究所が提案する言い換え例として，「保存記録」，「記録保存館」が挙げられている。「資料」といった場合に，そこに何を含めるのか・含めないのか，資料の「客観性」をどのように担保するのか，など，アーカイブをめぐっては，理論的・方法論的に非常に複雑な問題が存在する（例えば，朝日 2011；Foucault 1969；小川・菅編著 2015；小川・高橋・大西編著 2003）。分析的な議論に興味のある読者は，関連文献に直接あたっていただくとして，本章では，上記の一般的な定義を念頭に，話を進めていくことにしよう。

　「シビック・メディア」という用語は，この分野の専門研究機関であるアメリカ MIT の The Center for Civic Media によると，次のように定義される。「シビック・メディアとは，コミュニティにおいて社会的絆を強化し，住民の間に，市民的参加への強い動機を創造する，あらゆる形式のコミュニケーションである」（The Center for Civic Media，ホームページ）。この定義からも明らかなように，シビック・メディアという概念は，デジタル，アナログを問わず，さまざまな種類のメディアを通じた，市民による社会的絆の形成に重点を置いており，本章の中心的論題である震災アーカイブ——震災に関する資料を収集・保存したもの，またその保管施設——が，震災からの復興と地域社会の再生に果たす役割を考えるうえで，重要な概念となる。

2. 311 ドキュメンタリーフィルム・アーカイブ

　まず第 1 に検討する事例は，認定 NPO 法人・山形国際ドキュメンタリー映画祭によって，2014 年 11 月に設立された「311 ドキュメンタリーフィルム・アーカイブ」である。

　山形国際ドキュメンタリー映画祭は，1989 年から山形市で 10 月に隔年開催されているドキュメンタリー映画に特化した国際映画祭であり，映画祭のメイン・コンペティションである「インターナショナル・コンペティション」（大賞としてロバート＆フランシス・フラハティ賞）とアジアの新しい監督たちの作品を集めるコンペティション部門である「アジア千波万波」（最高賞としてアジアの若手監督を奨励する「小川紳介賞」）のような多様なラインアップを有している。上記コンペティションの他，ドキュメンタリー映画に関わるさま

2. 311 ドキュメンタリーフィルム・アーカイブ

ざまな特別プログラムやイベントも開催しており、その活動は、映画祭開催の一週間に限定されず、また山形市だけでなく東京など他地域においても活発に展開されている。

山形国際ドキュメンタリー映画祭は、1989年の第1回から2005年の第9回まで、山形国際ドキュメンタリー映画祭実行委員会と山形市が主催した。その後、2006年には任意団体となり、2007年には、特定非営利活動法人・山形国際ドキュメンタリー映画祭として、山形市から独立し、2007年の第10回映画祭から、山形市は主催から共催となった。2013年に、映画祭は、認定NPO法人となり、現在に至っている。2018年には、米国アカデミー賞を主催する映画芸術科学アカデミーより長編ドキュメンタリー部門公認映画祭に指定された旨の通知を受け、上記ロバート＆フランシス・フラハティ賞と小川伸介賞受賞の2作品が、アカデミー賞に無条件でエントリーされることになった。このことからも、山形国際ドキュメンタリー映画祭が国際的に高い評価を受けていることがわかる。

上記のような長年の国際ドキュメンタリー映画祭運営の実績に基づいて、山形国際ドキュメンタリー映画祭は、「311ドキュメンタリーフィルム・アーカイブ」を設立したのである。本アーカイブ開設の目的が、公式ホームページに明記されているので、少し長くなるが、主要部分を引用しよう。

［前略］本事業は、2011年に発生した東日本大震災を主題とした記録映画、およびそれらの作品に関するあらゆる情報を蒐集・保存し、災害・復興に関わる国内外の知見の発展に貢献し得る、将来にわたっての資料提供の場、思考する場となることを目的としています。

［前略］山形国際ドキュメンタリー映画祭でも、2011年10月の映画祭からこれまで、「ともにある　Cinema with Us」という東日本大震災記録映画特集上映プログラムを続けています。その間、多くの関連作品が映画祭事務局に寄せられてきました。この未曾有の災禍を記録した作品群に対し、海外からの問い合わせも多く、作品とその情報の一元化が急務の課題となっていました。

これらの作品を世界のより多くの方々に継続的に知ってほしい，そして上映機会がさらに増えてほしいという思いから，映画祭事務局では，これら作品素材を山形ドキュメンタリーフィルムライブラリーに集め，次世代に向け保存し，館内に限っての個人視聴の場を提供するアーカイブを立ち上げることに致しました。

［中略］

本アーカイブは，それら貴重な作品群の総合参照先として機能することを目指しています。
（311ドキュメンタリーフィルム・アーカイブ，ホームページ，「311ドキュメンタリーフィルム・アーカイブについて」）

より具体的に，311ドキュメンタリーフィルム・アーカイブの活動は，主に下記の3つの内容に分類できる（311ドキュメンタリーフィルム・アーカイブ，ホームページ，「311ドキュメンタリーフィルム・アーカイブの事業内容」）。

まず第1に，山形ドキュメンタリーフィルムライブラリーに，東日本大震災に関連するドキュメンタリー映画を収集・保存している。山形ドキュメンタリーフィルムライブラリーは，山形市平久保にある山形国際ドキュメンタリー映画祭の図書室で，山形国際ドキュメンタリー映画祭応募作品を中心に，世界各地のドキュメンタリー映画を保管し，試写室での上映会や個人ブースでのビデオ，DVD鑑賞の機会を提供している。ライブラリーでは，映像作品のほか，ドキュメンタリー映画に関する書籍や映画祭カタログ等の資料も多く収蔵しており，日本はもちろん，世界各国・各地域のドキュメンタリー愛好者・研究者の支持を得ている[1]。フィルムライブラリー内に設置された311ドキュメンタリーフィルム・アーカイブには，2018年11月4日時点で，108作品がアーカイブされており，東日本大震災を考える際に大変貴重な示唆を与えてくれる。特に注目

1）山形国際ドキュメンタリー映画祭については，倉田（2015），東北文化研究センター編（2013），山形国際ドキュメンタリー映画祭東京事務局編（2006），山之内（2013），等を参照。

2. 311ドキュメンタリーフィルム・アーカイブ

すべき点は，日本作品のみでなく，世界各国各地域の作品を幅広く収蔵している点である。また，その作品の多くには英語字幕が付されており，日本語を解する鑑賞者だけでなく，共通言語ともいえる英語を理解する世界各国各地域の人びとへ向けて，アーカイブ利用の機会を提供している点が特徴的である。作品の傾向としても，事実を淡々と記録するいわゆる「観察映画」（山下・井上・松崎 2012, p.89）から，アート作品に近い実験的ドキュメンタリーまで，ドキュメンタリー映画のさまざまなスタイルの作品を幅広く収蔵している。

第 2 に，上述のビデオブースで，収蔵している作品を個人視聴する機会を提供している。試写室を利用した上映会も定期的に開催されているが，その特定の日時に作品を鑑賞することができなくても，ライブラリーの開館時間である 10：00 ～ 17：00 の間（休館日は，月・火［祝日を除く］，年末年始）であれば，個人のスケジュールに合わせて作品を鑑賞できるようになっている。

第 3 に，上記第 1，第 2 と関連して，日英 2 言語の作品データベースをホームページに構築し，世界各地からのアクセスを可能にしている点である。

これら 3 つの，アーカイブの主要事業内容に加えて，上記に引用した「311 ドキュメンタリーフィルム・アーカイブについて」でも触れられているように，アーカイブの母体である山形国際ドキュメンタリー映画祭期間中には「ともにある Cinema With Us」というセクションが設置されている。このプログラムは，「2011 年 3 月 11 日の東日本大震災と津波，そして原発事故という未曾有の経験と課題から生まれた作品を取り上げるプログラム」（「ともにある Cinema with Us 2017」2017）である。2011 年から開始されたこのプログラムは，2017 年で第 4 回を迎えたが，東日本大震災に関連するドキュメンタリー映画を上映し，監督やプロデューサーとの質疑応答，また研究者や東日本大震災のアーカイブ活動や復興のためのコミュニティ活動に関わっている人びとを招いたパネル・ディスカッションなどを企画しており，2014 年にアーカイブが設置されて以降は，その活動と有機的に結びついている。

ここで，311 ドキュメンタリーフィルム・アーカイブに所蔵されている作品で私が鑑賞したものの中から，いくつかを紹介しよう。

『東日本大震災〜宮城県石巻市災害記録〜　第 1 巻〜 3 巻』（dir. 石巻市長；2013 年；日本；32 分，25 分，28 分）は，東日本大震災で甚大な被害を受けた宮

城県「石巻市の被害状況・復興への道程を記録することは防災資料・歴史資料として重要であり，その記録をアーカイブとして後世に伝えていく」(311 ドキュメンタリーフィルム・アーカイブ，ホームページ，『東日本大震災〜宮城県石巻市災害記録〜　第1巻』）という意図のもと，制作された作品である。企画・著作が石巻市で，石巻日日新聞社に制作委託された映画であるため，映像手法的に特別に前衛的な試みをしているわけではないが，事実をなるべく客観的に記録しようとする意図のもとに，被害状況・復興状況をできる限り多くの領域にわたって記録しており，この映像を見ることによって，石巻市の状況を明確に理解できるような資料となっている。第1巻は，石巻地区の被害状況，巨大津波のメカニズム，震災がもたらした課題など，序論・総論的な内容になっており，続く第2巻では，雄勝・牡鹿地区の被害状況，避難所，ボランティア，ライフライン，災害医療ほかの映像，最後の第3巻には，河北・河南・桃生・北上地区の被害状況，仮設住宅，文化財，学校ほかの映像が収められている。それぞれ 32 分，25 分，28 分と比較的短時間の映像であるため，正統的な記録資料ながら，集中力を保ったまま，視聴できた。

　上記のような「正統的」記録映像とは対極に位置するような作品も，311 ドキュメンタリーフィルム・アーカイブには所蔵されている。例えば，七里圭，鈴木了二監督による『DUBHOUSE：物質試行 52』(2012；日本；16 分) である。監督たち自らの作品紹介によると：

　　2010 年東京国立近代美術館における建築家鈴木了二のインスタレーション「物質試行 51：DUBHOUSE」の記録映画。建築が生み出す闇を捉えるという当初の意図は，翌年 3 月 11 日の出来事により決定的な変化を被る。七里は，展示作品を撮影した光の部分と同じ時間の闇を冒頭に置き，その中に，鈴木が描いた被災地のドローイングを沈ませた。映画館は，闇を内在した建築である。その闇から浮かび上がろうとする映画は，映画館に放たれる光であると同時に，祈りであるかも知れない。これは，光と闇を巡るメタ映画であり，歴史的出来事への応答でもある。
　　(311 ドキュメンタリーフィルム・アーカイブ，ホームページ，「DUBHOUSE：物質試行 52」)

つまり，東日本大震災で被災した地域や人びとを主な撮影対象としている『東日本大震災〜宮城県石巻市災害記録〜』とは異なり，すでに展示したインスタレーション・アート作品の意味付けが，東日本大震災を経たのちに変化し，その様子を新たな素材（被災地のドローイング）とミックスすることによって，新しい映像作品として創り上げたのである。一般的な意味でのドキュメンタリー映画とは異なるかもしれないが，東日本大震災という出来事に，作品やアーティストたちが大きな影響を受けた過程を記録している，という意味において，ドキュメンタリー映像としてとらえることができる興味深い作品である。

『なみのおと』（dir. 酒井耕・濱口竜介；2011年；日本；142分），『なみのこえ（新地町／気仙沼）』（酒井耕・濱口竜介；2013年；日本；103分（新地町）／109分（気仙沼）），『うたうひと』（酒井耕・濱口竜介；2013年；日本；120分）も惹きつけられる作品だった。『東北記録映画三部作』ともいわれるこれら作品のパンフレットには，下記のようにある。

　『なみのおと』，『なみのこえ』（「気仙沼」編，「新地町」編），『うたうひと』は，酒井耕，濱口竜介両監督が東日本大震災の被災地で，2年の歳月をかけて丁寧につくりあげた東北三部作である。しかしここに，被災の風景はほとんど現れない。あるのはただ，語ること，そして聞くことだ。

　『なみのおと』，『なみのこえ』では，夫婦，親子，兄弟，姉妹，同僚といった親しい関係にある人びとが，あらためて，それぞれ相手と向かい合い，震災と向かい合い，話を交わす。通常は生涯を通して出会うこともなかっただろう強烈な体験が引き金となって，かれらの対話は人間関係の本質に深く触れはじめていくのである。一方，『うたうひと』は東北の民話語りを題材に，みやぎ民話の会，小野和子の活動を追ったものだ。震災を直接扱ったものではないが，人はすぐにも『なみのおと』，『なみのこえ』と通底し，呼応しあう，まったく同じ「態度」を見て取るだろう。語ることと聞くこと。聞くことと語ること。今，もっとも忘れてはならないひとつの態度を，この三部作はかたりかけようとしている。

（『東北記録映画三部作』2013：6）

前出の『DUBHOUSE：物質試行 52』と比較すると，被災地の映像そのものに焦点を合わせないという点では共通するが，その表現方法は，抽象的芸術表現に重点を置く『DUBHOUSE：物質試行 52』とは異なり，具体的に「語ることと聞くこと」から，東日本大震災を省察してゆく契機となる作品である。『なみのこえ』（「新地町」編）で，被災者たちの多くが，東日本大震災で近親者たちを失ったにもかかわらず，自らが生き残ったことに対する戸惑いや負い目を語っているが，それは，もちろんその性質や度合いは大いに異なるが，上記「はじめに」で私が記した，「東日本大震災を直接体験していないこと」への負い目と重なる部分も多く，私自身迷いながらも，本研究を進めていくことの意義を確認するきっかけとなった。

上述のように，311 ドキュメンタリー・アーカイブは，言語に関しても，製作国に関しても，またドキュメンタリー映画の製作スタイルに関しても，東日本大震災に関連するものであれば，できるだけまんべんなく，多種多様な作品を収集することをめざしており[2]，そういった意味で，正統的なアーカイブの概念に従った学術的アーカイブであるといえるだろう。さらに，日英両言語でのデータベース構築や，映画祭内外での上映会・イベントを主催している点で，世界の震災アーカイブの中でも，特に国際化されたアーカイブである。

このような国際的・学術的アーカイブである 311 ドキュメンタリーフィルム・アーカイブは，日本国内はもちろん，世界各国各地域の研究者たちに幅広く利用されており，アーカイブを利用した学術的研究が継続的に発表されている。

一例を挙げると，2015 年には，フランスの映画研究者である Élise Domenach 氏の編集による，英仏バイリンガルの書籍 *Fukushima en cinéma. Voix du cinéma japonais / Fukushima in Film. Voices from Japanese Cinema* が出版されている。本書籍は，福島第一原発での事故に何らかの形で関連する映画（ドキュメンタリーとフィクションの双方を含む）の監督たちとのインタビュー集であり，6 人の監督とのインタビューで構成された 5 つの章（酒井耕・濱口竜介監督は同時インタビュー）のほか，Domenach 氏によるイントロダクションと，結論として映画批評家とのインタビュー，さらに，巻末にはフィル

---

[2] 311 ドキュメンタリーフィルム・アーカイブ，畑あゆみ氏の言（2016 年 2 月 18 日；筆者による聞き取り）。

モグラフィーも付されており，東日本大震災と福島第一原発での事故を，映画監督たちが，どのような意図をもって，どのような視点で映像に収めていったかの詳細な記録となっている。

以上の諸点を総合すると，311ドキュメンタリーフィルム・アーカイブは，なるべくまんべんなく，多くの国や地域から，多種多様なスタイルのドキュメンタリー映画を収集・所蔵し，それを利用者の関心に合わせて，自由に，それぞれの目的に合わせて利用できる体制を維持しているという点において，本章で紹介するアーカイブの中では最も正統的な「学術的アーカイブ」といえるだろう。先に紹介した，アーカイブ「設立の目的」にも明記されていたように，「震災記録映画の開かれた総合参照先として機能すること」（畑2016）を目指しているのである。

3. 3がつ11にちをわすれないためにセンター

第2に検討する事例は，せんだいメディアテークによって，2011年5月3日に開設された「3がつ11にちをわすれないためにセンター」（通称：わすれン！；以下，わすれン！）である。

せんだいメディアテークは，公益財団法人仙台市市民文化事業団が，仙台市からの指定を受け，管理・運営している生涯学習施設である。建築家，伊東豊雄氏の設計による地下2階，地上7階と屋上階を擁した建築に，ギャラリー，シアターなどの「表現の空間」，スタジオやワークショップなどの「活動の空間」，さらに仙台市民図書館をはじめとする図書・映像・音響ライブラリーを有し，仙台市民を中心に，市内外の利用者に，「だれもが情報を収集し，蓄積し，編集し，発信のできる環境の提供」（せんだいメディアテーク，ホームページ，「理念・サービス」）を目指している。

せんだいメディアテークのプロジェクトの一環として，わすれン！が開設されたわけだが，そのホームページの「センターについて」の項目には，以下のような記述がある。

発信はさまざまな支援活動を応援し，記録は未来への財産となるように。

せんだいメディアテークは 2011 年 5 月 3 日，東日本大震災による甚大な影響に対し，ともに向き合い考え，復興への長い道のりを歩きだすため「3 がつ 11 にちをわすれないためにセンター」を開設しました。

市民，専門家，スタッフが協働し，復旧・復興のプロセスを独自に発信，記録していくプラットフォームとなるこのセンターでは，映像，写真，音声，テキストなどさまざまなメディアの活用を通じ，情報共有，復興推進に努めるとともに，収録されたデータを「震災の記録・市民協働アーカイブ」として記録保存しています。

センターには「スタジオ」と「放送局」があり，スタジオは情報収集やビデオカメラ等取材用機材が用意されている他，テキスト執筆，映像や写真の編集，インターネットへの配信などの作業が可能です。放送局ではインターネットを介した番組の収録と配信をおこないます。

メディアを通じた支援活動の応援，震災の記憶の蓄積にぜひご参加ください。

上記からも明らかなように，わすれン！は，せんだいメディアテークのプロジェクトであることもあり，メディア，特に新しい ICT の利活用に大きな重点を置いている。さらに，生涯学習施設であることもあり，市民との協働を目的としており，「コミュニティ・アーカイブ」（詳細は後述）としての役割を強く意識したアーカイブである。

センター開設から 4 年弱の歳月を経た 2015 年 2 月に発行された『3 がつ 11 にちをわすれないためにセンター　活動報告』によって，センターの活動の一部を紹介しよう。この報告書は 4 つのブロックに分類された 45 のテーマから構成されている。凡例として，報告書のページ左側のタブが，各記録やアーカイブ活動の属性を示していることが明記されている（3 がつ 11 にちをわすれないためにセンター 2015, p.4）。タブには，「記録された時間や状況」として，発災前，発災，避難，被災，復旧，「記録している媒体の種類」として写真，映像，音，文字，絵，「アーカイブ活動の作業過程」として，記録，整理，資料化，利活用，の各項目がある。凡例には，さらに，ページ各所に配置されている個々

の画像に添えてあるキャプションが，各記録の情報を表していることが明記されている。「記録に関する情報」としてタイトル，記録日，記録場所，記録者，「記録のメディアの種類」として，写真，映像，音，文字，絵，「記録の公開情報」として，日本語ウェブサイトでの公開，英語ウェブサイトでの公開，DVDでの公開，展示や上映会での公開，の各項目が含まれている（同書，p.5）。

　第1ブロックの「発災前から発災1カ月後までのこと」では，標題の期間に起こった出来事を，文章と豊富なカラー写真を配して記録している。例えば，「それぞれの3月11日」(同書，pp.14-15)というテーマでは，「せんだいメディアテーク7階での揺れの様子」と「津波の様子（海岸公園冒険広場から南西方向を望む）」と題した2枚の写真を掲載し，当時の混乱の中にありながらも，デジタル・カメラや携帯電話などICTの普及により，多くの映像記録が残されていることが文章で記されている。上述のように，各テーマは，ページの左端に配置されたタブによって分類されており，例えばこのテーマには，「状況」として「発災」，「メディア」として「写真」・「映像」・「文字」，「アーカイブ」として「記録」のタブが付されている。さらに各写真には，上述のように，各記録の情報を表すキャプションが付されている。例えば，「津波の様子」には，写真マーク，映像マーク，文字マーク，日本語ウェブサイト公開マーク，英語ウェブサイト公開マークが付されており，わすれン！のウェブサイトを訪れると，冊子に掲載された記録と関連する写真，映像，さらにそれら記録を残した際の様子や経緯を文章に記した資料をハイパーリンクとして，日英両言語で渉猟できるようになっている。

　第2ブロックの「写真，テキスト，音声を用いた記録や，その記録活動」からは，標題のとおり，写真，文章，音声がどのようにして記録されていったかを詳細に知ることができる。例えば，「14　定めた点から観て測る」(同書，pp.42-45)のテーマでは，震災の影響を受けた場所がどう変わったか，あるいは変わらなかったかを，同じ場所を継続的に観測することで記録することの意義を記述している。例えば，「鹿落坂」と題する写真では，宮城県仙台市太白区の鹿落坂の2011年3月13日7時34分時点の写真と2012年8月25日の写真を上下に配し，その変化を提示している。発災から2日後の前者では，建物が道路に崩れ落ち通行不能となっている様子が写されているが，発災から1年

半ほど経た後者には，道路が修復され，スクーターが走っている様子が示されている。

第2ブロックには，そのほかにも，多くの興味深い事例が掲載されている。このセクションは，本書の主要テーマの一つである「震災とメディア」を考えるうえで，重要な示唆を与えてくれるので，全テーマを簡単に紹介しよう。「15 言い伝え」では，海岸線から直線で5.5キロの場所にある仙台市若林区にある浪分神社の名前に表現されているように，「かつて津波が神社の前で分かれた」（同書，p.46）という言い伝えを記載している。さらに内陸には，蛸薬師堂という堂があり，それにまつわる「蛸のついた観音様が打ち上げられた」（同書，p.46）という伝承を紹介している。両者とも，文章とともにカラー写真が掲載されており，このような言い伝えを，種々のメディア（この場合は文章と写真）によって記録していくことの効果を実感できる。「16 石碑」では，明治・昭和の三陸大津波の被害の様子やそこから得た教訓を記した石碑を紹介している（同書，p.48）。「17 張り紙」では，震災時に出現した紙メディアの興味深い事例を紹介している。「店や施設の臨時休業，建物への立ち入り禁止，道路の通行止め」などのほか，「お店が営業を部分的に再開し始めたことや，品切れになってしまったこと，次の入荷時期がわからないことなど」を伝える張り紙，さらには，「がんばれ東北」のようなメッセージを記載したものなど，震災の各段階で，伝統的な紙メディアが果たした役割を実感することができる（同書，p.50）。「18 手記」では震災を体験した人びとの，日記などの文字による記録を紹介している。「19 聞き描き」では，盛岡と仙台の社会人や学生が中心となって活動している「つれづれ団」（http://tsurezuredan.com/）と協働して行われたインターネット放送「つれチャンゆれゆれ311」で，震災の様子を語り合い，それをイラストとともに記録していく活動が紹介されている。「20 みみで眺める」では，例えば，「信号が止まった交差点」で警察官がホイッスルを吹きながら交通整理をしていた際の写真とともに，ウェブサイトでその音を聞くことができるようになっており，写真のようなビジュアル・メディアに加えて，メディアとしての音で，震災を記録することの重要性を理解できる（同書，pp.56-57）。

「21 再興のこえ」は「リアルふっこうボイス」という復興に関するさまざ

まな意見を多くの地域の人びとから聞き取り，インターネット放送でその音声を紹介する試みを掲載している。「同じ地域でも，賛成／反対をはじめとする多用な意見が想定されるため，話し手の匿名性は保持しつつ発言はそのまま本人の声で伝えられるよう，音声で記録」しているという（同書，p.58）。上述の「20　みみで眺める」のように音というメディアを「客観的」記録の手段として使うことに加えて，将来を構想する議論のツールとして活用するという点で，興味深い。

　以上，詳細に見てきたように，第2ブロックは，「震災とメディア」というイッシューを考えるうえで，いくつかの重要な示唆を与えくれる。まず，当然ではあるが，メディアには多種多様なものがあるということ。ICT時代であるので，携帯電話やインターネット，デジタル・カメラ，デジタル・ビデオが，震災をアーカイブすることに重要な役割を果たしていることは明らかだが，本節でも紹介されているように，民俗学的な「言い伝え」や歴史的「石碑」，さらには伝統的な伝達の手段である「張り紙」，さらには「音」や「声」も重要なメディアであることを再確認させてくれる。また，メディアの利用にもただ単に記録するというだけでなく，「手記」によって自分の思いを語ることの重要性，「聞き描き」によって他人の思いを共感を持って記録することの意義，さらには，音メディアを使って規範的な議論を進めていくことの可能性（例えば，「21　再興へのこえ」）など，メディアが震災復興と地域社会の再生に果たす多用な役割——記録とともに利活用の重要性——を再認識させてくれる内容となっている。

　第3ブロックは，「映像を用いた記録や，その記録活動」と題し，ビデオ・カメラや携帯電話を用いて記録された動画映像を紹介している。いくつかのテーマを紹介しよう。

　「22　日常とビデオカメラ」のテーマでは，映像の記録が，震災のような非常時だけでなく，すでに多くの人びとの日常生活の記録方法の一部になっていることを述べている。そのような人びとは，「発災からの日々をも，日記を綴るように映像で記録し続け」ている（同書，p.62）。他方，「24　はじめてのビデオカメラ」では，震災をきっかけに，初めてビデオカメラを手にとり，映像記録を始めた人びととの活動を記述している。このように，わすれン！は，ある

事象に向かい合うときに，その事象には，さまざまな異なった側面があり，またそれに対する見方も多種多様であることを強調する点に特徴がある。上述のように，映像を記録するという行為についても，それを以前から行ってきていた人びとと震災をきっかけに映像を記録し始めた人びととの双方がいることを併記しているのだが，それは，わすれン！の，事象の多面性・多様性許容の姿勢の表れの一つの例であるといえるだろう。

　現実の多面性・多様性を表しているテーマは他にもある。例えば，「26　ことばにする」では，「被災地の内外や被災の度合いにかかわらず，職業・年齢・地域などの異なるさまざまな人びとに，震災の体験と考えを語ってもらったもの」である「わすれン！ストーリーズ」と題した活動を紹介し，「ことばにする」ことの重要性を説いている（同書, p.72）。その一方で，「27　ことばにならない」では，震災の経験やさまざまな思いが「ことばにならない」場合が多くあることも認識している。明確なことばにはできなくても，音楽活動やDJによる音楽のインターネット放送，さらにはダンスなどによって，ことばにならない思いを言葉以外のメディアでつたえることの意味・意義を強調している。この第3ブロックによく表現されているように，現実の異なった側面や，それに対する多様な見方を，安易に一つの合意に導くのではなく，それらの対話・併存・共存の可能性に重きを置くというのが，わすれン！の特徴の一つであると思われる。

　冊子の最後のブロックである第4ブロックは，「アーカイブ活動における資料化や利活用の試み」と題し，アーカイブの方法論やその活用に関わるセンターの活動を紹介している。例えば，「37　上映会とDVD」では，毎年春に開催される「星空と路」と題した映像上映会を紹介している。この上映会で上映された映像はDVD化され，せんだいメディアテークの映像音響ライブラリーで貸し出しされている。「38　対話の場」では，せんだいメディアテークが，2011年5月のわすれン！開始と同時に始めた「考えるテーブル」——「さまざまなグループがテーマを持ち込み，対話する場」（同書, p.100）の一つである「てつがくカフェ」の活動を紹介している。「てつがくカフェ」は，震災をテーマに，冊子発行時（2015年2月）ですでに40回ほど開催されており，震災について，人びとが集まり，聞き，語り，ともに考える場を提供している。さらに，「て

つがくカフェ」の終了後，スタッフがその日の対話を振り返り，2年ほどの間，インターネットで放送を行っていたという。この活動は，アーカイブというものが，かならずしも物理的なメディア——伝統的な紙媒体であれ，近年のデジタルデータであれ——による記録のみを意味せず，それをきっかけに生成する人と人とのつながり，またそこから生まれる対話，というようにメディアというモノとそれを利活用するヒトによって形成されるネットワーク全体である，ということに気づかせてくれる[3]。

アーカイブがメディアというモノとヒトのネットワークとなった時にはじめて有効に利活用されることを示す興味深い事例が紹介されている——「41 はじまりのごはん」という試みである。冊子によると：

> 「3月12日はじまりのごはん—いつ，どこで，なにたべた？—」（NPO法人20世紀アーカイブ仙台との協働）は，震災時の「食」にまつわる写真を展示し，来場者がそれらを見て思い出した体験や想いを付箋に書いてもらう参加型の催しであり，震災を自分のこととして捉え直すきっかけをつくる試みでもあります。
> （同書，p.106）

冊子に紹介されているパネルには，（停電あるいは電力不足のため電気炊飯器でなく）鍋で炊かれたご飯を，（食事のたびに貴重な水を使って洗わなくてよいように）ラップが敷かれたご飯茶碗にもりつけている様子を写した写真があり，それに対する思いやコメントを，参加者がピンク，黄色，水色，緑，黄緑などのカラフルな付箋に記して，写真の周りに張り付けている。例えば，黄緑色の付箋の一枚には，「神戸の記録を見てラップを買いこんでおいて役に立ったです」と書かれており，阪神・淡路大震災時に記録されたアーカイブが，東日本大震災でも役立ったことが示されている。同様に，アーカイブとしての

---

[3] このような見方は，モノ（「非・人間」[non-humans]；自然物とメディアのような人工物の双方を含む）とヒト（「人間」[humans]）を等価の「作用者」（actants）ととらえ，その集合体としてのアクター・ネットワーク（actor-network）が社会現象を構成することに注目するアクター・ネットワーク理論（Actor-Network Theory; ANT）の視点と共通する。理論的な議論に興味のある読者は，Latour (2005), Nakajima (2013), 中嶋 (2018) 等を参照されたい。

「はじまりのごはん」は，後に起こるであろう震災時にも，記録として受け継がれていき，誰かの役に立つことになるのだろう。この「41　はじまりのごはん」は，写真という画像メディアと紙媒体の付箋というメディア，そしてそれを活用する人間のネットワークによってアーカイブが成り立っていることを表す好事例となっている。

以上の諸点を総合すると，わすれン！は，仙台市の生涯学習施設であるせんだいメディアテークを母体としていることもあり，多種多様なメディア——上述のように，現代的ICTだけでなく，「張り紙」や付箋といった伝統的なメディアを含む——を仙台市民およびそのほか東日本大震災に関心を持つ人びとの参加によって，有機的に活用していこうとする姿勢にその特徴がある。センターの活動に長くかかわってきた3人の著者によって執筆された書籍のタイトルにあるように，それは「コミュニティ・アーカイブ」——「市民自らがその地域・コミュニティの出来事を記録し，アーカイブ化する試み」（佐藤・甲斐・北野 2018, p.18）であるといえよう。

4. リアス・アーク美術館常設展示

本章で第3に紹介する事例は，宮城県気仙沼市にあるリアス・アーク美術館の常設展示「東日本大震災の記録と津波の災害史」である。リアス・アーク美術館は，宮城県の「広域活性化プロジェクト事業」に対して，気仙沼本吉広域圏が選定要望を行った「地域文化創造プロジェクト事業」の中核施設として，1994年に開館した。ホームページの紹介によると，リアス・アーク美術館とは，「『圏域住民への質の高い芸術文化に触れる機会の提供』と『住民の創作活動や発表の場の提供』を通じ，美術的な視点から個性豊かな圏域文化を創造しようとする生涯学習施設」である（リアス・アーク美術館，ホームページ，「リアス・アーク美術館とは」）。

本章で紹介する「東日本大震災の記録と津波の災害史」は，リアス・アーク美術館の常設展示として，2013年4月3日に公開された[4]。展示目的は以下の3点である（リアス・アーク美術館，ホームページ，「東日本大震災の記録と津波の

---
[4]　本常設展示設立の経緯・意図については，山内（2016）に詳しい。

災害史」)。

　東日本大震災及び大津波によってもたらされた，気仙沼市，南三陸町への災害被害の実態を記録・調査し，それらを復旧，復興活動において有効に活用できるよう取りまとめること。

　今後も想定される地震，津波災害に向けて，防災教育や減災教育のための資料として活用可能なように災害被害の実態を取りまとめること。

　東日本大震災被災という重大な出来事を，地域の重要な歴史，文化的記憶として後世に伝えるとともに，日本国内，あるいは世界で行われている災害対策事業等への具体的な資料提供を行うこと。

　展示内容は，リアス・アーク美術館の学芸係が中心となり，発災直後から約2年間の時間をかけて撮影した写真，収集した「被災物」（後に詳述）および調査記録書などの資料によって構成されている。展示の前半は，「被災現場からのレポート」と題し，震災直後からのさまざまな状況がまとめられている。展示の後半部分は，「被災者感情として」，「失われたもの・こと」，「次への備えとして」，「まちの歴史と被害の因果関係」の4つのテーマで構成されている。展示されている写真には，その撮影時の感情や考えが，文章として添えられている。展示されている被災物は，「津波の破壊力，火災の激しさなど，物理的な破壊力等が一見してわかるもの」，「災害によって奪われた日常を象徴する生活用品や，震災以前の日常の記憶を呼び起こすようなもの」の2種類に分類されており，それらには，それぞれの被災物に関わる「物語」（後に詳述）が添えられている。加えて，「東日本大震災を考えるためのキーワード」と題して，震災発生から展示開始までの2年間に得られた情報や課題などをまとめたものが，文章化され，展示されている。

　展示内容をもう少し具体的に紹介することによって，「東日本大震災の記録と津波の災害史」の特徴を明らかにしていこう。

　私が実際に展示を参観した際（2017年2月24日）には，まず，被災現場写

真に添えられている文章の「独特さ」に驚かされた。一般的には，アーカイブは，「なるべく感情を排して，『事実』を『客観的』に記録すること」に重きが置かれると思うが，このアーカイブは，そのような記述的表現だけでなく，そのときに記録者が感じた感情的表現を用いることを避けない。このように「客観的な事実」だけでなく，感情をもアーカイブしている点が，本アーカイブの第1の特徴である。

　2014年に出版された『リアス・アーク美術館常設展示図録　東日本大震災の記録と津波の災害史』中の記述も交えながら，いくつか例を示そう。「現場写真」の1番目の写真は，東日本大震災発生当日の様子を映している。写真に添えられたキャプションは次のようである。

> 2011年3月11日，15時30分，リアス・アーク美術館屋上から望む気仙沼市内湾付近の状況。14時46分の地震発生直後から同規模の余震が30分ほど続く中，15時25分前後から津波が押し寄せ，15時30分前後に最大波が町を呑み込んだ。津波によって破壊された町からは白煙（家屋倒壊による粉塵）が立ち上がった。「だめだ…終わりだ…」，皆が口々にそう呟きながらこの光景を呆然と見つめていた。
> （リアス・アーク美術館 2014, p.9）

このキャプションは，地震発生時の様子を，時間経過とともに，正確に記述している点で，「『事実』を『客観的に』記録する」という一般的なアーカイブの特徴は有している。しかし，それに加えて，その時に記録者の中に沸き上がった感情をも残そうとしている点が，興味深い。同様に，下記のように，記録当時に沸き上がった感情を，あまり加工することなく，表現したキャプションも多い。

> 2011年8月25日，南三陸歌津町伊里前，西光寺墓地の状況。海からはずいぶん離れている。また墓地自体はやや高台となっている。それでも津波の被害を受けてしまった。墓石がなぎ倒され，御骨なども波に持ち去られている。「いくらなんでもあまりにひどいじゃないか…」そう感じた。物

が破壊されることよりも，精神を破壊されることのほうがずっと辛い。いったいどうすればいいというのだ。
　（同書，p.35）

　この第1の特徴である「感情をアーカイブすること」は，展示に，「被災者感情として」というセクションが設定されていることからもわかるように，意識的になされているようだ。
　本アーカイブの第2の特徴として，被災を受けた人びと・地域に対する「批判的」・規範的表現を用いる点がある。例えば，

2011年3月27日，気仙沼市波路上内田の状況。波路上明戸側から押し寄せた津波が陸を越えて内田側から内湾に抜けている。もちろん内湾側からも津波は押し寄せている。この一帯は震源の方角にかかわらず，大津波が押し寄せた場合，必ずこういう状態になる。明治の津波でも，昭和の津波でも同じことが起きている。なぜ過去の経験が生かされないのか。ここはそういう場所だとわかっているはずなのに。
　（同書，p.59）

考え方によれば，「正論」ではあっても，被災地やそこに生きる人びとに対して，上記のような「批判的」なことばをなげかけることに違和感を感じる読者もいるかもしれない。しかし，展示をよく観察すれば，それが「批判のための批判」ではなく，未来に，このような被害が起らないためにどうすればよいのかを真剣に考え抜いたうえでの「建設的批判」であることがわかる。例えば，下記のキャプションのように，過去と現状を批判しながらも，未来へ向けて，防災対策に対して，非常に具体的な提言を含むキャプションも数多い。

2011年3月15日，気仙沼市松崎尾崎，馬場の状況。防潮林を形成していた巨大な松の木が道路をふさいでいる。津波の直撃を受けた防潮林は目を疑いたくなるほどもろかった。背丈の割に根が貧弱で非常に浅かったことがこの木を見てもよくわかる。津波と共に押し寄せたこれらの松がかえっ

て被害を拡大させた。防潮林と並ぶ竹林は津波の直撃にも耐え，しっかりその場に残っていた。植えるなら竹ではないか。
（同書，p.48）

　本アーカイブの第2の特徴である「批判的・規範的表現を用いる」点も，展示のセクションとして，「次への備えとして」というセクションが設けられていることからもわかるように，意図的なものであり，さらにそれは，批判のための批判では決してなく，防災・減災への具体的な提言なのである。
　「東日本大震災の記録と津波の災害史」の第3の特徴として，展示を行うに際して，人間だけでなくモノへの被害にも重点を置いている点がある。少し説明しよう。まず，通常であれば「がれき」と呼ばれるであろう震災や津波によって破壊された物体を「被災物」と呼んでいる。「東日本大震災を考える我われのキーワード」というセクションの「記憶」（同書，p.127）という項目には，以下の文章が展示されている。

　　記憶……《ガレキ》
　　　瓦礫（ガレキ）とは，瓦片と小石を意味する。また価値のない物，つまらない物を意味する。
　　　被災した私たちにとって「ガレキ」などというものはない。それらは破壊され，奪われた大切な家であり，家財であり，何よりも，大切な人生の記憶である。例えゴミのような姿になっていても，その価値が失われたわけではない。しかし世間ではそれを放射能まみれの有害物質，ガレキと呼ぶ。大切な誰かの遺体を死体，死骸とは表現しないだろう。ならば，あれをガレキと表現するべきではない。

　　記憶……《被災物》
　　　被災した人を被災者と呼ぶように，被災した物は被災物と呼べばいい。ガレキという言葉を使わず，被災物と表現してほしい。

　モノへのこだわりとして，本アーカイブは，実際の被災物の展示を行ってい

る。例えば,「電柱　2011.8.25　気仙沼市川口町」(同書, p.67) の被災物展示では,津波によって折れ,ぐにゃぐにゃに曲がった鉄骨が露出した電柱の一部が展示されている。「床板　2011. 12.13　気仙沼市本吉町沖ノ田」(同書, p.75) では,茶色のモザイク模様の入った床板の一部が展示されている。

　この「モノ」へのこだわりは,震災の被害が「ヒトとモノ」の関係性で成り立っているという,当たり前ではあるが,震災を語る際に見逃されがちな点に気づかせてくれる。本アーカイブは,ヒトとともにモノ(自然と人工物の双方を含む)を記録することによってはじめて大震災を記録することができるという考えのもと,モノの展示にもさまざまな工夫をこらしているのである[5]。

　モノへのこだわりは,さらに第4の特徴である「身体性の強調」という点にもつながっている。例えば,被災物の展示には,上に紹介したもののほかにも,ドラム缶や鉄道の枕木,灯油タンク等も展示されている。その視覚的インパクトはもちろんだが,私が「東日本大震災の記録と津波の災害史」を訪れた折に,展示品近くに顔を寄せて観察すると,かすかではあるが,油や木や土のにおいを感じることができた (筆者,フィールドノーツ,2017年2月24日の記載)。被災物を展示することによって,視覚だけでなく臭覚にも訴えかけるアーカイブとなっているのである。本アーカイブを主導して企画されている学芸員の山内宏泰氏も,被災地を調査する際に聞いた,救助のためのヘリコプターの音や,漏れ出した油の匂いなど,通常のアーカイブで強調される文字と視覚(特に写真)による記録から漏れ出てしまう身体的な記憶の重要性を強調されていたのが印象に残っている (2017年2月24日,筆者による聞き取り)。

　本アーカイブの第5の特徴として,大震災を記録するに際して,事実をなるべく客観的に記録するだけでなく,人びとの想像力をかきたてるために,あえて確信犯的に,フィクションの手法を導入している点がある。上述の被災物の展示につけられているキャプションは「事実を客観的に記録する」意図で付されている。例えば,「炊飯器　2012.2.2　気仙沼市朝日町」というキャプションがつけられた被災物の展示は,確かに,リアス・アーク美術館の学芸員が,2012年2月2日に,気仙沼市朝日町で見つけたものである。しかし,そこに添えられた文章は,下記であり,それは一般的なアーカイブの方法論とは異な

---

5)　このような視点は,上述,注3) のアクター・ネットワーク理論的視点でも強調される。

るものである。

　　平成元年ころに買った炊飯器なの．じいちゃん，ばあちゃん，わたし，お父さんと息子2人に娘1人の7人だもの．だから8合炊き買ったの．そんでも足りないくらいでね．
　　今はね，お父さんと2人だけど，お盆とお正月は子供たち，孫連れて帰ってくるから，やっぱり8合炊きは必要なの．
　　普段は2人分だけど，夜の分まで朝に6合，まとめて炊くの．
　　裏の竹やぶで炊飯器見つけて，フタ開けてみたら，真っ黒いヘドロが詰まってたの．それを捨てたらね，一緒に真っ白いごはんがでてきたのね……夜の分残してたの……涙出たよ．
（同書，p.79）

　この文章は，実際に被災物の元の持ち主を探しあてて，聞き取りをして得た証言ではなく，展示者の「作り話（フィクション）」である．もちろん，できる限り客観的記録を残す，という実証的アーカイブの観点からは，このようにフィクションを利用する手法は批判されるかもしれない．しかし，もしアーカイブの役割が，実際に起こったことを記録するとともに，人びとにその歴史を知ってもらうこと，またそれによってそのような災害の被害をなるべく軽減することであるのなら，実際に被災現場で採取された被災物とその採取場所，日時のような客観的記録とともに，フィクションのキャプションをつけることによって，アーカイブがより人の心に残るもの，生きたアーカイブとなり得るという点にも留意しておく必要があるだろう．当然のこととして，フィクションがフィクションであることは明記されており，被災物展示のセクションに，それに付されたストーリーがフィクションであることを示すプレートが置かれていることを付記しておく．また，この方法論も，意識的に採用されているものであり，それは，学芸員の山内宏泰氏が，明治三陸大津波を題材とした小説『砂の城』（山内2008）を世に問うていることからも理解できる．
　本アーカイブの第6の特徴として，震災アーカイブを，特定の震災――ここでは東日本大震災――という一回性の出来事のアーカイブとしてではなく，そ

れをより広く，ある地域の民俗文化の歴史という文脈の中に位置付けようとしている点があるだろう。それは，展示に「まちの歴史と被害の因果関係」というセクションが設けられていることからもわかる。同セクションには，下記の文章を付された写真が展示されている。

　2011年4月4日，南三陸町歌津伊里前の状況。小規模な集落だが，歌津の中心地であり，古くからの漁村集落である。南向きに口を開いたコの字型の伊里前湾で津波は成長し，高さを増した。高台にある伊里前小学校は避難所だったが，それでも1階は浸水した。一方，漁協の丘にある稲荷神社は無傷だった。他の被災現場でも神社の類はほぼ津波をかわしている。過去の経験が生かされているに違いない。
　（同書，p.60）

　私が，リアス・アーク美術館で「東日本大震災の記録と津波の災害史」を観覧した際に，学芸員の山内氏から，同展示だけでなく，リアス・アーク美術館の「歴史・民俗資料常設展示」である「方舟日記」を先に参観してほしい旨伝えられた。「方舟日記」は，ホームページの紹介によると，「この地域を昔から現在まで変わることなく支え続けてきた《食》をキーワードとして，薄れゆく地域の民俗，習俗，歴史，生活文化を総合的に展示し，地域の未来を担う次世代へと伝えていくと同時に，芸術文化理解の一助とするものです。」（リアス・アーク美術館，ホームページ，「アーク・ギャラリー」）とある。山内氏の提言は，下記からも明らかなように，「東日本大震災の記録と津波の災害史」を，地域の民俗文化・歴史という文脈の中で考えてほしいゆえのサジェスチョンだったと思う。

　常設展示「方舟日記」では主に，当地域の近代以降，1960年頃までの暮らしを紹介しています。地域の老人たちは「昭和35年（1960年）頃から地域の暮らしが大きく変わり始めた」と語っています。その変化は高度経済成長政策による日本全体の変化と時を同じくするものです。地域の歴史を紐解いていくと，東日本大震災による被害が大きかった埋立地などはそ

の時期に開発されたものが少なくないことがわかります。歴史上，何度となく繰り返されてきた津波災害の記憶が薄れ，2011年当時の街並みが形成され始める，それ以前の地域の暮らしがどのようなものだったのか，どのような考えをもって自然環境との関係を築き上げてきたのか，本展示を通し改めて考えていただければ幸いです。
(リアス・アーク美術館，ホームページ，「アーク・ギャラリー」)

以上，「東日本大震災の記録と津波の災害史」を6つの特徴，すなわち「感情をアーカイブすること」，「批判的・規範的提言」，「災害をヒトとモノの関係性としてとらえること」，「身体性の強調」，「フィクションの意図的活用」，「震災の文脈としての歴史・民俗の重要性」，を有するものとして論じてきた。本章では，本アーカイブをあえて，「アヴァンギャルド（前衛的）・アーカイブ」と呼ぶこととしたい。アヴァンギャルドは，「元々は『前衛部隊』を指す軍事用語であるが，先鋭的ないし実験的な表現，既存の価値基準を覆すような作品を名指すために19世紀頃から頻繁に用いられるようになった」（星野 n.d.）。したがって，狭義の美術用語においては，特定の歴史的経緯があるが，より広義に，「芸術や文化における前衛芸術表現の特徴は，現在の規範や常識と思われている事象の限界点や境界線的な部分を前面に押し出す，または越境する傾向が見られる」（「アヴァンギャルド」n.d.）という。このように考えると，「現在も多くの芸術家が，前衛運動に参加しており，いまだ前衛は有効な言葉である」（「アヴァンギャルド」n.d.）。上記の6点を含む多くの点で，従来の伝統的アーカイブを越境しようとする試みを行っている点から，本章では，「アヴァンギャルド・アーカイブ」の語を採用することとしたい。

5. 結論：アーカイブが震災復興と地域社会の再生に果たす役割

以上，本章においては，東日本大震災に関するアーカイブの3つの事例——「311ドキュメンタリーフィルム・アーカイブ」，「3がつ11にちをわすれないためにセンター」，リアス・アーク美術館常設展示「東日本大震災の記録と津波の災害史」——を紹介し，それぞれを「アカデミック・アーカイブ」，「コミュ

ニティ・アーカイブ」,「アヴァンギャルド・アーカイブ」と特徴付けてみた。それでは，東日本大震災という共通の出来事を題材にしながら，このように多種多様なアーカイブのあり方があるという現実を私たちはどのように考えればよいのだろうか。本章の「はじめに」で紹介した「アーカイブ」と「シビック・メディア」の定義に立ち戻って考えてみよう。

　アーカイブとは，最も一般的には，「文書やデータなどの資料を収集し，保存したもの。その保管施設を意味する」(「知ってるようで知らないカタカナ語ベスト10」2014) ものであり，本章で紹介した3つの事例も，それぞれ特徴的な方向性を有しながらも，この定義に当てはまるだろう。シビック・メディアは，「コミュニティにおいて社会的絆を強化し，住民の間に，市民的参加への強い動機を創造する，あらゆる形式のコミュニケーションである」(The Center for Civic Media, ホームページ) と定義されていた。本章で詳述したように，特徴や重点の置き方は異なりながら，3つの震災アーカイブすべて，コミュニティの社会的絆を強化することによって，震災復興と地域社会の再生に市民が参加することを促すものであった。

　詳細な結論は，今回検討した3つの事例だけでなく，より多くのアーカイブの比較検討を待たなければならないが，東日本大震災の影響は今も継続しており，アーカイブの対象自体がムービングターゲットであることを考えると，本書で紹介したような多様なアーカイブ活動を許容する空間を保証することが，シビック・メディアとしてのアーカイブの役割である，というのが本章の結論である。

謝辞

　本研究を進めるにあたっては，多くの方々からのご助言・ご協力をいただいた。ここにすべてのお名前を挙げることはできないが，私の質問に，時間をおとりいただき，丁寧にご対応いただいた畑あゆみさん (山形国際ドキュメンタリー映画祭ディレクター／311ドキュメンタリーフィルム・アーカイブ担当者)，北野央さん (本章の調査研究当時，せんだいメディアテーク／3がつ11にちをわすれないためにセンター担当者)，小川直人さん (せんだいメディアテーク／山形国際ドキュメンタリー映画祭，「ともにある Cinema With Us」コーディネーター)，甲斐賢治さん (せんだいメディアテーク アーティスティックディレクター)，田中千秋さん (せんだいメ

ディアテーク／3がつ11にちをわすれないためにセンター担当者），山内宏泰さん（リアス・アーク美術館学芸係長）に深く感謝申し上げたい。本章で展開されている議論・主張・誤りは私個人のものであることを付記しておく。

◆参考文献

朝日崇（2011），『実践　アーカイブ・マネジメント——自治体・企業・学園の実務』出版文化社．
「アヴァンギャルド」（n.d.），『Artpedia　近現代美術の百科事典』，https://www.artpedia.jp/avant-garde-art/（アクセス：2018年11月3日）．
Domenach, Élise（2015），*Fukushima en cinéma. Voix du cinéma japonais / Fukushima in Film. Voices from Japanese Cinema*（UCTP-Uehiro Booklet 10），Tokyo: The University of Tokyo Center for Philosophy（UTCP）.
Foucault, Michel（1969），*L'archéologie du savoir*, Gallimard.（中村雄二郎訳（2006），『知の考古学（新装版）』河出書房新社；慎改康之訳（2012），『知の考古学（河出文庫）』河出書房新社）
畑あゆみ（2016），「311ドキュメンタリーフィルム・アーカイブ活動報告」，311ドキュメンタリーフィルム・アーカイブ主催，「3.11映像記録のこれまで，これから2016——小さな物語の積み重ねから立ち上がるもの」（2016年11月6日開催）における配布資料．
Henig, Samantha（2011），"Japan: More Videos of Destruction and Fear", *The New Yorker*, March 14, 2011, https://www.newyorker.com/news/news-desk/japan-more-videos-of-destruction-and-fear/（アクセス：2018年10月30日）．
星野太（n.d.），「アヴァンギャルド」，『Art Words（アートワード）』，http://artscape.jp/artword/index.php/%E3%82%A2%E3%83%B4%E3%82%A1%E3%83%B3%E3%82%AE%E3%83%A3%E3%83%AB%E3%83%89（アクセス：2018年11月3日）．
倉田剛（2015），『山形映画祭を味わう——ドキュメンタリーが激突する街』現代書館．
Latour, Bruno（2005），*Reassembling the Social: An Introduction to Actor-Network-Theory*, Oxford University Press.
Nakajima, Seio（2013），"Re-imagining Civil Society in Contemporary Urban China: Actor-Network-Theory and Chinese Independent Film Consumption", *Qualitative Sociology*, Vol. 36, No. 4, pp.383-402.
中嶋聖雄（2018），「自動運転と社会：社会学的分析の可能性」中嶋聖雄・高橋武秀・小林英夫編『自動運転の現状と課題』社会評論社，pp.13-38．
小川千代子・菅真城編著（2015），『アーカイブ基礎資料集』大阪大学出版会．
小川千代子・高橋実・大西愛編著（2003），『アーカイブ事典』大阪大学出版会．
リアス・アーク美術館，ホームページ，「アーク・ギャラリー」，http://rias-ark.sakura.ne.jp/2/arkgallery/（アクセス：2018年11月13日）．
リアス・アーク美術館，ホームページ，「東日本大震災の記録と津波の災害史」，http://rias-ark.sakura.ne.jp/2/sinsai/（アクセス：2018年11月13日）．
リアス・アーク美術館，ホームページ，「リアス・アーク美術館とは」，http://rias-ark.

sakura.ne.jp/2/outline/（アクセス：2018年11月13日）．

リアス・アーク美術館（2014），『リアス・アーク美術館常設展示図録　東日本大震災の記録と津波の災害史』（2016年3月31日，第3版第1刷発行）リアス・アーク美術館．

3がつ11にちをわすれないためにセンター，ホームページ，「センターについて」，https://recorder311.smt.jp/aboutus/（アクセス：2018年11月3日）．

3がつ11にちをわすれないためにセンター（2015），『3がつ11にちをわすれないためにセンター活動報告』3がつ11にちをわすれないためにセンター（せんだいメディアテーク），https://recorder311.smt.jp/information/44763（アクセス：2018年12月1日）．

311ドキュメンタリーフィルム・アーカイブ，ホームページ，「DUBHOUSE：物質試行52」，http://www.yidff311docs.jp/?post_type=yidff0311&p=166（アクセス：2018年10月31日）．

311ドキュメンタリーフィルム・アーカイブ，ホームページ，「東日本大震災～宮城県石巻市災害記録～　第1巻」，http://www.yidff311docs.jp/?post_type=yidff0311&p=231（アクセス：2018年10月31日）．

311ドキュメンタリーフィルム・アーカイブ，ホームページ，「311ドキュメンタリーフィルム・アーカイブについて」，http://www.yidff311docs.jp/?page_id=29（アクセス：2018年10月30日）．

311ドキュメンタリーフィルム・アーカイブ，ホームページ，「311ドキュメンタリーフィルム・アーカイブの事業内容」，http://www.yidff311docs.jp/?page_id=474（アクセス：2018年10月31日）．

佐藤和久・甲斐賢治・北野央（2018），『コミュニティ・アーカイブをつくろう！――「3がつ11にちをわすれないためにセンター」奮闘記』晶文社．

せんだいメディアテーク，ホームページ，「理念・サービス」，https://www.smt.jp/info/about/idea/（アクセス：2018年11月3日）．

「知ってるようで知らないカタカナ語　ベスト10」（2014），『日本経済新聞』（「NIKKEI　プラス1」）（2014年10月18日）．

The Center for Civic Media，ホームページ，「About」，https://civic.mit.edu/about（アクセス：2017年8月8日）．

東北文化研究センター編（2013），『東北学02 日常を撮る！山形国際ドキュメンタリー映画祭』はる書房．

『東北記録映画三部作・パンフレット』（2013）．

「ともにある Cinema with Us 2017」（2017），パンフレット，山形国際ドキュメンタリー映画祭．

山形国際ドキュメンタリー映画祭東京事務局編（2006），『ドキュメンタリー映画は語る――作家インタビューの軌跡．』未來社．

山之内悦子（2013），『あきらめない映画――山形国際ドキュメンタリー映画祭の日々』大月書店．

山下慧・井上健一・松崎健夫（2012），『現代映画用語辞典』キネマ旬報社．

山内ヒロヤス（2008），『砂の城』近代文藝社．

山内宏泰（2016），「博物館が復興に果たす役割」『博物館研究』，特集「復興への道と博物館の役割」Vol. 51, No. 10（No. 580），pp.10-13．

第 10 章
官民データ連携時代の ICT 利活用によるローカルな
レジリエンス向上
——日米の災害情報伝達プラットフォームの社会的受容の観点から

田中　絵麻

1. はじめに：ICT による情報伝達と社会のレジリエンス

(1) 増加する自然災害と想定外のリスクの発生要因

　日常生活にマイナスの影響を与えるリスクは多種多様にあるが，近年，世界的にも，異常気象や自然災害のリスクが高まっている[1]。なかでも，日本は，自然災害のリスクが高い国であり，Bündnis Entwicklung Hilft. の 2017 年版の世界リスク報告書（WorldRiskIndex：WRI）では，自然災害への暴露の高さでは，世界 171 か国のうち第 4 位となっている（2017, p.17）[2]。一方で，同報告書によると，日本は，脆弱性が低く，災害への対応力があるため，自然災害リスクの高さの総合ランキングでは 17 位となっている。WRI では，日本の脆弱性の低さは，頑健なインフラ，健全な栄養状態，保健システムの機能のほか，予防措

---

1)　World Economic Forum（WEF, 世界経済フォーラム）（2018, Figure IV）では，2006 年より，グローバル・リスクに関する報告書を公表している。同報告書によると，2015 年には，最も発生可能性が高いリスクの第 1 位が国際紛争，第 2 位が異常気象，第 3 位がガバナンスの失敗，最も影響が大きいリスクの第 1 位が水危機，第 2 位が感染病の急拡大，第 3 位が大量殺戮兵器となっていたが，2018 年には，前者の第 1 位が異常気象，第 2 位が自然災害，第 3 位がサイバーアタック，後者の第 1 位が大量殺戮兵器，第 2 位が異常気象，第 3 位が自然災害となっている。
2)　伊藤ほか（2017, p.76）によると，WRI の曝露（exposure）の定義は，「自然現象（Natural Hazard）に曝されている人々の割合」であり，脆弱性（vulnerability）は「自然現象（Natural Hazard）や気候変動の悪影響の受けやすさであり，身体的，社会的，経済的，環境的要因に関係している」と定義されている。

置によるものであるとしているが，最善の予防措置によっても 2011 年の東日本大震災のような災害の被害をなくすことはできないとしている（Bündnis Entwicklung Hilft. 2017, p.19）。これについて，林（2014）は，新しい防災のパラダイムとして「レジリエンスモデル」の確立を重視している（p.45）。林（2014）は，自然災害のリスクは，社会基盤の耐震性向上や避難計画等により，被害を低減させることができるが，こうした措置でも残る「残余リスク」があるとしており，災害後の機能回復による復旧を迅速に進めることができる能力を高めること（レジリエンスの向上）が求められるとしている。このように，自然災害リスクの高い日本では，防災・予防措置と復旧・レジリエンスの両面から，リスクに対応していくことが求められていると考える。

　こうしたなか，近年，日本では，これまで地震が発生すると思われていなかった地域に大きな被害や二次被害をもたらしている。こうした災害の経験からは，防災・予防措置が講じられている一方で，市民の側での防災意識やレジリエンスにかかる理解が十分でないことも明らかになってきた。例えば，2016 年 4 月に発生した熊本地震について，矢守（2017）は，熊本県が作成し，2015 年に公開していた「熊本県地域防災計画」では，震度 7 以上の最悪の地震被害が発生した場合の想定と，実際に発生した地震の被害を比較すると，「大筋で想定内」にあったと指摘している。一方で，熊本で発生した大地震としては，127 年ぶりのものであり[3]，市民の中でも地震に関する意識が薄れていたと思われるなか，震度 7 以上の地震が二度発生したことで，「想定外」の報道も行われた[4]。また，2018 年 9 月に発生した北海道胆振東部地震では，地震と土砂災害がセットになることが想定されていなかったことや[5]，北海道全域で停電が発生したことが「想定外」として報道された[6]。熊本地震では，災害関連死が地震による直接の死亡件数 50 名よりも大きく上回り，197 名に上った[7]。北

---

[3]　YAHOO! ニュース記事（2017 年 3 月 27 日）より（https://news.yahoo.co.jp/byline/tanakashinji/20170323-00069039/）。
[4]　日経新聞記事（2016 年 6 月 3 日）より（https://www.nikkei.com/article/DGXMZO02753500V20C16A5000000/）。
[5]　朝日新聞記事（2018 年 10 月 6 日）より（https://www.asahi.com/articles/ASLB55676LB5IIPE024.html）。
[6]　日経新聞記事（2018 年 10 月 10 日）より（https://www.nikkei.com/article/DGXMZO3632049010102018L41000/）。

海道地震では，地震の被害額 3,675 億円のうち，停電による被害額は 1,3,18 億円（うち観光キャンセル等による被害は 356 億円）に上った[8]。

このように，「想定外」と「二次被害」の発生については地震の規模が大きいほど，発生頻度が低くなるため，甚大な地震ほど「想定外」になりやすい（梅田 2012）ことが影響していると考える。甚大な災害が発生してからしばらくの間は，市民もその災害の恐ろしさや備えの必要性について意識があるが，100 年以上のスパンで発生する大規模な地震や自然災害は，3 世代以上の世代を経ることから，伝承が途切れ，市民の間での記憶が薄れる。そこで，地域における「災害伝承」や「震災アーカイブ」にかかる取り組みも進められているところである[9]。ただし，先に取り上げたように，「熊本県地域防災計画」では，地震被害は「想定内」であったことを踏まえると，①行政による情報収集・分析，②地震の規模・頻度，③市民の防災意識との関係において，①が持つ情報と③の防災意識・行動との連動が不十分であったことが想定される。①は可能性としては起こりうる自然災害を想定しつつも，③の市民は経験がない自然災害に備える意識が薄く，②のように甚大な災害ほど発生する頻度が少ないことが，「想定外」の災害報道につながったと考えられる。

(2) ICT による情報収集・伝達・共有によるレジリエンス向上

以上から，自然災害が多い日本では，実態としてさまざまな規模の災害が発生する可能性があるなか，予防的措置や防災対策を実施したとしても残る「残余リスク」があるほか，災害に関連する情報伝達においても，いまだ課題が残されていると考える。こうしたなか，情報通信技術（Information Communication Technology：ICT）を活用して，災害関連の情報の収集・伝達・共有をよりスムーズかつ有効なものとしていくことが期待されており，2011 年の東日

---

7) 日経新聞記事（2018 年 3 月 12 日）より（https://www.nikkei.com/article/DGXMZO28007580S8A310C1000000/）。
8) 毎日新聞記事（2018 年 10 月 4 日）より（https://mainichi.jp/articles/20181004/k00/00m/040/188000c/）。
9) 例えば，防災科学技術研究所総合防災情報センター自然災害情報室が，災害資料を収集・アーカイブする図書館等の連携を支援しており，公開・連携情報をオンラインで公開している。(http://dil.bosai.go.jp/link/archive/index.html）

本大震災後に，各種のICT活用型の情報伝達システムの社会的導入が進められている[10]。なお，自然災害に関連する情報伝達では，①災害発生前，②災害発生時，③災害発生後の3つのフェーズがある。図10.1は，防災・緊急時におけるICT利活用の可能性をまとめたコンセプト図である。コンセプト上では，状況にあった的確な情報を適切に伝えるために，ICTの各種技術は，情報伝達のいずれのフェーズにおいても活用しうる。ただし，現実には，2011年の東日本大震災やその後の大震災，台風，土砂災害等の被害発生からも，「残余リスク」はまだ存在しており，上述の3つのフェーズにおいて，ICTを活用する余地は残されていると考える。

一方で，新しいICT技術を利用して，社会的課題解決に結びつけようとする場合には，その技術のサービス化と，そのサービスの社会的な受容が不可欠である。例えば，自然災害発生時には，必要に応じて避難警報を発出し，その警報を必要としている市民に適切に伝達されることが求められるが，従来の防災行政無線では，設置されたサイレンの音声が届く範囲にしか情報を伝達できないため，実際の災害時には聞こえなかったということも発生してきた。そのため，災害警報や避難情報が，テレビ，ラジオ等を含めた複数のメディアを経由して発信されることが望ましいが，これには災害発生時に自治体の担当者の作業負担が増えるという課題がある。こうしたなか，日本，アメリカ，カナダ

図10.1 防災・緊急時におけるICT利活用の可能性のコンセプト

	防災情報の収集・共有（事前）		緊急時通信・災害速報等の伝送（発生時）		災害時・復旧期の情報伝達・共有（事後）	
	地理的範囲	ICT技術	地理的範囲	ICT技術	地理的範囲	ICT技術
情報収集	国際・国内・地域	衛星，センサー	発生地域・地点	衛星，センサー	国内・地域	IT，モバイル
情報伝達	国内・地域	BB，地デジ	国内・地域	BB，地デジ	地域	IT，モバイル
情報共有	国内・地域	IT，モバイル	国内・地域	IT，モバイル	地域	IT，モバイル
特徴	広域で情報収集・分析→事前に共有		発生視点・影響範囲の情報を伝達→リアルタイムで必要な人・所に伝達		災害後から中長期的な情報共有→復旧状況等を収集	
インフラ対応	耐災害性の向上		リアルタイム伝送機能を強化（容量拡大等）		代替手段の提供から機能の迅速な復旧	
システム対応	防災情報の提供拡大		地理的範囲に対応した情報伝達		個別のニーズに応じた情報提供システム	
サービス対応	利用者側での防災情報収集		多様なメディア・端末での情報収集		個別のニーズに対応した情報収集	

注：BB：ブロードバンド。
出典：平井・田中（2015, p.2）より作成。

---

[10] 本章では取り上げていないが，その他の事例として，広域通信システム，移動式通信システム，自治体によるWi-Fi網整備と観光・防災目的での活用なども挙げられる。

等では，自然災害や緊急時の警報・情報を，自治体等の担当者が一回入力することで，多媒体に伝送することができる災害情報伝達プラットフォームの導入が進められている。この動きは，特に 2010 年代に入り本格化しており，従来型システムと新たなプラットフォームとの共存を経て，移行が進みつつある。

(3) 地域情報プラットフォームの受容における課題

日本では，自治体の情報システム間の連携のため，自治体の業務の標準仕様（地域情報プラットフォーム）の整備が行われている（総務省情報流通行政局地方情報化推進室 2018）。地域情報プラットフォームの対象には，住民基本台帳等の自治体の 26 の基幹業務に加えて，サービス基盤，地理情報システム（GIS），教育，防災の 4 つの業務が含まれている。ただし，2017 年 4 月現在，地方公共団体（1,741 市区町村）における地域情報プラットフォームの導入率は，住民基本台帳が 8 割を超えている一方で，基幹業務以外の GIS は 3 割弱，サービス基盤と教育は約 2 割，防災（標準策定は 2016 年 11 月）は 1 割弱である。

このうち防災については，2009 年から実証実験が開始された「安心・安全公共コモンズ」が，2010 年から地域情報プラットフォーム推進事業として複数地域で実証実験が開始された[11]。その後，安心・安全公共コモンズの名称は，2014 年に「L アラート」に変更されている[12]。ただし，地域情報プラットフォームにおける防災領域でのシステムと，L アラートのシステムは別個のシステムである。そのため，より効率的・高付加価値のプラットフォームとするため，全国地域情報化推進協会（2016）によると，地域情報プラットフォームの自治体業務システムと，GIS や防災のシステムとの連携，防災システムと L アラートの連携の機能拡張が目指されている。このように，防災分野における ICT 活用に際して，日本では，自治体側での地域情報プラットフォーム整備，警報情報伝達プラットフォームの L アラートの開発と普及促進が進められており，さらに今後は，これらのプラットフォームの連携に向けた機能拡張・システム導入が進展すると考えられる。

---

11) 総務省資料「安心・安全情報基盤『安心・安全公共コモンズ』の概要」(http://www.soumu.go.jp/main_content/000056616.pdf) より。
12) 総務省報道発表より (http://www.soumu.go.jp/menu_news/s-news/h26lalertsymposium.html)。

ただし，災害情報伝達プラットフォームが機能するうえでは，自治体側のICT環境整備だけではなく，メディア企業がそのプラットフォームを経由して伝達される情報を伝達することや，市民の側でその警報等を受信し，適切に利用することができなければならない。つまり，災害情報伝達プラットフォームの普及においては，①情報発信者（自治体等），②情報伝達者（メディア企業），③警報を受信する市民の三者の参画が進展することが重要である。また，それぞれが，①情報発信システム，②情報伝達システム，③サービスを利用可能な受信端末を保有していること，さらに，④警報情報そのものと，⑤④のデータが流れる伝送網が必要である。そのため，災害情報伝達プラットフォームの採用は，エンドユーザーとしての市民のみならず，①や②の採用も同時進行で進展する必要がある。言い換えれば，防災領域におけるICT活用によるレジリエンス向上において，プラットフォームの整備では，機器やシステムの導入，標準や仕様の策定に加えて，複数の組織間の連携やさまざまな組織に所属する人や市民が，そのプラットフォームを受容し，利用することが不可欠である。

さらに，こうしたプラットフォームの特性として，参画する利用者が増加しなければ，利用者にとっての価値が向上せず，利用が拡大しないということがある。Lアラートの例でいえば，自治体がプラットフォーム経由で警報情報を発信したいと考えても，その情報を伝達するメディア企業が少なければ伝達される市民も少ないため，自治体側でプラットフォームに情報をインプットするインセンティブが下がる。その意味では，行政サービスや公共サービス領域においても，プラットフォームを整備し，利用を拡大させていくためには，二面市場（two-sided market）や多面市場（multi-sided market）の特性についても考慮することが求められる。ただし，防災領域のサービスについては，その性質上，価格付けは難しいが，櫻井・大塚・三友（2018）では，ビッグデータを活用した民間事業者によるサービス提供に対する住民の支払意思額の推定が行われているなど，提供にかかる費用負担のあり方についても研究が進められている。

一方で，日本のLアラートや，アメリカにおいて導入が進んでいる同様の災害情報伝達プラットフォームであるIPAWS（Integrated Public Alert & Warning System）でも，自治体の採用拡大，伝達企業の参画，市民の受容が一

定程度進展している状況にある。こうした災害情報伝達プラットフォームは，今後は，世界各国にも普及が進展することが望ましいと考えるが，その構築と普及にある程度成功しているのは，日米のほか，カナダなど，一部の国にとどまっている。その理由としては，先に挙げたように，プラットフォームの価値は，利用者の増加に左右されることから，導入初期段階においては，利用者の受容や採択のインセンティブが乏しいことが想定される。そこで，本章では，いずれも普及の途上にあるものの，世界的にみて普及が先行している事例として，アメリカと日本の災害情報伝達プラットフォームのケーススタディを通じて，①開発・導入にかかる政策的枠組みと，②警報情報発信者と受信者の採用状況という2つの面から，市民側の費用負担がない場合における外部連携型の地域情報プラットフォームの拡大要因について整理する。

2. アメリカにおけるICT活用型災害情報伝達システム：IPAWS

2.1 アメリカにおける災害情報伝達プラットフォーム（IPAWS）の概要
(1) IPAWSとは

　海外における日本のLアラートに類似する災害情報伝達プラットフォームとしては，アメリカのIPAWSやカナダの緊急警報システムのNPAS（National Public Alerting System）がある[13]。いずれも日本と同様に，警報伝達プロトコルであるCAP（Common Alerting Protocol）を利用した警報情報伝達プラットフォームである。アメリカは，2017年のWRIのランキングは126位，カナダは144位と日本と比較しても，災害にさらされている人口比率が低く（アメリカ：12.25％，カナダ：10.25％），脆弱性も高くない。そのため，日本と置かれた状況や国の規模・制度も異なるため一概に比較することは難しいが，アメリカでも大型ハリケーンや山火事等の自然災害が発生しており，ICTを活用した災害情報の市民への迅速な伝達が課題となっている。

　IPAWSの導入の契機としては，2005年8月の大型ハリケーンであるカトリー

---

13) IPAWSやNPASの詳細については，マルチメディア振興センター（2015）の「第3章　米国におけるシステム先行型の緊急警報統合プラットフォームの動向」および「第4章　カナダにおける放送先行型の緊急警報統合プラットフォームの動向」を参照のこと。

ナの被害が大きかったことが挙げられる。独立規制委員会である連邦通信委員会 (Federal Communications Commission：FCC) によると，当時，アメリカにも，緊急警報システム (Emergency Alert System：EAS) と呼ばれる災害警報を放送事業者に伝送する仕組みが導入されていたものの，ハリケーン・カトリーナ発生時に，暴風後の洪水や停電等が発生するなか，事前に準備されたバックアップ手段がなかったことから，通信サービスへの影響が広域に及び，EAS 経由での市民への情報伝達が不十分となり，被害が拡大したとしている (FCC 2006)。ブッシュ政権では，これを重く見て，2006 年 6 月に，大統領令 13407 号を発出し，国土安全保障省 (DHS) に対して，テロ攻撃，自然災害等の緊急時のための効果的・統合的で柔軟性と信頼性を持つ警報システムを整備することを求めた (GPO 2006)。IPAWS は，以下の既存システムと連動して，情報発信者 (大統領，自治体等) が入力した警報を放送事業者等のメディアに転送し，市民に伝達するための情報システムである。また，携帯電話，SMS，衛星，ケーブルテレビ，電光掲示板，インターネット等の新たなコミュニケーション手段を考慮して開発されることとなった。

・緊急通報システム (Emergency Alert System：EAS)
・商用モバイル警報システム (Commercial Mobile Alert System：CMAS／Wireless Emergency Alert：WEA)
・海洋大気庁 (NOAA) 気象ラジオ (NOAA Weather Radio：NWR)
・国家警報システム (National Warning System：NAWAS) [14]

(2) IPAWS の特徴と制度的枠組み

　以上の経緯のもとで，DHS 傘下の連邦緊急事態管理庁 (FEMA) が IPAWS を開発した。IPAWS の基本的な仕組みは，連邦政府，州政府，自治体，部族事務所 (tribal officials) から発信された警報が，IPAWS 経由で，全国と地域の警報システム (EAS, CMAS, NWR を含む) に伝達され，さらに，放送メディア (EAS 経由)，モバイル端末 (CMAS 経由)，ラジオ (NWR 経由) にその

---

[14] FEMA が運営する緊急時の全国通信網。ただし，各州が，自然災害時を含めて，NAWAS の日常的な運営は，各州が担っている (https://www.fema.gov/media-library/assets/documents/158113)。

警報が送信され，対応端末・受信機を持つ市民に届けられる。なお，IPAWS は，自然災害等の警報のほか，誘拐警報，大統領から発出される全国警報に対応しており，連邦政府（大統領）と州政府・自治体の 2 系統の警報を統合するものとして設計されている [15]。

このように，IPAWS は，①大統領，州政府・自治体等が一度警報を入力すれば，②複数の警報伝達システム（放送系の EAS，モバイル系の CMAS 等）を経由して，③市民に警報が届くように設計されている。そのため，①から②への伝達，②から③への伝達が確実に行われることが重要になっている。しかし，政府の施策の検証を行う政府説明責任局（GAO）の 2009 年の報告書によると，IPAWS の開発自体は 2004 年から開始されていたものの，その導入初期段階においては，EAS の警報伝達の信頼性が低いことも背景に，関係者への周知も不十分な状況にあったとしている（GAO 2009）。

その後，GAO は，2013 年の IPAWS にかかる報告書でも，FEMA は関係者との連携に努力しているが，州政府等へのさらなるガイダンスが必要であると指摘した（GAO 2013）。なお，GAO の 2013 年の報告書では，FEMA が 2011 年に実施した初の全国警報伝達テストの結果にも言及している。同テストでは，全国向けのテスト警報が IPAWS・EAS 経由で，どこまで放送局に到達しているのかが確認された。その結果，IPAWS 経由で伝達された警報が，基地局から各局に到達した割合は，各州で異なっていることが判明した。例えば，最も到達率が高いデラウェア州では，テスト警報はすべての放送局とケーブルテレビ局が受信していたが，最も到達率が低かったオレゴン州ではその割合は 6％にとどまった（GAO 2013, pp.21-22）。IPAWS の全国警報伝達テストは，2016 年と 2017 年にも実施されており，その各局等での受信成功率と伝送成功率は，表 10.1（州別の集計はなし）のとおりである。

表 10.1 からは，2016 年から 2017 年にかけて，IPAWS の全国警報の伝達は改善傾向にあるといえる。また，2018 年 10 月には，EAS 経由での 4 回目となる伝送テストでは，無線系の WEA で初となる全国伝送テストも実施され

---

15) IPAWS のアーキテクチャについては，FEMA ウェブサイト資料を参照（https://www.fema.gov/media-library-data/1453401196203-de081151ea1ba487f9ed9105abdc265e/IPAWS_Architecture_Slides_as_of_Jan_2015.pdf）。

表 10.1 IPAWS 経由での EAS 全国警報伝達（受信・伝送）テストの結果

伝送種別	2016 年			2017 年		
	報告数	受信成功率	伝送成功率	報告数	受信成功率	伝送成功率
ケーブル	3,295	93.1%	76.7%	2,808	95.7%	90.3%
IPTV	–	–	–	227	97.4%	86.8%
ラジオ	14,440	94.5%	87.0%	13,243	97.3%	94.3%
－完全出力	13,421	95.1%	88.1%	12,349	97.6%	94.8%
－低出力 FM	1,010	86.8%	72.3%	895	92.5%	88.2%
テレビ※	2,594	96.9%	85.4%	2,734	88.6%	83.5%
有線	–	–	–	48	97.9%	93.8%
合計	20,329	94.6%	85.1%	19,060	95.8%	92.1%

注：※ LPTV（Low Power TV）局を含む。
出典：FEMA（2018, p.2）．

た[16]。また，警報発信の承認を受けた州・郡・市の組織は，2015 年 10 月現在で，合計 745，申請中は 242 であったが（マルチメディア振興センター 2015, p.50），2018 年には承認を受けた州・郡・市の組織は 1,151，申請中は 485 となった[17]。なお，2017 年のアメリカの郡レベル（郡と郡同等の地区）（county）の自治体数は 3,193 である[18]。表 10.1 のデータは，州も含まれており，実際の IPAWS 経由で警報が発信されるエリアや人口カバレッジは不明である。

ただし，放送事業者や移動体通信事業者の EAS や WEA への参加は任意となっているため，自治体が発信した警報が必ずしもすべての市民に伝達されるわけではない。なお，FCC のテレビ局データベースでは，2018 年 10 月現在，TV 局数は 1,263 であり，TV トランスレーターと LPTV（Low Power TV）局の合計は 1 万 8,278 である[19]。

(3) IPAWS の機能高度化と課題

以上のように，アメリカでは，IPAWS の構築と情報発信者（自治体）や情報伝達者（メディア等）への普及が進展しているが，引き続き，その改善努力が続けられている。その一つとして，2016 年 4 月に成立した「IPAWS 近代化

---

16) FEMA ウェブページより（https://www.fema.gov/emergency-alert-test）。
17) FEMA ウェブページより（https://www.fema.gov/media-library/assets/documents/117152）。
18) United States Census Bureau ウェブページより（http://www.census.gov/data/tables/2017/demo/popest/counties-total.html）。
19) FCC データベースより（http://licensing.fcc.gov/prod/cdbs/pubacc/prod/sta_sear.htm）。

法」(No.114-143) が挙げられる[20]。同法では、IPAWSにおける地理情報やリスク情報の提供、複数のコミュニケーション・システムや技術への対応に加えて、標準化、用語整理、運用手順の整備、障害者対応、訓練・試験、3年に1度以上の全国試験、レジリエントでセキュアなシステム、一般市民への教育、将来技術への対応、官民連携の促進、重層的な警報の発出メカニズム、同法成立後1年以内と2018年以降は毎年報告を実施・公開、同法成立以降90日以内のIPAWS小委員会の設置（設置期間3年間）と会合開催、同委員会による勧告作成と報告が盛り込まれた。なお、IPAWS小委員会の委員は、2016年9月から募集が開始され[21]、2017年7月に委員が任命された[22]。

こうした取り組みにもかかわらず、2018年1月13日、ハワイ州において、北朝鮮ミサイル発射にかかる誤報の警報が発出される事件が発生した。これについて、アメリカ議会上院の商業・科学・運輸委員会において、2018年1月に公聴会が開催され、誤報について再発防止を行っていることが確認された[23]。さらに、同委員会では、2018年4月にも公聴会を開催、より詳細な証言がなされた[24]。この2つ目の公聴会では、3つのパネルにおいて、5つの関連政府機関の関係者が証言した。そのうち、FCCのジェシカ・ローゼンウォーセル委員は、FCC調査に基づいて、同誤報は、人的・運用面の問題であり回避可能であったと証言した。そのほか、国防総省（Department of Defence：DoD）の証言者は、同誤報の警報は、DoDからではなくハワイ州が発出したと証言した。FCCの公共安全部門の担当者は、誤報を発出した担当者は、その警報が真実であると信じていたと証言した。FEMAの担当者は、IPAWSの近代化に取り

---

20) 同法には、https://www.congress.gov/bill/114th-congress/senate-bill/1180/text からアクセス可能。
21) 募集案内 (https://www.federalregister.gov/documents/2016/09/15/2016-22127/fema-national-advisory-council-nac-integrated-public-alert-and-warning-system-ipaws-subcommittee)。
22) RadioWorld 記事より (https://www.radioworld.com/news-and-business/fema-names-members-of-new-ipaws-subcommittee)。
23) 同公聴会 (This is Not a Drill: An Examination of Emergency Alert Systems) の情報は、https://www.commerce.senate.gov/public/index.cfm/hearings?ID=E191A6C4-D0F1-4C55-82E2-197F0B21A0CB からアクセス可能。
24) 同公聴会 (Hawaii False Missile Alert: What Happened and What Should We Do Next?) の情報は、https://www.commerce.senate.gov/public/index.cfm/hearings?ID=A01CA3A3-8F20-4E21-AD4C-BB6CADDFF832 からアクセス可能。

組んでいるところであり，州・自治体の支援を進めていくとした。また，ハワイ州の危機管理部門の担当者は，2016年から2017年にかけて北朝鮮の核ミサイル実験が連続していた背景を説明しつつ，ミサイルの目標が判明するのが発射から5分後であり，ハワイ州がミサイルの脅威にさらされている場合の猶予時間が15分しかないと知らされていたことなどの背景説明と，警報システムの運用体制の改善が報告された。

2.2 IPAWS の受容

アメリカの IPAWS については，「はじめに」で整理した，①情報発信者（自治体等），②情報伝達者（メディア企業），③警報を受信する市民のうち，①による受容状況についてのアンケート調査結果や事例，③の受容状況のアンケート調査結果がある。ただし，本項の調査の範囲では，②についての定量的なアンケート調査等はなかった。以下，2.2項（1）と（2）で①の情報発信社側の受容状況を，2.2項（3）で③の市民の受容状況を概観する。

(1) 情報発信者側の受容：アンケート調査より

IPAWS の情報発信者側の認知については，Bennett et. al.（2014）が，FEMA からの委託を受け，アンケート調査を実施し，定量的に把握・分析を加えている。Bennett et. al.（2014）は，2014年に，IPAWS 経由での警報を発信する自治体担当者へのアンケートを実施，425名に調査票を発送し，33％にあたる139名からの回答を得て，分析している。同アンケートに回答した担当者が属する自治体の約半数は，人口2万人から25万人の小中規模の自治体であった。また，回答者の約72％が，緊急時の管理者だと回答したが，ファースト・レスポンダー（初期対応者）であると回答したのは1名だった。同アンケート調査の主な結果は以下のとおりである。

［IPAWS と WEA の利用実態］
・IPAWS を警報発出のために利用している：31％
・IPAWS を連携協力グループ間での連絡と警報発出の両方で利用している[25]：23％

---

25) 連携協力グループ（Collaborative Operating Group：COG）は，州・市・自治体が FEMA か

- IPAWSを管轄している地区において利用していない：35%
- 発出する警報の承認権限を有している：93%
- WEA経由での警報発出について実際を想定した訓練を受けていない：59%
- WEA経由での警報発出に課題を認識し，訓練を実施した：41%
- 実際の緊急時にWEAを利用していない：92%

［WEAの周知，障害者対応，多言語対応］
- WEAにかかる情報を一般向けに提供している：62%（うち，インターネット上での提供：60%，自分たちのウェブサイト上での提供：25%）
- 周知の情報をアクセシブルな形で提供している：91%
- スペイン語での情報を提供している：7%（英語のみ：93%）

以上の点は，アメリカにおけるIPAWSの普及過程において，同システムの機能や位置付けに関して，情報発信者側のリテラシーや訓練が十分ではないことを示唆するものである。

(2) 情報発信者側の受容：カリフォルニア州の事例から

2.2項で概観したように，アメリカにおいても災害時の情報伝達や復旧における情報アクセスの改善の取り組みが進められており，特に，2005年のハリケーン・カトリーナ以降，ICT活用が積極的に進められている。しかし，こうした連邦政府主導型での取り組みが奏功した部分も多いとはいえ，課題も残されている。例えば，2.1項(2)でまとめたように，IPAWS経由の警報伝達は，①情報発信者側の自治体の採用が進展中の段階にあること，②メディア企業やモバイル事業者の参加が任意であり，警報受信に対応していないモバイル端末があることから，必要な警報が必要な市民に届かない場合もある。

これについて，2017年10月にカリフォルニア州で発生した山火事の事例では，ソノマ郡では，警報発信者である自治体からの山火事警報が十分に発出されなかったことが問題となった。同山火事では，10万人が避難，5,000棟を消失，

ら，IPAWSを利用するための申請時に設置されるグループを指す（https://www.fema.gov/media-library-data/1452627256761-baf3142e9efc593fe2e633ad53c0980f/IPAWS_Glossary_2016.pdf，https://www.fema.gov/media-library-data/20130726-1826-25045-2038/120307cogbasics.pdf）。

25名の死者の被害をもたらした（Cal OES 2018）。被害が大きかったのはソノマ郡やナパ郡である。ソノマ郡における警報発出について，カリフォルニア州政府は調査を実施，2018年1月に報告書を公表した（Cal OES 2018）。同報告書によると，ソノマ郡では，山火事発生時に，警報発出を実施したものの，警報発出の連携が取れておらず，警報の到着が前後したり，警報の重複が発生した。また，山火事被害が拡大するなか，その拡大に合わせたタイムリーで連携された警報発出ができていなかったことも判明した。その際，カリファルニア州では，警報伝達にWEAを利用しているが[26]，ソノマ郡の緊急時担当者は，過去の経験等から，市民や訪問者への避難警報の伝達手段として，WEAを利用しないとの決定を行っていた。同報告書では，この決定には，WEAシステムにおける限定的な認識と，WEAの技術的性能について古くなった情報が影響したとしている（Cal OES 2018, p.2）。

ただし，ソノマ郡で，現場の情報が不足していたわけでもなく，警報発出の仕組みがなかったわけでもない。ソノマ郡では，少なくとも，消防署，緊急センター等を含めた4つの組織が現場の情報を十分に持っていたとしている。また，同郡では，IPWAS経由のEAS（IPAWS-WEA）を含めて，以下の4つの警報発出の仕組みを有していた。

　a．SoCoAlert：商用電話，テキスト，eメールでの通知システム。市民向けのオプトイン・システムで警報メッセージ受信のための登録が必要。
　b．Nixle：ソノマ郡が採用した無料で利用可能な商用通知システム。オプトイン。
　c．IPAWS-EAS：放送事業者経由での警報伝達システム。
　d．IPAWS-WEA：特定の地域向けに警報テキスト・メッセージを送信する伝達システム。オプトアウト方式で登録不要。エリアを特定して警報を伝達可能なため，住民と訪問者の両方に警報伝達可能。

その他，ソノマ郡では，サイレンやスピーカーにより，警察や消防隊員が現場に行き，警報を音声で伝達することも可能であったが，これは，危険が大きく，その出動には避難勧告命令が必要な場合が多い。こうしたなか，2017年10月の山火事では，aにより5万5,000件以上の警報を登録された電話番号に

26）カリフォルニア州ウェブサイトより（http://calalerts.org/）。

発出，うち，約2万7,500件が伝達された。また，a により，約3,560件のテキスト・メッセージ，約2,780件の e メールでの警告も発出した。加えて，b により，1万6,300件の e メールと約2万1,300件のテキスト・メッセージでの警告を発出したが，それらの重複は不明であったことや，WES で発出可能な文字数が90文字で限定された情報しか出せなかったこともあり，WES は警報システムとしては利用されなかった（Cal OES 2018）。以上の状況を踏まえて，Cal OES の報告書では，自治体における避難勧告発出は複雑なタスクであったとしつつ，迅速かつ連携された意思決定プロセスの必要性があることを指摘している。また，連携したコミュニケーションや急速に変化する状況での避難シナリオの準備や分析に関して，連携，訓練，啓発活動を行っていくことが望ましいとしている。

その後，ソノマ郡の消防サービス部署は，2018年6月に上述にかかる報告書を公表している。同報告書では，全国で IPAWS に対応している自治体は25％程度のところ，ソノマ郡では IPAWS に対応していたものの，その運用能力には不十分な点もあった。また，この10年間のシステムの高度化（モバイル対応，位置情報対応，多く媒体への同時発信機能等）を踏まえる必要があることも記載されている。また，市民からの警報に対する期待が高まっており，災害の種類に合わせた警報発出のタイミング（火事は即時，洪水は数時間前等），カスタム化された警報伝達（多言語対応含む），詳細な情報，状況にあった指示，連絡先等の追加情報を求めているものの，対応しきれていないことも指摘された。また，警報情報システムの改善に取り組み，人員・機能の拡充，警報システムの試験を実施することが提言された（Sonoma Country of California, Fire & Emergency Services Department 2018）。

(3) 情報受信者側の受容：アンケート調査より

Bennett（2015）は，IPAWS 経由での警報情報の受信者側の認知度についてもアンケート調査を実施している。同調査は，2013年10月から2014年2月に1,830名（うち英語版への回答者数：1,818名，スペイン語版の回答者数：12名）に対して実施されたものである。回答者の18％が，視覚，聴覚，集中力，上腕の動作，手・指の動作，歩行，階段の上り，立位におけるなんらかの問題

を抱えていた。また，回答者の11％が，介護する側であった。同アンケート調査の主な結果は以下のとおりである。

　［WEA警報の認知］
- WEAの警報を受信してWEAの存在を知った：回答者の3分の1以上
- 自分の端末がWEAの警報受信に対応しているか知らない：27％
- WEAの警報の受信経験のある回答者のうち対応策を講じた割合：約4分の1
- WEAの警報の受信経験のある回答者のうち対応策を講じなかった割合：約4分の1（事態が発生していない場所にいたため）

　［WEA警報の改善への期待］
- WEAメッセージへのアイコン，グラフィックス，地図の追加を歓迎：70％以上
- より詳細な情報へのリンクを希望：67％

　また，自由記述欄へのコメントから，より迅速な警報情報やスマートフォンへの配信を望んでいることがうかがえたという。

　そのほか，アメリカにおける災害時の警報システムの改善にかかる包括的な分析としては，National Academies of Sciences, Engineering, and Medicine (2018) が挙げられる。同書では，緊急時における新メディア（スマートフォン，ソーシャル・メディア等）の活用については，既存メディアの警報と比較して，社会科学的側面からの研究の蓄積が薄いとの問題意識から，アメリカにおける警報システムの過去から現在までの全体像をまとめている。同書では，年齢，性別，エスニシティ，社会経済的な状況が，スマートフォンの保有に影響を与えており，引いては，災害時への対応にも影響するとしている（同上，pp.37-42）。また，利用者のニーズに対応するため新技術を利用・統合した，アラート・エコシステムの構築が必要であるとしている（同上，pp.45-55）。また，同書では，アンケート調査等の結果は含んでいないものの，さらなる研究の必要性を指摘しつつ，アメリカの警報システムは初期的な発展段階にあるとして，以下を含む枠組みが求められているとしている（同上，p75）。

- 自治体が関与するうえでの明確なルールとシステムへの理解。小規模な自治体のための警報テンプレート

- メッセージの認知モデルの理解に焦点を当てた警報メッセージ発信者のための教育プログラム。
- システムを利用した州・自治体の緊急時担当者による事後的な検証からの学びを公開
- 連邦レベルと州レベルでのヘルプデスク・スタイルの設備
- 警報システムにかかる一般的な理解を促進するための教育キャンペーン
- 民間企業による枠組み開発への参画と,継続的な対話の促進
- 設備と機能の定期的な点検,新たな技術の検証。

3. 日本におけるICT活用型災害情報伝達システム：Lアラート

3.1 日本における災害情報伝達プラットフォーム（Lアラート）の概要
(1) Lアラートとは

　災害情報共有システム（Lアラート）は,もともと「公共情報コモンズ」の名称で,2009年から実証的なシステム開発が進められた災害情報伝達プラットフォームで,東日本大震災後にあたる2011年6月13日から,24時間365日の運用が開始された（総務省情報流通行政局地域通信振興課2013）。同プラットフォームの開発の契機は,2007年の新潟県中越沖地震である。当時,自治体から発信される災害情報のほとんどがアナログ情報（電話,FAX,記者発表等）で,速報性や効率性が不十分だったことがある（総務省2012,p.3）。なお,公共情報コモンズの名称は,2014年にLアラートに変更された[27]。

　Lアラートでは,自治体やインフラ企業が,災害に関連する情報を一度入力することで,自動的に,多数のメディア媒体（放送事業者,ケーブル事業者,ラジオ放送局,携帯端末,新聞社等）へ情報が伝達される。同プラットフォームのITシステム部分は,非営利団体である一般財団法人マルチメディア振興センターが管理・運用している。

　Lアラートでは,「情報発信者」と呼ばれる情報を入力する地方自治体と,「情報伝達者」と呼ばれる,入力された情報をメディア媒体等を通じて,市民に拡

---

27) 総務省報道資料（2014年10月14日）より（http://www.soumu.go.jp/menu_news/s-news/h26lalertsymposium.html）。

表10.2 Lアラートの普及の進展

		2013年3月現在	2018年6月現在
情報発信者	都道府県	1府・16県	46都道府県
	市町村	105	1,681
	交通・インフラ民間事業者	2	119
情報伝達者	メディア関連事業者合計	69	745
	テレビ局	26	127
	ラジオ局	19	235
	新聞社	16	268
	ケーブルテレビ	9	60
	新聞	6	23
	ポータルサイト	2	6
	サイネージ	−	6
	地方公共団体	−	26

出典:総務省(2013, 2018)。

散するメディア企業が参画している。2013年2月現在では,情報発信者は1府・16県,105市町村,2民間事業者であり,情報伝達者の合計は69団体であった(総務省情報流通行政局地域通信振興課2013, p.4)。その後,Lアラートの利用は拡大し,2018年6月末現在,情報発信者は46都道府県,1,681市町村,交通・ライフライン事業者等119団体となり,情報伝達者は合計745団体となった(総務省2018, pp.9,13)。このように,2011年6月の運用開始後,情報発信が可能な自治体等も,情報伝達が可能なメディア企業等も大幅に数が増加し,全国的な普及が進展している(表10.2)。

(2) Lアラートの特徴と制度的枠組み

Lアラートは,民間の非営利団体が運営しているが,政府関係文書において,政策上での位置付けが行われている。総務省(2018, pp.26-30)にまとめられているように,Lアラートは,「国土強靱化計画」(平成26年(2014年)6月3日閣議決定)では,国民が確実な情報を多様な防災情報経路で入手できるようにするための手段として位置付けられたのち,「世界最先端デジタル国家創造宣言・官民データ活用推進基本計画」(平成30年(2018年)6月15日閣議決定)においても,官民データ活用の推進の一環としても位置付けられた。表10.3は,各種政府関係文書におけるLアラートの位置付けを整理したものである。

3. 日本における ICT 活用型災害情報伝達システム：L アラート　　　241

表10.3　各種政府関係文書におけるLアラートの位置付け

政府関係文書名（西暦表記の決定年月）	位置付け
国土強靱化基本計画（2014年6月）	国土強靱化における国民への確実な災害情報伝達
地理空間情報活用推進基本計画（2017年3月）	・暮らしの中で実感できる地理空間情報の活用における災害情報の迅速な伝達 ・G空間防災システムの普及の促進における災害情報の多重化・多様化と普及化
防災基本計画（2017年4月）	災害予防における災害情報の多経路化
まち・ひと・しごと創生総合戦略2017 改訂版（2017年12月）	ICT の利活用による地域の活性化におけるG空間情報の活用とLアラートの普及加速
経済財政運営と改革の基本方針2018（2018年6月）	安全で安心な暮らしの実現における国土強靱化とICTの利活用による情報共有強化
未来投資戦略2018（2018年6月）	スマートシティ実現における地域の防災力を高めるためLアラート高度化システムの標準化と普及促進
世界最先端デジタル国家創造宣言・官民データ活用推進基本計画（2018年6月）	AI, IoT などの技術と官民データの利活用におけるLアラートをベースとした平常時における災害リスクの予防・予知や，発災・復旧時の円滑な支援策

出典：総務省（2018, pp.26-30）より筆者作成。

　表10.3 に示したように，日本における L アラートの特徴は，防災や国土強靱化のためばかりでなく，地理空間情報活用や官民データ活用や，地域活性化・スマートシティ化の一環としての施策としても位置付けられており，データ活用型・未来志向型の施策により，整備が進められている点であると考える。

(3) L アラートのライフライン情報対応

　以上のように，L アラートが，幅広い施策の中に位置付けられている理由としては，災害時の警報情報に加えて，避難所情報やガス・水道・電気・交通等のライフライン関連情報の発信に対応している点も挙げられる。実際，インフラ・ライフライン関連の情報発信者は，2013年6月から大幅に増加しており，119団体に達している。なお，災害情報のうち，気象庁が発信する地震速報・津波警報や，時間的対応の余裕がない場合のためのJアラートから伝達される国民保護情報は，移動体通信事業者経由で伝達される「エリアメール」の仕組みが2007年から運用されている（関・岡田・池田・菅野2008）。L アラートは

表 10.4 Lアラート経由で発信可能な情報種別

分類	情報種別
緊急情報	緊急速報メール，
避難情報	避難勧告・避難指示・避難所情報，一時滞在施設情報
対策・被害情報	災害対策本部設置，被害情報
水位情報	水位周知河川，河川水位情報，雨量情報，潮位情報
周知情報	お知らせ，イベント情報

出典：マルチメディア振興センター（2016）から筆者作成

こうした既存の警報伝達システムを補完しつつ，併存して運用されている。

Lアラート経由で発信可能な情報の種別は，表 10.4 に示すとおり，災害発生時から復旧時，平時にも利用可能なお知らせまでカバーしている。そのため，災害が発生してから，（必要な場合には）避難関連情報，ライフラインの状況にかかる情報（「お知らせ」）まで，発災から復旧のフェーズをカバーしている。2014 年 4 月の熊本地震の場合でも，気象関係を除くと，発災直後には交通状況や通信状況のお知らせが発信され，発災後 3 日目から半月後頃までは避難所情報が提供され，翌 5 月に入ると被災者支援等のお知らせの発信が行われており，災害発生から復旧までのフェーズで利用された（マルチメディア振興センター 2017a，p.31）。

ただし，情報発信者の県や自治体は，上述の情報種別すべてについて情報発信を行っているわけではない。マルチメディア振興センター（2016）によると，各自治体等は，それぞれの事情に応じて，発信する情報種別を選択している。多くが避難指示・避難勧告・避難所情報を発信しているが，独自システムの運用によりこうした情報を発信している自治体もある（同書，pp.10-12）。なお，表 10.5 に示すように，集中豪雨・台風等の自然災害発生時にも Lアラート経由の情報発信が多く利用されている。

3.2 Lアラートの受容

日本のLアラートについては，「はじめに」で整理した，①情報発信者（自治体等），②情報伝達者（メディア企業），③警報を受信する市民のうち，①による受容状況についてのアンケート調査結果はないが，マルチメディア振興センターの自主研究の一環として実施した静岡県のインタビュー調査（2018 年 6

表 10.5 豪雨・台風時における L アラート経由での情報発信の状況

災害（発生期間）	情報発信件数	情報発信団体数
九州北部豪雨 (2017 年 7 月 6 日〜 10 日)	586 件（避難勧告・避難指示：146 件，避難所情報：34 件，お知らせ：209 件 等）	－
台風 5 号 (2017 年 8 月 4 日〜 9 日)	6,573 件（避難勧告・避難指示：884 件，避難所情報：3,508 件，お知らせ：253 件 等）	550 団体 (38 府県)
台風 18 号 (2017 年 9 月 9 日〜 19 日)	9,338 件（避難勧告・避難指示：1,305 件，避難所情報：5,417 件，お知らせ：454 件 等）	711 団体 (45 都道府県)
台風 21 号 (2017 年 10 月 22 日〜 24 日)	10,959 件（避難勧告・避難指示：2,225 件，避難所情報：4,198 件，停電発生状況：1,754 件 等）	852 団体 (42 都府県)
台風 22 号 (2017 年 10 月 28 日〜 29 日)	1,510 件（避難勧告・避難指示：203 件，避難所情報：593 件，停電発生状況：189 件 等）	212 団体 (27 都府県)

出典：マルチメディア振興センター（2017b, pp.19-22）より筆者作成。

月実施）の概要を報告する。また，②についてはマルチメディア振興センターのアンケート調査の概要（2018 年 1 月実施）と静岡県の調査結果を報告する。また，③の受容状況については，L アラートの認知と利用意向を調査したアンケート調査結果（2015 年 7 月）を参照する。

(1) 情報発信者側の受容：インタビュー調査より

マルチメディア振興センターの自主研究事業での調査研究活動の一環として，2018 年 6 月に，静岡県の県庁，静岡市，掛川市の情報化関連部署の担当者にインタビューを実施した。ただし，同県は，情報化やオープンデータの取り組み，防災システムの構築において先進的な事例であることから，情報発信者側の一般的な受容としてのケースとはいえないことに留意が必要である。

静岡県では，2011 年 8 月から，災害情報システムである「FUJISAN」を導入している。同システムでは，道路や避難所などの基礎的な情報をデータベースに収録，災害時の被害情報の収集・表示が可能になっている。L アラートは，この FUJISAN システムとも連動して運用されており，各市町村が警報情報等をインプットして，情報発信を行っている。インタビューでは，県・市の業務の一環として，避難情報や避難所情報の発信を日常的に実施しているとのことで，新たなシステムの導入が比較的スムーズに進められたと感じられた。ただし，インタビューした範囲では，災害情報システムの情報入力の一本化はその

途上にある部分があり，実態上では，FUJISANシステムへの情報入力とLアラートシステムのへの情報入力が併存している．これは次項で取り上げるメディア企業側の受容状況に関するアンケート結果とも符合するものであり，新システム導入による効率化よりも，避難情報等の発信の多経路化により重点が置かれている[28]．

こうしたなか，仙台市では，自治体側の災害にかかる警報等の情報発信の入力の一元化に取り組んでいる．同市の資料によると，市ウェブサイト，市公式ツイッター，市独自の警報情報サービス，緊急速報メール，Lアラートに対して，一元的に情報を入力するシステムの開発を検討している（仙台市危機管理室 2018）．これにより，入力の効率化に加えて，各媒体別での警報発出時間の差が発生しないというメリットがある．ただし，同システムの開発には，費用がかかることや，同様のシステムを導入する自治体がほかにあることも想定されることから，標準化も課題として挙げられている．

(2) 情報伝達者側の受容：アンケート調査より

情報伝達者側の受容に関しては，マルチメディア振興センター（2018）がLアラートの情報を伝達するメディア企業に対するアンケート結果を公表している．同アンケートは，2017年11月から12月にかけて，Lアラート経由で警報情報やお知らせ等を市民に伝達しているメディア企業等に実施されたもので，716団体のうち，527団体が回答した．同アンケート調査結果は，2.2項（1）のアメリカにおける情報発信者側へのアンケートと比較して，より詳細に，情報発信者側の災害情報伝達プラットフォームの受容状況がわかる．

回答者のうち，Lアラートを利用しているのは全体の78％である．また，14％が利用していない状態，4％が不明，4％が一時は利用していたが利用をやめた企業である．利用していない理由については，複数回答で，32社が「活用方法がわからない」を，29社が「Lアラートよりも有効な手段があるから」を挙げた．これまでの経緯で，放送事業者等のメディア企業は，自治体から

---

[28] これについては，例えば，島田市の2018年7月の「島田市国土強靭化地域計画」でも，Lアラートは災害情報の多経路化の一環に位置付けられている（p.14）．(https://www.city.shimada.shizuoka.jp/kikikanri/kokudokyojin/documents/shikyojinkeikaku.pdf)

ファックスや電話，対面による災害関連の情報を入手する経路を整備しており，Lアラートの導入は，こうした既存手段と重複する面があることがうかがえる。

　Lアラートの導入目的としては，複数回答で，68社が「多くの自治体から効率的に情報を収集するため」を，277社が「迅速な情報発信を行うため」，266社が「正確な情報を収集するため」，220社が「少ない職員で効率的に情報を収集するため」を選択しており，効率性・正確性が重視されている。ただし，Lアラートの利用者のうち，災害情報の伝達に活用している企業は48.6％，ニュースソースの一つとして活用している企業は34.8％，気象情報の受信に利用している企業は10.8％と，Lアラートで伝達された情報が必ずしも災害警報の発信と直結しているわけではない。

　また，アンケート結果からは，各メディア企業は，Lアラート経由で発信された情報をそれぞれで保有する複数の伝送媒体で発信していることがわかる。例えば，テレビ放送事業者（105社）のうち，Lアラート経由で受信した情報を，自社のテレビ放送で配信する割合は，8割を超えている。加えて，テレビ放送事業者は，BS・CS放送や自社のラジオ局にも受信したLアラートの情報を配信，また，2割以上がウェブサイトにも情報を掲載している。新聞社の多く（8割）が，ウェブサイトでLアラート情報を発信しており，紙媒体の新聞（約3割）よりも多い。このことは，情報発信者側の各企業が，複数の情報伝達媒体（メディア）を保有しており，受信した警報や情報を新メディア（ウェブサイトやデータ放送）にも伝送していることがわかる。

　なお，静岡県のメディア企業へのインタビューからは，Lアラート経由の情報を自動的にデータ放送やウェブサイトに伝送する仕組みを構築している事例（静岡放送）や，Lアラート経由の情報を自動で人工知能（AI）の音声により伝達する仕組みを構築している事例（FM島田）などがあり，新しい媒体（ウェブサイト）の活用や，災害時に人員が不在の場合でも情報発信可能な仕組みの構築の取り組みが見られた。

(3) 情報受信者側による受容：アンケート調査より

　日本における市民側のLアラートの認知については，2015年7月に実施した「防災対策・災害時における情報収集と意識に関する調査」で質問した。同

246　第10章　官民データ連携時代のICT利活用によるローカルなレジリエンス向上

　調査では，普段の防災対策時と災害時における情報収集方法について，20歳以上の男女2,151名からの回答を得た．同調査では，災害時の情報収集の手段として利用する情報源について，アクセスする順位と手段を質問したところ，最初にアクセスする情報手段の1位はテレビ（普段：52％，災害時：56％）であった．ただし，普段も災害発生時も，市民は複数の情報源を確認しており，ラジオやスマートフォンなども災害時の情報収集手段として利用されていることがわかった（図10.2，図10.3）．なお，年齢によって，情報収集の順位には違いもあり，災害時の情報入手手段の1位は，高齢者層ほどテレビの比率が高かった．一方，20歳代・30歳代は，スマホ・アプリが1位の比率が10％程度だが，高齢者層は3％以下であった．

　また，Lアラートを知っている・聞いたことがあると回答した割合（Lアラート認知率）は22％であった．これは，アンケート実施時期が2015年であることから，本章執筆現在では向上している可能性もある．また，Lアラートで，ライフライン情報（交通，電気・水道・ガス等の状況などの情報）が配信された場合に，利用したいとの回答（利用意向率）は70％であった（マルチメディ

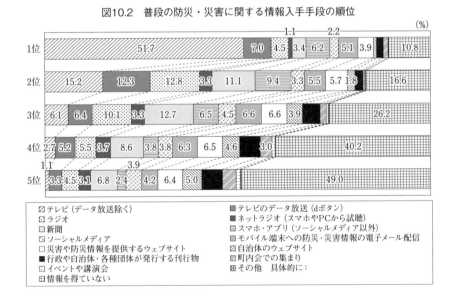

図10.2　普段の防災・災害に関する情報入手手段の順位

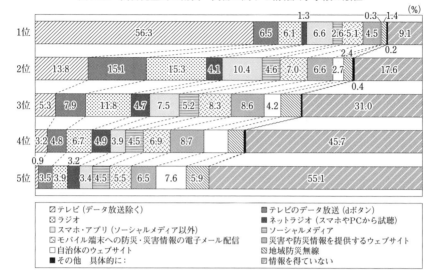

図10.3 災害発生時の防災・災害に関する情報入手手段の順位

ア振興センター 2015)。また，同調査結果からは，高齢者ほど，防災・災害時における入手手段は多く，放送系・自治体系・口コミの情報源を活用している一方，若年層はソーシャル・メディア活用が進んでいた。加えて，若年層はスマートフォンの利用が活発だが，防災・災害時の情報収集には消極的であったが，高齢層は防災・災害時の情報収集に積極性はあるものの，スマートフォンの利用は低調であった。高齢者のスマートフォンの活用については，利用意向は高いものの，保有端末（データ放送対応テレビやスマートフォン）の有無や，アプリやデータ放送による防災・災害情報へのアクセス方法がわからないことが利用の阻害要因となっている。

4. おわりに：防災領域における地域情報プラットフォームの社会的受容

(1) IPAWS と L アラートの特徴の比較

本章では，アメリカと日本の災害情報伝達プラットフォームである IPAWS と L アラートの2つのケースを紹介した。各プラットフォームの概況のまと

めは，表10.6のとおりである。

IPAWSもLアラートもいずれも実際に発生した災害を契機として，2000年代中盤に導入の検討が開始されている。当時は，先進国を中心として，3Gサービスの拡大期にあたり，2000年代後半からはスマートフォンの普及が本格化した時期にあたる。一方で，その制度的構成には違いがある。アメリカのIPAWSは，連邦政府主導型で，法制度を整備し，連邦省庁が警報システムの開発・運用・高度化を担っている。日本では，政府は，Lアラートの開発を支援し，政策上の位置付けを与えているが，運営は民間非営利団体が担っている。いずれも参加は任意であるため，徐々に参加自治体やメディア企業等が増加し，普及が進んでいるところである。

また，本章では，文献，各種アンケート調査やインタビュー調査を参照し，これらの災害情報伝達プラットフォームの情報発信者側（自治体），情報伝達者側（メディア等），情報受信者側（市民）の普及状況を確認するとともに，その社会的な受容状況についても整理した。本章の整理からは，IPAWSもLアラートも，世界の中では先進的な警報情報伝達のプラットフォームの普及が進んでいる事例であるものの，新たなICTサービスとしての社会的受容プロセスはその途上にある。プラットフォーム化以前の従来の発災時における警報発出は，自治体側から見ると，①日常的な業務ではない，②緊急時には平時よりも対応可能な人員が減る，③アナログ技術による警報発出は必ずしも必要な人に警報を届けない，といった課題があった。これについて，IPAWSもLアラートも，CAP標準に準拠したプラットフォームを導入することで，多様な端末や媒体への一元的な情報発信を可能にすることで，これらの課題に対応し

表10.6 アメリカのIPAWSと日本のLアラートの概況

	IPAWS	Lアラート
導入の契機	2005年ハリケーン・カトリーナ	2007年新潟中越地震
導入時の課題	災害時の警報伝達が不十分	災害時の警報伝達が不十分
制度的枠組み	大統領令・法律	行政府における政策・施策
システム運営	連邦政府機関	民間非営利団体
情報発信者の参画	認定を取得した自治体	参加を希望する自治体
情報伝達者の参画	メディア企業，通信事業者の任意	メディア企業等の任意

出典：筆者作成。

ようとしている点は共通している。

ただし，アメリカではトップダウン型で，大統領による全国緊急警報の機能も搭載しているが，日本は，草の根型でライフライン情報の伝達に対応しているという違いがある。これは，歴史的経緯や制度的枠組みの違いに起因していると考えられる。また，これを災害情報伝達プラットフォームの社会的受容の観点から見ると，本章で取り上げた資料の範囲からは，より日常的に，かつ，発災前・発災時・発災後の情報伝達プラットフォームとしての可能性を有しているのは日本の仕組みであると思われる。

(2) 防災情報プラットフォームの整備の観点から見る日本とアメリカの違い

一方で，防災領域における地域情報プラットフォームとしては，アメリカの仕組みの整備が進展していると思われる部分もある。アメリカでは，従来，災害対応は，州政府の管轄となっていたものの，歴史的経緯から，災害が甚大・広域に及ぶ場合には連邦政府が支援する枠組みが整備されてきた（マルチメディア振興センター 2015）。1978 年には連邦緊急管理庁（FEMA）が設置され，2006 年には，災害支援改善プログラム（Disaster Assistance Improvement Program：DAIP）を導入，2011 年には，自然災害・人的災害時における連邦政府による対応についての国家計画枠組み（National Planning Frameworks）の整備が進められた[29]。アメリカでは，甚大な自然災害の発生時には，大統領が災害宣言（Disaster Declaration）を発出し，連邦政府の対応が発動する[30]。

また，DAIP のもとで 2008 年末に，災害対応・復旧にかかるポータルサイトである DisasterAssistance.gov が開始された[31]。同ポータルサイトでは，17 省庁における 70 以上の支援フォームにかかる情報提供が行われているほか，災害宣言が出された地域情報，避難所情報へのリンク等，多様な情報へのアクセスを提供している。また，各種オンライン申請・処理状況の確認にも対応している。全米の情報が集約されているほか，障害者，高齢者，子供といったニー

---

29) 詳細は FEMA ウェブページを参照のこと（https://www.fema.gov/national-planning-frameworks）。なお，2012 年のハリケーン・サンディでは DAIP の枠組みでの対応がとられた（新村・梶川・瀧澤・北村 2015）。
30) これまでの災害宣言は https://www.fema.gov/disasters/year にまとめられている。
31) DAIP ウェブページより（https://www.disasterassistance.gov/about-us/overview）。

ズ別の情報，スペイン語ページも用意されている。DisasterAssistance.gov のシステムでは，オンライン申請の手続きを簡便化するため，国家情報交換モデル（National Information Exchange Model：NIEM）に対応しており，2012 年にはFEMA と関連機関の間で55 万件のデータ処理が行われた[32]。2012 年時点では，DisasterAssistance.gov でのオンライン申請は，コールセンター経由での申請よりも短い時間（前者は17 分，後者は19 分）で完了したという。その他，FEMA における情報発信で注目される点としては，災害発生時のデマ対策として，個別のデマに対応する正しい情報を提供していることが挙げられる[33]。

　日本における防災領域の地域情報プラットフォームの採用率は，はじめに(3)で触れたように，1 割以下と低い状況にある。また，防災領域やGIS の地域情報プラットフォームとLアラートの連携の仕組みも今後構築が進められると見られる。こうした仕組みが目指しているのは，組織間のデータ連携を進め，より効率的な行政運営と利便性の高いサービスを市民に届けることである。地域情報プラットフォームにおける標準仕様への対応に加えて，データ連携とそれによるサービス化も進展することが望ましいと考える。冒頭で取り上げたように，自然災害やそのリスクを完全に除くことは現実的ではない。しかし，ICT とデータを活用するプラットフォームを整備し，参加者にとって，効率的で利便性の高い仕組みを構築していくことは，中長期的に見て，公共の利益となると考える。

(3) まとめ：集中型と分散型のイノベーションの普及システムの観点から

　以上の日本とアメリカの警報情報伝達プラットフォームの普及について，よく知られているロジャーズのイノベーションの普及理論に照らしてその特徴を整理してまとめとする。ロジャーズは，イノベーションの普及システムとして，集中型と分散型の2 つに分類している（ロジャーズ 2007；2003, pp.376-377）。集中型は，専門家からトップダウンでイノベーションが線的に普及するモデルであり，分散型は水平的なコミュニケーションを基盤としてイノベーションがネットワークに浸透していくモデルとなっている。ロジャーズは，このモデル

---

32) Project Open Data ウェブページより（https://project-open-data.cio.gov/fema-case-study/）。
33) FEMA ウェブページより（https://www.fema.gov/hurricane-michael-rumor-control）。

は実際よりも単純化したものであり，実際は，集中型と分散型は連続的であり，各イノベーションの普及はその連続的なスケールのどこかに位置付けられると述べている。

この観点から見ると，アメリカのIPAWSとポータルサイトDisasterAssistance.govはより集中型側にあり，日本のLアラートと地域情報プラットフォームはより分散型側に位置付けられると考える。ロジャーズは，分散型の優位性として，よりユーザーのニーズに合致している点や利用者の自立を促す点を挙げているが，劣位性として非効率なイノベーションが発生する可能性や知識伝達のコスト，政府が普及促進を図る公共的な領域のイノベーションの普及には適さないことを挙げている（ロジャース 2007：2003, pp.379-380）。また，個別状況下においては，集中型と分散型の組み合わせが有効であるとしている。

以上を加味すると，防災領域の地域情報プラットフォームの構築は日本において端緒にある一方で，アメリカのポータルサイトDisasterAssistance.govが構築から10年を経ていることを考慮すると，より集中型の取り組みが有益である可能性がある。一方で，IPAWSについて指摘されている課題をみると，より分散型の仕組みを導入することで，利用者側の社会的受容が進展すると考えられる。また，先進国にとどまらず，中進国や発展途上国においても，地域情報伝達のプラットフォーム化やサービス提供のポータル化が進むことが望ましいと考える。まだ，中進国や発展途上国においてCAP標準対応のプラットフォームの構築や利用は拡大していないものの，分散型・集中型のイノベーション普及システムの観点に照らし，各国の状況にあった普及戦略を策定することも有益であろうと考える。

謝辞

本章にかかる調査には，国際大学グローコムの庄司昌彦准教授から貴重なアドバイスをいただいたほか，静岡県庁の杉本直也氏をご紹介いただいた。また，杉本氏には同県の情報化施策にかかる新庄大輔氏や関係者のご紹介とインタビューに応じていただいた。掛川市役所の戸塚芳之氏，静岡新聞社・静岡放送の金原正幸氏と久保田高広氏，FM島田の中根弘貴氏，下田有線テレビ放送の松本邦久氏にもインタ

ビュー調査にご協力いただいた。FMMC のプロジェクト企画部の武藤聖部長には L アラートにかかる内容確認の労をとっていただいた。いずれも本章執筆のうえで，大変示唆に富む情報やご指摘をいただいた。ここに深く感謝の意を表する。なお，静岡県調査は，野田万太郎氏（当時，FMMC プロジェクト企画部）と情報通信研究部の平井智尚研究員の 3 名で 2018 年 6 月に実施した。お二人のご協力に感謝を記す。

◆引用文献・資料

Bennett, DeeDee M., Braeden Benson, and Danielle Sharpe (2014), "Dissemination of WEA: Survey of Alert Authorities", *Public Administration Faculty Publications*, 81, https://digitalcommons.unomaha.edu/pubadfacpub/81

Bennett, DeeDee M. (2015), "Gaps in Wireless Emergency Alert (WEA) – Effectiveness Wireless", *RERC WEA Survey*, 2013-2014.

Bündnis Entwicklung Hilft. (2017), *World Risk Report Analysis and prospects 2017*, Berlin: Bündnis Entwicklung Hilft., https://reliefweb.int/sites/reliefweb.int/files/resources/WRR_2017_E2.pdf

Cal OES (California Governor's Office of Emergency Services) (2018), "Public Alert and Warning Program Assessment for Sonoma County", http://code.pressdemocrat.com/pdf/Sonoma%20Assessment%20with%20Cover%20Letter.022618%5b3%5d.pdf

FCC (Federal Communications Commission) (2006), "Independent Panel Reviewing the Impact of Hurricane Katrina on Communications Networks", https://transition.fcc.gov/pshs/docs/advisory/hkip/karrp.pdf

FEMA (2018), "2017 National IPAWS EAS Test Final Report", https://www.fema.gov/media-library-data/1523303270960-0ddf8c45ca3eac68c4a4256c39da431c/2017_IPAWS_EAS_National_Test_Final_Report_FINAL.pdf

GAO (Government Accountability Office) (2009), "Emergency Preparedness – Improved Planning and Coordination Necessary for Modernization and Integration of Public Alert and Warning System", https://www.gao.gov/assets/300/294840.pdf

GAO (Government Accountability Office) (2013), "Emergency Alerting – Capabilities Have Improved, but Additional Guidance and Testing Are Needed", https://www.gao.gov/assets/660/654135.pdf

National Academies of Sciences, Engineering, and Medicine (2018), *Emergency Alert and Warning Systems: Current Knowledge and Future Research Directions*, Washington, DC: The National Academies Press. https://doi.org/10.17226/24935 (https://www.nap.edu/download/24935).

Sonoma Country of California, Fire & Emergency Services Department (2018), "Assessment Report: Community Alert and Warning", https://sonomacounty.ca.gov/WorkArea/DownloadAsset.aspx?id=2147560487

World Economic Forum (WEF) (2018), *The Global Risks Report 2018*, 13th Edition, WEF, http://www3.weforum.org/docs/WEF_GRR18_Report.pdf

伊藤和也・菊本統・下野勘智・大里重人・稲垣秀輝・日下部治（2017），「我が国の自然災害に対するリスク―指標の変遷と諸外国との比較」『自然災害科学』36-1，pp.73-86，https://www.jsnds.org/ssk/ssk_36_1_073.pdf

宇野善康（1990），『《普及学》講義―イノベーション時代の最新科学』有斐閣選書．

梅田康弘（2012），「地震の規模別頻度分布」関西なまずの会基礎講座資料，http://www.eonet.ne.jp/~kansai-catfish/hindobumpu.pdf

櫻井直子・大塚時雄・三友仁志（2018），「大規模災害時の情報サービスと個人情報提供の意思に関する研究」『日本セキュリティマネージメント学会学会誌』第32巻第2号．

全国地域情報化推進協会（2016），「地方公共団体間での防災情報共有」防災非常通信セミナー資料，http://www.soumu.go.jp/main_content/000399550.pdf

関貴司・岡田剛・池田真由美・菅野崇亮（2008），「緊急速報「エリアメール」の開発」『NTT技術ジャーナル』pp.31-35，http://www.ntt.co.jp/journal/0809/files/jn200809031.pdf

仙台市危機管理室（2018），「仙台市における災害時の情報発信について（災害時情報発信システム）」，http://www.fdma.go.jp/neuter/about/shingi_kento/h30/isseisousinkinou/01/shiryo1-3.pdf

総務省（2012），「公共情報コモンズの普及促進について」，http://www.soumu.go.jp/soutsu/shinetsu/sbt/bousai/kanren-4-siryo.pdf

総務省（2018），「Lアラートの現状」，http://www.soumu.go.jp/main_content/000563080.pdf

総務省情報流通行政局地域通信振興課（2013），「公共情報コモンズ等の国民への災害情報の伝達について」，https://risk.ecom-plat.jp/fbox.php?eid=16370

総務省情報流通行政局地方情報化推進室（2018），「地域情報プラットフォームについて」，http://www.soumu.go.jp/main_content/000579848.pdf

新村昌・梶川丈夫・瀧澤謙・北村隆司（2015），「米国の災害対策の現状―訪米調査報告（下）」『日本不動産学会誌』第29巻第2号，pp.88-100，https://www.jstage.jst.go.jp/article/jares/29/2/29_88/_pdf/-char/ja

林春男（2014），「地殻災害軽減のための防災研究の枠組み（特集地殻災害の軽減と学術・教育）」学術の動向：SCJフォーラム（Vol.19, No.9, pp.42-47），日本学術協力財団，https://www.jstage.jst.go.jp/article/tits/19/9/19_9_42/_pdf/-char/ja

平井智尚・田中絵麻（2015），「はじめに防災・緊急時におけるICT利活用の国際動向と日本の取り組み」『防災と緊急時におけるICT利活用と国際協力の可能性―レジリエントな社会の実現に向けて―』一般財団法人マルチメディア振興センター，pp.1-4．

マルチメディア振興センター（2015），『防災と緊急時におけるICT利活用と国際協力の可能性―レジリエントな社会の実現に向けて―』マルチメディア振興センター．

マルチメディア振興センター（2016），「Lアラートの運用状況について」，https://www.fmmc.or.jp/Portals/0/images/commons/publish/commons_advisory171.pdf

マルチメディア振興センター（2017a），「Lアラート有効活用に向けた取り組みについて」，http://www.soumu.go.jp/main_content/000482426.pdf

マルチメディア振興センター（2017b），「Lアラートの運用状況について」，https://www.fmmc.or.jp/Portals/0/images/commons/publish/commons_advisory221.pdf

マルチメディア振興センター（2018），「情報伝達者に対するアンケート調査の結果について」，

https://www.fmmc.or.jp/Portals/0/images/commons/publish/commons_advisory245.pdf
矢守克也（2017），「「想定内」の中の「想定外」が問題〜熊本地震から感じたこと三題〜」リスク対策.com，2017年4月17日記事，http://www.risktaisaku.com/articles/-/2657
ロジャーズ，エベレット（2007），『イノベーションの普及』（三藤利雄訳），翔泳社．（Rogers, Everett M.（2003），*Diffusion of Innovations*, 5th Edition, Free Press.）

◆参考文献

尹大栄・奥村昭博編（2013），『静岡に学ぶ地域イノベーション』中央経済社。
ウッテン，トム（2014），『災害とレジリエンス―ニューオリンズの人々はハリケーン・カトリーナの衝撃をどう乗り越えたのか』明石書店。
京都大学・NTT レジリエンス共同研究グループ（2009），『しなやかな社会の創造―災害・機器から生命，生活，事業を守る』日経 BP コンサルティング。
京都大学・NTT レジリエンス共同研究グループ（2012），『しなやかな社会への試練―東日本大震災を乗り越える』日経 BP コンサルティング。
ゾッリ，アンドリュー（2013），『レジリエンス―あらゆるシステムの破綻と回復を分けるものはなにか』ダイヤモンド社。
田中幹人・標葉隆馬・丸山紀一朗（2012），『災害弱者と情報弱者』筑摩書房。
平塚千尋（2012），『新版 災害情報とメディア』リベルタ出版。
本條晴一郎・遊橋裕泰（2013），『災害に強い情報社会』NTT 出版。
松浦さと子（2017），『日本のコミュニティ放送』晃洋書房。
米村秀司（2016），『そのときラジオは何を伝えたか―熊本自信とコミュニティ FM』ラグーナ出版。
脇浜紀子（2015），『「ローカルテレビ」の再構築―地域情報発信力強化の視点から』日本評論社。

索　引

数字・アルファベット
00000JAPAN　28, 31, 33-35, 38, 42, 47, 48, 122, 123
3がつ11にちをわすれないためにセンター（わすれン！）　193, 195, 203-205, 208, 210, 219, 220
311ドキュメンタリーフィルム・アーカイブ　193, 195-200, 202, 203, 219, 220
8Kスーパーハイビジョン　53
ANOVA　→　分散分析
CAP（Common Alerting Protocol）　229
CVM　→　仮想評価法
DisasterAssistance.gov　250
Facebook　52, 122, 136
FUJISAN　243
ICT　225
IPAWS（Integrated Public Alert & Warning System）　228
LINE　52, 122, 136
LinkNYC　36, 46
L（Local）アラート　15, 16
NHK　80, 91
NOAAガイドライン　129, 130
NPAS（National Public Alerting System）　229
Twitter　52, 122, 136
Vulnerability（脆弱性）　5, 10
WTP　→　支払意思額

ア　行
アーカイブ　193-196, 198-200, 202-205, 207-210, 212, 213, 215-219
安心感　163, 179-181, 188, 189, 191
安否情報　164-166, 168, 170, 175, 176, 178, 191
位置情報　123, 124, 128, 131, 132, 137, 139, 140
一斉放送（Broadcast）　99
インターネットTV　80
インターネットメディア　77, 80, 100, 102
ウェブサイト　171, 179, 183, 191
受入補償額（Willingness to Accept Compensation: WTA）　129
大阪府北部地震　3, 10, 122

カ　行
価格感応分析（Price Sensitivity Measurement: PSM）　103-107, 113
価格の品質バロメータ仮説　104
仮設住宅　162, 163, 171
仮設住宅居住者調査　162
仮想評価法（Contingent Valuation Method: CVM）　103, 104, 106, 107, 112, 116, 129-131, 137
感情移入　52
九州北部豪雨　3, 10, 24
共感　52
共助　119
緊急地震速報　129, 136, 139, 140, 174, 175, 178, 182-184
熊本地震　3, 10, 22-24, 77, 78, 97, 108, 116, 122, 161, 174, 175, 178, 182-185, 188, 189, 191, 192
くまもと無料Wi-Fi　32, 33
公共放送機関　80
公衆無線LAN　27
公助　119
凍り付き症候群　10, 11
国土強靱化計画　240

個人情報　123-132, 140-142, 147, 148
個人情報保護法　123
国家情報交換モデル（National Information Exchange Model: NIEM）　250
コミュニティ防災　4
コミュニティラジオ　80, 93
コンジョイント分析　149, 151

サ 行

災害情報提供手段　77
災害情報伝達プラットフォーム　227
災害宣言（Disaster Declaration）　249
災害対策基本法　4, 7
事業継続　7-9, 19
事業継続計画（BCP）　4, 9, 11, 19
自助　119, 120, 142
支払意思額（Willingness to Pay: WTP）　103, 106, 107, 112, 113, 115, 126, 129, 130, 137-140, 158
シビック・メディア　193, 195, 196, 219
社会関係資本　54
従来のメディア　77
従来型マスメディア　80
社交性に関する知覚　85, 89
主観的評価　51
首都直下地震　120, 121, 130, 131
情報銀行　142
情報源　163, 165, 170, 175, 176, 178, 181, 185-188, 190
震災関連情報　79
震災復興期　100, 101, 110, 115, 116
信頼度　171-173, 180-182, 188-191
生活情報　166, 178, 179
正常性バイアス　10
生存分析　129
世界最先端デジタル国家創造宣言・官民データ活用推進基本計画　240
世界リスク報告書　223
線型回帰分析　85, 91
潜在変数　58
せんだいメディアテーク　203-205, 208, 210, 220
ソーシャルキャピタル　6, 17, 101
ソーシャルメディア　80, 94, 98, 99, 102, 110, 116, 176, 178, 179, 182, 183

タ 行

ダイナミズムに関する知覚　85, 89
地域ケーブルテレビ　97
地域情報プラットフォーム　227
地域放送メディア　97, 100, 101, 103, 110, 112, 114-116
力づけ（Empowerment）　97, 100, 101, 106, 110, 116
地区防災計画　3-5, 7, 11, 17, 18
地区防災計画制度　3, 4, 6, 7
地上波デジタル放送　51
地デジ化　51
地理情報システム（GIS）　227
通信サービス　99
津波警報（大津波警報を含む）　163, 164
抵抗回答　107, 137
適格さに関する知覚　85, 87
動画共有サイト　81, 94
同時放送　80
同調性バイアス　10, 11
匿名加工情報　123
共分散構造分析　58
ドンキホーテ効果　53

ナ 行

南海トラフ巨大地震　120, 121
新潟県中越沖地震　239
二肢選択方式　129, 138
西日本豪雨　3, 10, 19, 22, 24
ネットユーザー調査　162, 183

ハ 行

ハイビジョン　53
パス係数　61
ハッシュタグ　100
パーソナライゼーション・サービス　145-147

索　引

パーソナルデータ　123, 124, 128, 141, 142, 145, 146, 148
バーチャル　53
パニック　52
ハリケーン・カトリーナ　230
ピアソンの相関係数　102
東日本大震災　4, 6, 20, 22, 51, 77, 79, 81, 97, 99, 108, 119, 121, 129-131, 135, 140, 161, 171-177, 182-185, 189-192, 193-195, 197-204, 210, 212, 214, 217-219
東日本大震災の記録と津波の災害史　211, 212, 214, 215, 219
被災情報　166, 168, 170, 175, 178
ビッグデータ　119, 123, 124, 126-128, 130, 131, 136, 137
避難時　164, 165, 173-176, 185, 186
避難所　120-122, 133, 169, 171, 173, 175-177, 182, 183
輻輳　99
プライバシー　123, 125-128, 146-148, 159
ブランドパーソナリティ　82, 83
分散分析（ANOVA）　85, 87
辺縁　101
防災無線　163, 164
放送サービス　98, 99
北海道胆振東部地震　3, 10, 20, 21, 122, 161, 183, 184, 190, 192
ボトムアップ型　4

マ　行

マスメディア　99, 100

民放テレビ　80, 93
民放テレビの地方局　97, 98, 100, 101, 103, 106, 107, 115, 116
メディアシステム依存理論　81
メディアの知覚されるイメージ　81, 82, 87
メディア利用行動　174, 182, 183

ヤ　行

山形国際ドキュメンタリー映画祭　196-199, 220
有用度　165, 175-178, 182, 185-188, 191
ユヴァル・ノア・ハラリ　53
余震情報　165, 175-178

ラ　行

リアス・アーク美術館　193, 195, 210, 211, 216- 220
リアル　53
リバーシブル活用　28, 30, 31, 46
レジリエンス　52
レジリエンスモデル　224
連邦緊急事態管理庁（FEMA）　230
連邦通信委員会（Federal Communications Commission: FCC）　230

ワ　行

ワイブル回帰分析（Weibull Regression）　130, 138
わすれン！　→　3がつ11にちをわすれないためにセンター
ワンセグ放送　52

著者一覧（五十音順）

大塚　時雄（おおつか　ときお）　　　　　　　　　　　　　　　　　第5章
早稲田大学大学院国際情報通信研究科博士後期課程修了。博士（国際情報通信学）。秀明大学英語情報マネジメント学部准教授。専門は，情報通信経済学，国際情報論，情報教育。著書に，「第3章 放送の価値へのアプローチ：アンケート調査に基づくローカル放送局の経済学的評価」『ネット配信の進展と放送メディア』（共著，学文社，2018）などがある。

木村　幹夫（きむら　みきお）　　　　　　　　　　　　　　　　　　第8章
東京大学大学院工学系研究科先端学際工学専攻博士課程修了。博士（学術）。一般社団法人日本民間放送連盟研究所長。著書に，『放送十五講』（共著，学文社，2011）などがある。

金　思穎（きん　しえい）　　　　　　　　　　　　　　　　　　　　第1章
専修大学大学院博士後期課程社会学専攻在学中。修士（社会学）。日本学術振興会特別研究員（DC2）・福岡大学法学部非常勤講師。専門は社会学。著書に『防災の法と社会　熊本地震とその後』（共著，信山社，2018）などがある。

高口　鉄平（こうぐち　てっぺい）　　　　　　　　　　　　　　　　第7章
九州大学大学院経済学府博士後期課程修了。博士（経済学）。静岡大学学術院情報学領域准教授。専門は，情報通信分野を対象とした経済分析および経営戦略分析。著書に，『パーソナルデータの経済分析』（勁草書房，2015）などがある。

櫻井　直子（さくらい　なおこ）　　　　　　　　　　　　　　　　　第6章
早稲田大学大学院国際情報通信研究科博士後期課程修了。博士（国際情報通信学）。早稲田大学アジア太平洋研究センター特別研究員。専門は，情報セキュリティ，個人情報保護に関する経済分析。著書に，『情報セキュリティの価値と評価—消費者が考える個人情報の値段—』（文眞堂，2011）などがある。

実積　寿也（じつづみ　としや）　　　　　　　　　　　　　　　　　第2章
早稲田大学大学院国際情報通信研究科博士後期課程修了。博士（国際情報通信学）。中央大学総合政策学部教授。専門は通信経済学，通信政策。著書に『ネットワーク中立性の経済学』（勁草書房，2013），『OTT産業をめぐる政策分析』（共著，勁草書房，2018）などがある。

田中　絵麻（たなか　えま）　　　　　　　　　　　　　　　　　　第10章
早稲田大学大学院アジア太平洋研究科国際関係学専攻修士，博士後期課程修了。博士（学術）。一般財団法人マルチメディア振興センター主席研究員。専門は，情報通信政策・市場分析，政策過程論。著書に「第10章 太平洋島嶼地域の高等教育改善に向けたICT利活用の可能性」『太平洋島嶼地域におけるデジタル・デバイドと国際協力』（担当章単著，慶應義塾大学出版会，2013）などがある。

著者一覧

チェン・ジョン・ウィリアム（Cheng John William） 第4章
早稲田大学大学院アジア太平洋研究科博士後期課程修了。博士（学術）。早稲田大学政治経済学部講師。専門は，震災や社会危機に対するICTとメディアの社会心理的な影響。著書・論文等に "Effects of Media Information on Collective Resilience in a Disaster-A Case Study of the Crisis of Stranded Commuters in Tokyo During the 2011 Great East Japan Earthquake"（三友仁志との共著, *Asian Journal of Social Psychology*, 2018），『ソーシャル化と放送メディア』（分担執筆，三友仁志との共著，日本民間放送連盟研究所，学文社，2016）などがある。

中嶋　聖雄（なかじま　せいお） 第9章
カリフォルニア大学バークレー校社会学部博士課程修了。博士（社会学）。早稲田大学大学院アジア太平洋研究科准教授。専門は社会学，メディア論，次世代自動車産業研究。著書に『自動運転の現状と課題』（共編著，社会評論社，2018）などがある。

西澤　雅道（にしざわ　まさみち） 第1章
中央大学法学部法律学科卒。前福岡大学法学部准教授（現内閣官房企画調整官）。専門は公法・行政学。著書に『地区防災計画制度入門』（共著，NTT出版，2014）などがある。

林　秀弥（はやし　しゅうや） 第1章
京都大学大学院法学研究科博士課程単位取得認定退学。博士（法学）。名古屋大学大学院法学研究科教授，同アジア共創教育研究機構教授。日本経済法学会理事，情報通信学会常務理事，地区防災計画学会理事等を務める。専門は，競争法，情報法，防災制度論。著書に，『情報法概説』（共著，弘文堂，2015），『独禁法審判決の法と経済学：事例で読み解く日本の競争政策』（共編著，東京大学出版会，2017），『AIがつなげる社会—AIネットワーク時代の法・政策』（共編著，弘文堂，2017）などがある。

三友　仁志（みとも　ひとし） 第3章
筑波大学大学院社会工学研究科博士課程単位修得満期退学。博士（工学）。早稲田大学大学院アジア太平洋研究科教授。専門は，デジタルエコノミー・ソサエティ。著書（共編著）に *The Smart Revolution towards the Sustainable Digital Society: Beyond the Era of Convergence*（Edward Elgar, 2015）などがある。

（2019年3月現在）

大災害と情報・メディア
レジリエンスの向上と地域社会の再興に向けて

2019年3月20日　第1版第1刷発行

編著者　三　友　仁　志
発行者　井　村　寿　人

発行所　株式会社　勁　草　書　房
112-0005 東京都文京区水道 2-1-1　振替 00150-2-175253
（編集）電話 03-3815-5277／FAX03-3814-6968
（営業）電話 03-3814-6861／FAX03-3814-6854
日本フィニッシュ・牧製本

Ⓒ MITOMO Hitoshi　2019

ISBN978-4-326-50457-2　　Printed in Japan

〈(社)出版者著作権管理機構　委託出版物〉
本書の無断複写は著作権法上での例外を除き禁じられています。
複写される場合は、そのつど事前に、(社)出版者著作権管理機構
（電話 03-3513-6969、FAX03-3513-6979、e-mail:info@jcopy.or.jp）
の許諾を得てください。

＊落丁本・乱丁本はお取替いたします。
http://www.keisoshobo.co.jp

高崎晴夫
プライバシーの経済学　　　　　　　　　　　　A5判　4,500円
　　　　　　　　　　　　　　　　　　　　　　50450-3

実積寿也・春日教測・宍倉　学・中村彰宏・高口鉄平
OTT産業をめぐる政策分析　　　　　　　　　　A5判　3,500円
ネット中立性，個人情報，メディア　　　　　　　50443-5

高口鉄平
パーソナルデータの経済分析　　　　　　　　　　A5判　3,400円
　　　　　　　　　　　　　　　　　　　　　　50415-2

実積寿也
ネットワーク中立性の経済学　　　　　　　　　　A5判　3,500円
通信品質をめぐる分析　　　　　　　　　　　　　50378-0

林　秀弥・武智健二
オーラルヒストリー電気通信事業法　　　　　　　A5判　4,000円
　　　　　　　　　　　　　　　　　　　　　　40309-7

岡田羊祐・林　秀弥 編著
クラウド産業論　　　　　　　　　　　　　　　　A5判　3,500円
流動化するプラットフォーム・ビジネスにおける競争と規制　40289-2

――――――――――――――――――――勁草書房刊

＊表示価格は2019年3月現在。消費税は含まれていません。